职业教育城市轨道交通系列创新教材

城市轨道交通概论

主　编　慕　威
副主编　刘继光　杨　艳　赵明国
主　审　金福来

内容提要

本书分10个项目，内容包括城市轨道交通概述、城市轨道交通系统的类型、城市轨道交通规划与线网设计、城市轨道交通车辆及车辆基地、城市轨道交通线路与车站、城市轨道交通信号与通信设备、城市轨道交通车站的机电系统、地铁与轻轨的环境系统和防灾系统、城市轨道交通的运营管理、城市轨道交通系统的发展与展望。

本书可作为职业教育城市轨道交通类专业的教材，也可以作为城市轨道交通企业的职业培训教材，同时还可供从事城市轨道交通运营的专业技术人员学习参考。

图书在版编目（CIP）数据

城市轨道交通概论/慕威主编. —上海：上海交通大学出版社，2015（2024重印）

ISBN 978-7-313-13196-6

Ⅰ.①城… Ⅱ.①慕… Ⅲ.①城市铁路—轨道交通—高等职业教育—教材 Ⅳ.①U239.5

中国版本图书馆CIP数据核字（2015）第131954号

城市轨道交通概论

CHENGSHI GUIDAO JIAOTONG GAILUN

主　　编：慕　威

出版发行：上海交通大学出版社　　地　　址：上海市番禺路951号

邮政编码：200030　　电　　话：021-64071208

印　　制：三河市骏杰印刷有限公司　　经　　销：全国新华书店

开　　本：787 mm×1 092 mm　1/16　　印　　张：13.25

字　　数：301千字

版　　次：2015年6月第1版　　印　　次：2024年7月第10次印刷

书　　号：ISBN 978-7-313-13196-6

定　　价：39.00元

出版说明

近年来，我国经济持续快速发展，城市规模不断扩大，城市人口不断增加，导致城市交通拥堵问题日益严重，地面交通承载能力日显不足。在此形势下，大力发展轨道交通已经成为解决城市交通问题的重要手段。

截至2023年年底，中国内地共有59个城市开通城市轨道交通运营线路，运营线路总长度11 224.54 km。

我国正在经历着有史以来规模最大的城市轨道交通建设，城市轨道交通的高速发展带来了社会对城市轨道交通专业人才的巨大需求，同时，这样的需求也为职业教育城市轨道交通专业的发展带来了良好的契机。

为了适应和促进我国职业教育城市轨道交通专业教学的发展，规范城市轨道交通系列教材体系的建设，结合职业教育“校企合作，工学结合”的教学改革特点，我们特组织一批具有丰富教学经验的一线教师和企业人员编写了这套城市轨道交通系列创新教材。

本系列教材具有如下特色：

第一，严格遵循国家和行业现行标准与规范，同时结合国内各大城市轨道交通建设运营的实际情况组织编写。

第二，注重职业教育特点，采用项目式教学模式，侧重实际工作岗位操作技能的培养。

第三，注重理论与实践的有机结合，根据需要和实际情况有针对性地设置实训环节，以增强学生的实际操作能力。

为了支持“立体化”教学，我们特别为本系列教材精心策划了精品教学资料包，为广大读者提供丰富的教学资源，以满足网络化及多媒体等现代教学需求，有效提升教学质量。

希望各院校在使用本系列教材的过程中提出宝贵的意见和建议，我们将认真听取，不断完善本系列教材。

编审委员会

前言

从世界范围来看，无论是建设速度还是建设规模，目前我国的城市轨道交通都正处于一个前所未有的高速发展期。城市轨道交通（包括地铁和轻轨）已经成为特大城市公共交通建设的重点。

城市轨道交通的迅速发展将带动社会对城市轨道交通专业人才的大量需求。而由于历史原因，目前该专业人才比较缺乏，尤其缺乏在生产一线从事施工、维修养护、运营管理、监理等作业的中、高级应用型人才。所以，目前培养生产一线的高级应用型人才是高等职业教育的目标，因此，我们组织编写了本书，以满足城市轨道交通专业人才培养的需要。

本书的主要内容与学时安排（推荐）如下表所示：

项　目	内　容	学　时
1	城市轨道交通概述	4
2	城市轨道交通系统的类型	6
3	城市轨道交通规划与线网设计	4
4	城市轨道交通车辆及车辆基地	6
5	城市轨道交通线路与车站	6
6	城市轨道交通信号与通信设备	6
7	城市轨道交通车站的机电系统	4
8	地铁与轻轨的环境系统和防灾系统	4
9	城市轨道交通的运营管理	4
10	城市轨道交通系统的发展与展望	4
总计		48

本书由辽宁省交通高等专科学校慕威任主编并负责全书的统稿工作，由辽宁省交通高等专科学校刘继光、杨艳和赵明国任副主编，沈阳职业技术学院软件学院杨柳参加了编写工作。全书由沈阳地铁集团有限公司运营分公司的金福来高级工程师主审，金福来高级工程师对本书的编写思路和内容提出了许多宝贵的意见，在此深表感谢。

本书的编写得到了沈阳地铁集团有限公司运营分公司、辽宁铁道职业技术学院等单位的大力支持，在此表示衷心的感谢。另外，本书参阅了一些国内外专家、学者的文献与相关部门的资料，谨向相关作者致以衷心的感谢。

由于编者水平有限，书中存在的不足之处恳请广大读者批评指正。

编　者

目 录

项目1 城市轨道交通概述

交通运输对社会发展具有深远的影响，它影响和改变着整个人类社会的生活方式。而现代城市交通在发展的同时也存在着诸多问题，主要表现为以下几个方面：

（1）交通秩序混乱。例如，我国城市传统的混合用地模式，即以步行、自行车、低运量的公交工具为主的出行方式限制了城市客流的疏散。各种车辆混行在道路上，导致交通秩序混乱。

（2）空气污染。目前，世界上许多城市的大气质量超过了世界卫生组织（World Health Organization，WHO）推荐的环境标准。以我国为例，全国500多座大城市，大气质量达到一级标准的不到1%。

（3）交通噪声。据经济合作与发展组织（Organization for Economic Co-operation and Development，OECD）估计，发达国家约有15%的人口生活在65 dB以上的高噪声环境中，这些噪声主要来自交通，如重型货车在夜间装卸引起的震动。

（4）道路安全。世界卫生组织和世界银行的联合报告指出，全世界每年约有120万人死于日常的车辆碰撞事故。

（5）能源消耗。运输部门所消耗的能源约占各行业所消耗总能源的30%，液体燃料比例更大。以美国为例，运输业消耗的石油占总消耗量的65%。

高效畅通的城市轨道交通是解决现代城市交通问题的良策，也是我国现代化城市发展的必然产物。截至2014年末，我国已有22个城市共开通城市轨道交通运营里程3 173 km，同时，在已投入运营的城市轨道交通线路中，地铁线路达到2 361 km，其他形式的轨道交通还包括市域快轨、单轨、现代有轨电车等。

据中国城市轨道交通协会的不完全统计，2014年全国城市轨道交通客运总量近126亿人次，比2013年增长15%，北京、上海、广州年客运量超过20亿人次，进入世界城市前列。随着建设规模的扩大和运营线路的增加，北京、上海、广州已实现轨道交通网络化运营，深圳、南京、重庆、天津等城市正逐步走向网络化运营。

任务1.1 了解城市与城市交通的基本内容

城市是人类社会发展的产物，随着人类社会的发展而发展，也是人类社会发展过程和发展水平的主要表现之一。

1.1.1 城市的定义与特征

1. 偏重于城市地理形态的定义

对于城市的定义，世界各国的学者有着不同的看法，如法国地理学家潘什梅尔（P. Pinchemel）认为："城市现象是个很难下定义的现实：城市既是一个景观，一片经济空间，一种人口密度；也是一个生活中心和活动中心；更具体点说，也可能是一种气氛，一种特征或者一个灵魂。"德国地理学家拉采尔（F. Ratzel）则认为："地理学上的城市，是指地处交通方便环境的，覆盖有一定面积的人群和房屋的密集结合体。"

2. 偏重于城市功能与职能内涵的定义

意大利地理学家波贝克（H. Bobek）提出："城市与乡村存在着公务式劳动与田园式劳动的分工，并配置于各自空间，其中城市寻求交通方便的有利环境，是对应于交通经济一定阶段的产物。"此外，也有学者将城市定义为"具有中心性能的区域焦点""从事第二、第三产业人群的集中居住地"等。其中，德国地理学家克里斯塔勒（Christaller）的见解更具影响："城市在空间上的结构是人类社会经济活动在空间的投影。"

3. 城市的主要特征

综合各方面的见解，城市大致可包含以下几个主要特征：

（1）城市在一定的土地面积上聚集着相当数量的主要从事第二、第三产业的非农业人口。

（2）城市的地理位置往往处于交通便利的地方，是一个国家或一个地区的经济、政治、军事、文化、社会、科技、交通中心。

（3）城市是人与自然协调发展的空间体现与时间过程。

（4）城市是节奏快、容量大、因素多的动态平衡体系。

（5）城市是人类生产力与生产关系、经济基础与上层建筑激烈碰撞运动的表现空间，是推动人类社会前进的最活跃的社会形态。

（6）城市不以人的意志为转移，是社会发展的自然过程，遵循人类文明发展的必然规律。

城市是人类在社会生产力发展的过程中，因政治、经济、文化、生活等诸多方面活动的需要而形成的空间集合体，是人类文明的标志，是一个时代经济、文化、科学、社会的渊薮和焦点，代表了一个社会发展的顶峰，集中了人类的智慧成就，同时也集中了社会（空间）与时代（时间）两方面的矛盾，是矛盾汇合集中、交错叠加、相互消弭，并且千姿百态、错综复杂的一个时空跨度极大的巨大动态系统。

1.1.2 城市的产生与发展

图文
"老鼠洞"催生了地铁

1. 城市的产生

最早的城市雏形是随着私有制产生的，剩余产品的产生形成了商品交易的地点——"市"，以及因为两极分化带来的战争而需要的防御工事——"城"。在此之前，人类在原始社会的漫长岁月中，只是依靠穴居、巢居等原始建筑。

2. 城市的发展

在由奴隶社会向封建社会进化的过程中，城市形态渐趋成熟，有了完整的城墙以区分城市与乡村；有了较清晰的功能分区，如政治、居住、殡葬、商业、手工业等；尤为重要的是具有较为完善的交通，道路既供行人与车辆通行，又起到隔离功能区的作用。例如，古希腊的米列都城已有完整的棋盘式道路体系；我国周代王城也已有"匠人营国，方九里，旁三门，国中九经九纬，经涂九轨，左祖右社，前朝后市，市朝一夫"（《周礼·考工记》）的详细记载。由此可见，此时的城市布局已有明显的功能区分，尤其是有了完善的道路交通体系，这是城市发展的重大转折。

中国封建社会的形成早于世界其他地区。因此，中国封建社会的城市发展处于世界领先水平。秦在统一中国结束了战国时期的长期战乱之后，实施了一系列有利于社会经济发展的措施，繁荣了工商业，也带来了城市的繁荣发展。自秦以后城市迅速发展，如西汉都城长安，周长 25.1 km，城门 12 座，人口约 35 万；东晋都城建康（今南京），周长 20 km，共 9 座城门，人口 100 万以上；唐长安城周长 36 km，总人口近百万，有完整的棋盘式道路网结构，将全城分为 108 个坊，最宽的道路宽达 220 m，最窄的市井道路宽度也有 16～30 m；北宋开封城有人口 150 万～170 万，为当时世界上人口最多的城市；南宋临安（今杭州）有人口 120 万左右；到了明清时代，中国的城市发展已成较大规模，著名的大城市已达 30 多个。

蒸汽机首先在欧洲发明并导致了一场工业革命，大量破产农民涌进城市，刺激了城市工业的发展与城市形态的扩展，促进了资本主义社会阶段城市的快速发展，从而使欧洲大陆城市的发展超越了中国城市的发展。著名的"雅典宪章"明确了城市的四大功能：工作、居住、交通、游憩。城市发展进入有规划、功能全、条件好、效率高的"社会经济聚合体"阶段，从而出现了诸如科学城、港口城、商业城、旅游城、赌城等专业分工明确的专门化城市，也出现了众多的综合性多功能中心城市，更多的则是大量涌现的规模不一的特征各异的城市，并形成了世界城市化的趋势。

3. 城市发展的规律

一般而言，城市规模的发展遵循"自由村落—中心村—镇—小城市—中等城市—大城市—特大城市—超级大都市—城市带—城市圈—城市群等"的规律。在此过程中，遵循优胜劣汰规律，兴衰迥异。

1.1.3 城市与城市交通的相互影响

1. 城市的发展对城市交通的影响

在城市发展的过程中，城市区域的功能划分产生了城市道路网。早在奴隶社会向封建社会变革的时期，城市的发展就已经出现了区域分工，逐渐形成了城市的政治区域、商业区域、居住区域、劳作区域及殡葬区域等，尤其是作为区域隔离的道路形成了网络，使得行人和车马行驶方便而通畅，城市区域的分工和完善的道路体系是城市发展过程中的重要标志，在古希腊的米列都城和我国周代的王城就已经具有了这种方格式的道路体系。

然而由于科学技术和交通工具的制约，城市的发展是十分缓慢的。直到18世纪中叶英国人瓦特发明了蒸汽机，在欧洲大地上引起了一场工业革命，从而使欧洲工业大力发展，同时也推动了欧洲城市化的发展。在欧洲城市化发展的过程中，随着城市区域的不断扩大，城市城墙的功能则在逐渐淡化，而城市的工作、居住和交通的功能则不断得到强化。尤其在19世纪中期，机械交通工具的出现与发展引发了城市交通的变革，在城市交通的逐渐变革与发展过程中反过来又促使城市不断地朝着现代化的方向发展。

2. 城市交通的发展对城市的影响

今天的城市就是在不断完善的交通系统的基础上发展而来的。一般来说，从城市边缘到市中心的旅行时间就是居民单程出行可能承受的最大旅行时间，城市的半径往往等于居民在1 h内所能到达的距离。例如，在罗马时代，当步行为出行的主要交通方式时，其城市的半径只有4 km。在19世纪的伦敦，当出行靠公共马车和有轨马车时，城市的半径仅有8 km。到20世纪，当人们利用市郊铁路、地铁或公共汽车出行时，城市的半径就已达到了25 km。而20世纪末，在发达国家，当汽车十分常见时，城市的半径就达到了50 km。可见，城市半径随着交通工具速度的提高而增大。

交通工具的特性决定了居民出行的距离，通过对居民出行活动的影响，又间接作用于城市空间形态的变迁。城市发展的不同时代都以当时的主导交通方式为主要特征，在城市结构、土地使用、人口密度等方面呈现出各自显著的特点。在步行与马车时代，受交通工具速度的限制，城市的规模较小，呈紧凑的同心圆方式演变、发展。当电车作为一种交通方式进入城市后，对城市形态产生了重要的影响，城市规模有了扩大，并向外沿电车线呈狭窄的带状发展。在汽车时代，汽车作为私人交通工具进入家庭，城市发展进入大规模的郊区化时代，市区急剧向外扩展，人口和地域规模扩大，发展轴延伸到更远的地区。

1.1.4 城市公共交通的产生与发展

1. 城市公共交通的产生

在16世纪以前，城市交通的发展只是表现为城市道路网的不断修建与完善，其交通形式则一直为个人行为的步行、骑马和马车出行。直到进入16世纪中期的罗马时代建立了地区性的车辆出租系统，公共交通才开始出现。最早的城市公共交通是在1625年左右

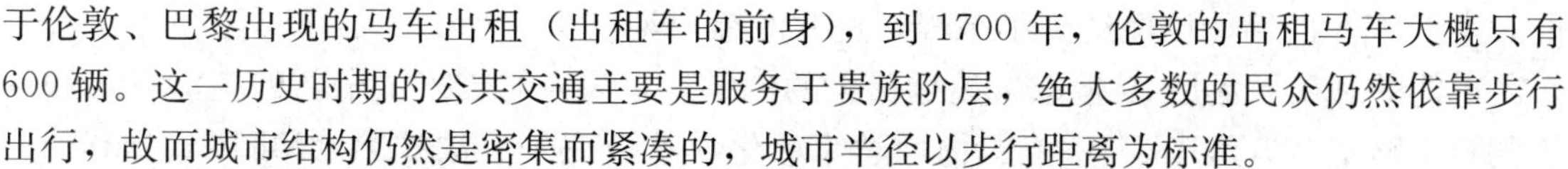

于伦敦、巴黎出现的马车出租（出租车的前身），到 1700 年，伦敦的出租马车大概只有 600 辆。这一历史时期的公共交通主要是服务于贵族阶层，绝大多数的民众仍然依靠步行出行，故而城市结构仍然是密集而紧凑的，城市半径以步行距离为标准。

2. 城市公共交通的发展

现代意义上最早的城市大容量公共交通是 1819 年在巴黎运行的公共马车。这是一种可载多人的大型马车，在固定线路上往返运行，任何人只要交付一定的费用就可以乘坐，因而十分方便市民的出行。这种公共马车因具有实用性，很快就在欧美一些主要城市里出现，1827 年，在纽约运行了美国的第一条公共马车线路，其马车也得到了改良，马车的载人数也提高到了 12 人。

随着城市规模的逐渐扩大，对公共交通运输能力的要求也在不断提高，人们为了有效地利用牵引动力，在改良马车的同时也在对道路进行不断的改造，通过借鉴矿山的轨道运输创造了轨道马车。

1832 年，在美国纽约市的曼哈顿街道上敷设了轨道并开始运行有轨公共马车（城市轨道交通的雏形）。这种有轨马车仅用 2 匹马就可以拉动载有 40 多名乘客的车厢，比普通马车的乘客多 2 倍。1847 年的英国伦敦出现了最早的双层公共马车，敞开的顶层可以让乘客悠闲地浏览市容，1851 年其顶层有了遮阳防雨的顶篷，到了 1861 年，伦敦的街道上也有了有轨马车。

1765 年，英国人瓦特（Watt）发明了蒸汽机，带领人类进入了“蒸汽机时代”。为了追求高效率的交通运输工具，许多发明家纷纷把瓦特的发明应用到“自走式车辆”的设计中。法国人居尼奥于 1769 年制成了世界第一辆具有实用价值的蒸汽汽车。但这辆式样奇特的蒸汽汽车由于存在许多致命的缺点，在试车中不断发生事故，最终因试车撞墙而变得面目全非。

蒸汽汽车在随后的发展过程中经历了漫长坎坷的历程。这其中不仅是受到当时科学技术水平的限制，而且人们头脑中旧的观念和旧的习惯更是严重阻碍了蒸汽汽车的发展。最早发明蒸汽汽车的法国，则由于 1789 年爆发的资产阶级革命及后来的社会和政治上的动荡，在蒸汽汽车的研制方面中断了半个多世纪。

就在第一辆蒸汽汽车出现后不久，英国人理查·特里维西克根据蒸汽汽车的工作原理，经过多年的探索、研究与改进，终于在 1804 年制造了一台单汽缸、大飞轮的蒸汽机车，它能够牵引 5 辆车厢以 8 km/h 的速度在轨道上行驶，这就是在轨道上行驶的最早的机车。因为当时使用煤炭或木柴作为燃料，人们就把它称为火车。之后，英国人史蒂芬森（Stephenson）又积极改进了火车的性能，并且取得了很大的进展，于 1814 年制造出一辆有两个汽缸能够牵引 30 t 货物爬坡的火车。此时人们开始意识到，火车是一种很有前途的交通运输工具，并于 1825 年在英国的斯托克顿与达林顿之间开设了世界上第一条营业铁路。从这以后，火车就以速度快、运载能力大逐渐在世界范围内得到了广泛的应用与快速的发展。随着牵引动力的改革，铁路发展的速度逐步加快，到第一次世界大战爆发前夕，全世界就已经修建铁路达 1.10×10^6 km。到 1902 年，仅美国就制造出了 4 000 多辆蒸汽汽车。由于蒸汽机的不断改进，蒸汽汽车的技术性能得到了很大提高，使得蒸汽机的体积大大缩小，车子的重量大大减轻，速度也随之提高，到 19 世纪与 20 世纪之交时，蒸汽汽车的性能已经达到了高峰，进入鼎盛时期。

电能的利用无疑是19世纪人类最伟大的创举，它为人们带来了全新的生活方式和巨大的社会财富。自从1831年英国物理学家、化学家迈克尔·法拉第（Micheal Faraday）在试验中发现电磁感应现象，并试制出世界上第一台发电机起，人类社会就逐渐进入了电的时代。

当时最成功地利用电能作为动力的交通工具要算是有轨电车了，它是在有轨公共马车的基础上发展起来的。1879年，德国的西门子-哈尔斯克电报机制作所研制出了第一辆有轨电车。这是一辆通过第三轨供电的电车，车上装有一台2.2 kW的电动机，可拉动3节载有18人的平板车厢。

1881年，德国又发明了以高压输电线供电的电车供电系统，采用架空导线为电车输送电力，而不再需要敷设第三轨，从而提高了电车的负载力和用电的安全性。1881年5月，柏林建成世界上第一条有轨电车线路，全长274 m。不久，欧美的各大城市也都先后建成了有轨电车线路，一时间有轨电车成了城市中最受欢迎的公共交通工具。在20世纪20年代，美国的有轨电车线路总长就达25 000 km。1908年，我国上海建成了中国第一条有轨电车线路，1909年又在大连修建了有轨电车线路。随后，我国的北京、天津、沈阳、哈尔滨、长春、鞍山等城市也相继修建了有轨电车线路。但是随着汽车的发展，有轨电车的许多缺点被暴露出来，如在钢轨上行驶时产生的震动和噪声，以及只能沿着轨道行驶不够灵便，同时轨道还破坏了城市街道路面的平整等。因此，世界各大城市都纷纷拆除有轨电车线路，我国也不例外。

今天随处可见的汽车则是人们出行最方便的代步工具。然而，汽车的发展历史可以追溯到19世纪中期的1860年，这一年法国人鲁诺阿尔发明了第一台内燃机，从此将人类交通带上了内燃动力之路。

1886年，举世公认的第一辆具有现代意义的汽车在德国诞生。这是德国人卡尔·本茨（Karl Benz）在不断总结前人发明的基础上研究制造的，该车为单缸四冲程三轮汽车，随后又有德国人戈特利布·戴姆勒（Gottlieb Daimler）制成了四冲程汽油机驱动的四轮汽车。

1908年10月，使福特名垂青史的T型“经济车”面世，成为世界上最早批量生产的大众化汽车。这种车简单实用、材料出众、结构轻巧，尤其是脚踏变速器的操作十分方便。到1913年，由于福特公司建成了世界上第一条汽车装配流水线，致使福特T型汽车的制造速度大大加快，制造成本大幅度降低，从而推动了汽车工业和汽车交通的大力发展。

20世纪20年代，随着汽车制造技术的不断创新与完善，人类社会进入了汽车的快速发展时代。汽车因其速度优势、灵活优势和多用途优势，在货运、客运、邮政、消防、军事及城市公交等多个运输领域得到了广泛发展。

受到汽车快速发展的影响，城市有轨电车因其诸多的缺点而很难与汽车竞争，因而逐渐被淘汰。在借鉴汽车构造特点的前提下，人们很快就制造出无轨电车，无轨电车最早于20世纪20年代初出现在美国一些城市的街道上，随后就在欧洲和世界的许多城市出现，在城市公共交通领域与汽车竞争，尤其在20世纪三四十年代，当汽油成为战争的统配物资受到严格控制时，其短缺使得无轨电车得到了大力发展，使之成为世界许多城市的重要交通工具。我国大力发展无轨电车是在二十世纪五六十年代，这一时期正是新中国发展初期，当时石油资源十分紧缺，为了跟上国家建设发展的步伐，克服石油资源严重不足的缺点，我国许多大城市都选择了发展无轨电车来改善城市的交通状况。今天，无轨电车在我国仍是重要的公共交通工具之一。

拓展知识

1. 城市化进程

城市形态发展的最终趋势有两种，一种是形成了人口高度集中的超级大城市，为了解决生态环境与城市功效问题，往往会向多中心组团式城市或大都市圈形态发展；另一种则可能会向多个城市组合而成的城市带、群形态发展。从一个地区、一个国家，或者从整个世界城市发展的趋势来看，随着城市个数的增加，城市人口也在急剧增加，将出现人类社会发展的大趋势——城市化。

由于城市（尤其是大城市）具有极强的吸引力和多种优势（主要表现为聚集效应优势），如人口集中使信息流通快、时间节省、费用降低、距离缩短、效率提高，产业分工明确使专业化水平提高、高新技术发展、生产成本降低、经济效益提高，因此，虽然城市同时具有环境污染严重、交通拥挤、居住条件差、社会问题多、竞争激烈等弊端，但仍然挡不住人口向城市流动的大趋势，依然无法阻止乡镇向城市发展的步伐，城市发展的高级阶段——城市化也就成为必然。

城市化特征表现在以下几个过程中：

（1）人口高度集中到城市的过程。

（2）城市个数不断增加的过程。

（3）各类城市不断出现，尤其是特大城市、超级大都市数量增加的过程。

（4）城市中产业比例发生根本变化的过程，尤其以第三产业的比例逐步提高为主要表现。

目前，世界城市化的进程有以下三个明显特征：

（1）城市人口增加的速度超过总人口增长的速度，这是城市化趋势的主要基础条件与表征。

（2）城市化水平与该地区经济发展水平正相关，表明城市化发展是人类社会经济发展的产物。

（3）发展中国家城市化发展基础差，但发展速度高于发达国家，发达国家城市化水平已达到较高指数（如城市人口占总人口的比例已达70%以上），因此发展速度相对趋于平缓，发展中国家城市化发展方兴未艾，但其中的问题较多。

中国城市发展与城市化经历了一个曲折反复的过程，从封建社会时期的世界领先水平，到半殖民地半封建社会时期落后于资本主义国家。即使在新中国成立后的多年的发展过程中，也因为种种主客观因素经历了正常发展—逆城市化—快速发展的过程（见表1-1）。

表 1-1 中国城市人口占总人口比例的变动情况

年　份	全国总人口 A/亿人	城市人口 B/亿人	$\frac{B}{A}$/%	城市个数
1949 年	5.42	0.58	10.6	67
1952 年	5.75	0.72	15.4	
1965 年	7.25	1.02	14.0	
1975 年	9.20	1.12	12.1	
1979 年	9.71	1.29	13.3	
1982 年	10.32	1.4	13.56	233
1990 年	11.43	3.02	26.41	
1996 年	12.43	3.60	29.4	666
2000 年	12.67	4.59	36.22	663
2013 年	13.54	7.12	52.60	653

2. 现代化城市交通系统

城市交通是城市形成与发展的产物，是为城市服务的最重要的基础设施。城市内人员的流动、物资的运输是依靠城市交通来完成的。城市交通肩负着市民日常生活必需的衣食住行中“行”的任务，直接展示了城市的面貌和活力，体现着城市的承载能力。城市交通作为城市社会经济发展的纽带和命脉，与城市的形成、发展和兴衰紧密相连。考察城市发展的进程，不难发现，一方面，城市社会经济的发展产生不断增长的交通需要，促使城市交通便捷程度的提高；另一方面，城市交通的发展吸引着更多的客流向城市集中，进一步促进了城市社会经济的发展，这两者具有一种明显的相互作用关系。从现代城市的发展趋势来看，交通对城市，尤其是对大城市的发展具有极其重要的作用。其主要理由如下：

(1) 城市交通是城市生存与发展的必要条件，是城市正常运转的“供血系统”，相适应则城市兴，不适应则城市衰。

(2) 城市交通是城市内外联系的通道，是城市的主要组成部分。

(3) 城市交通是城市生活的主要组成部分，市民交通出行的时间、内容、影响均占生活的重要部分。

(4) 城市交通是城市布局的框架，交通既保证城市布局优化合理，又是科学合理完善城市布局的主要构架依据。

(5) 城市交通是城市运转的润滑剂，高效畅通的交通将使城市的运转高速顺畅。

(6) 城市交通是城市现代化的标志之一，其水平直接体现了城市现代化的水平。

(7) 城市交通是城市化组合的纽带，现代化的交通系统是城市带、城市圈、城市群等城市组合的主要形成及发展条件。

总之，城市交通在城市发展的进程中始终是一个最活跃的因素，其发达的水平不仅对城市化具有重要的意义，也是许多城市形成发展的动力。既有因依靠它而发展起来的城

市，也有因失去它而衰落的城市。城市交通是城市开发的工具。正如马克思所言："没有现代的交通，就没有城市的繁荣"。城市交通系统的主要构成如图1-1所示。

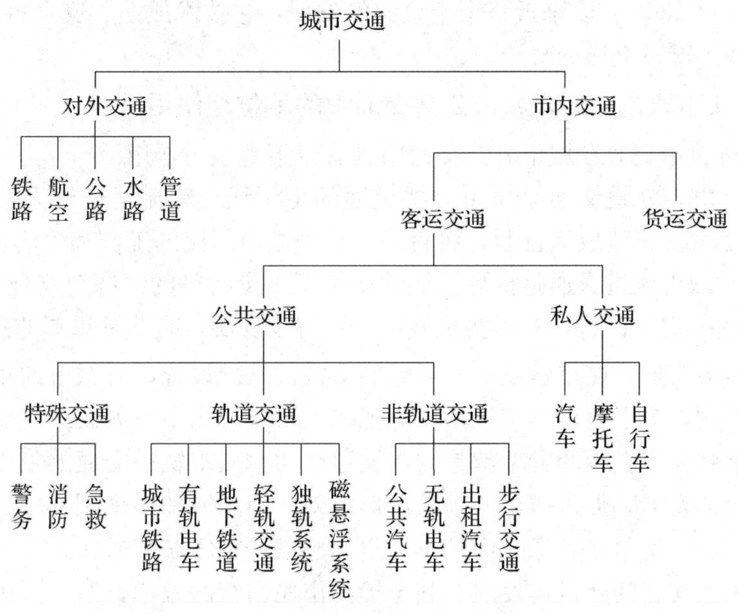

图1-1 城市交通系统的主要构成

现代化的城市交通系统是一个复杂庞大的系统，在这个系统里交通形式呈现出多样性，道路设施呈现出网状性和立交性，交通服务要求呈现出方便性、快速性和舒适性等。如何根据城市自身情况合理发展城市交通是各个城市所面临的共同问题。

任务1.2 了解城市轨道交通的基本概念与发展历程

1.2.1 城市轨道交通的基本概念

1. 城市轨道交通的定义

城市中使用车辆在固定导轨上运行并主要用于城市客运的交通系统称为城市轨道交通。在《城市公共交通常用名词术语》（GB 5655—1985）中，将城市轨道交通定义为"通常以电能为动力，采取轮轨运输方式的快速大运量公共交通之总称"。

城市轨道交通是具有固定线路，敷设固定轨道，配备运输车辆及服务设施等的公共交通设施。城市轨道交通是一个包含范围较大的概念，在国际上没有统一的定义。一般而言，广义的城市轨道交通是指以轨道运输方式为主要技术特征，在城市公共客运交通系统中具有中等以上运量的轨道交通系统（有别于道路交通），主要为城市内（有别于城际铁路，但可涵盖郊区及城市圈范围）公共客运服务，是一种在城市公共客运交通中起骨干作用的现代化立体交通系统。

城市轨道交通以其大载客量、快捷、准时、安全、环保而成为解决交通拥挤的最有效手段。城市公共交通的轨道化程度已成为衡量一个城市现代化水平的重要标志之一。城市轨道交通经历了自1863年以来近一个半世纪的发展，它技术成熟、安全可靠、形式多样、用途广泛，正成为城市交通的骨干。

图文
城市轨道交通建设的必要性和充分性

2. 城市轨道交通在城市公共交通中的地位与作用

城市轨道交通在城市公共交通中具有以下地位与作用：

（1）城市轨道交通是城市公共交通的主干线、客流运送的大动脉，是城市的生命线工程。其建成运营后，将直接关系到城市居民的工作和生活。

（2）城市轨道交通是世界公认的低能耗、少污染的“绿色交通”，是解决“城市病”的一把金钥匙，对于实现城市的可持续发展具有非常重要的意义。

（3）城市轨道交通是城市建设史上最大的公益性基础设施，对城市的全局和发展模式将产生深远的影响。为了建设生态城市，应把摊大饼式的城市发展模式改变为伸开的手掌形模式，而手掌状城市发展的骨架就是城市轨道交通。城市轨道交通的建设可以带动城市沿轨道交通廊道的发展，促进城市的繁荣，形成郊区卫星城和多个副部中心，从而缓解城市中心人口密集、住房紧张、绿化面积小、空气污染严重等城市通病。

（4）城市轨道交通的建设与发展有利于提高市民出行的效率，节省时间，改善生活质量。国际知名的大都市由于轨道交通十分发达方便，人们出行很少乘私人车辆，主要依靠地铁轻轨等轨道交通，故城市交通秩序井然，市民出行方便、省时。

3. 城市轨道交通的主要技术特性

城市轨道交通的主要技术特性如下：

（1）城市轨道交通具有较强的运输能力。城市轨道交通由于具有高密度运转、列车行车时间间隔短、行车速度高、列车编组辆数多的特点而具有较强的运输能力。单向高峰每小时的运输能力最大可达到6万～8万人次（市郊铁道），地铁为4万～6万人次，轻轨为1万～4万人次，有轨电车能达到1万人次，城市轨道交通的运输能力远远超过公共汽车。据相关文献统计，地下铁道每千米线路年客运量可达100万人次以上，最高达到1 200万人次，如莫斯科地铁、东京地铁、北京地铁等。城市轨道交通能在短时间内输送较大的客流，据统计，地铁在早高峰时1 h内能通过全日客流的17%～20%，3 h内能通过全日客流的31%。

（2）城市轨道交通具有较高的准时性。城市轨道交通由于在专用行车道上运行，不受其他交通工具的干扰，不产生线路堵塞现象并且不受气候影响，是全天候的交通工具，列车能按运行图运行，具有可信赖的准时性。

（3）城市轨道交通具有较高的速达性。与常规公共交通相比，车辆有较高的运行速度，有较高的启、制动加速度，多数采用高站台，列车停站时间短，上下车迅速方便，而且换乘方便，从而可以使乘客较快地到达目的地，缩短出行时间。

（4）城市轨道交通具有较高的舒适性。与常规公共交通相比，车辆、车站等装有空调、引导装置、自动售票等直接为乘客服务的设备，因而具有较好的乘车条件，其舒适性优于公共电车和汽车。

(5) 城市轨道交通具有较高的安全性。城市轨道交通由于运行在专用轨道上，没有平交道口，不受其他交通工具的干扰，并且有先进的通信信号设备，因此极少发生交通事故。

(6) 城市轨道交通能充分利用地下和地上空间。城市轨道交通由于充分利用了地下和地上空间，不占用地面街道，能有效缓解由于汽车大量发展而造成的道路拥挤、堵塞，有利于城市空间的合理利用，特别有利于缓解大城市中心区过于拥挤的状况，提高了土地利用率，并能改善城市景观。

(7) 城市轨道交通的系统运营费用较低。城市轨道交通由于主要采用电气牵引，而且轮轨摩擦阻力较小，与公共电车和汽车相比节省能源，因而运营费用较低。

(8) 城市轨道交通对环境的污染较小。城市轨道交通由于采用电气牵引，与公共电车和汽车相比不产生废气污染。随着城市轨道交通的发展，还能减少公共汽车的数量，进一步减少汽车的废气污染。由于在线路和车辆上采取了各种降噪措施，因此一般不会对城市环境产生严重的噪声污染。

4. 城市轨道交通体系的构成

城市轨道交通是集多专业、多工种于一身的复杂系统，通常由轨道路线、车辆、通信信号、供变电站、车站、维护检修基地、指挥控制中心等组成。城市轨道交通的运输组织、功能实现、安全保证等均应遵循有轨交通的客观规律。在运输组织上要实行集中调度、统一指挥、按运行图组织行车。在功能实现方面，各有关专业，如线路、车站、隧道、车辆、供电、通信、信号、机电设备及消防系统均应保证状态良好，运行正常。在安全保证方面，主要依靠行车组织和设备的正常运行来保证必要的行车间隔及正确的行车线路。

为了保证列车运行安全、正点，在集中调度、统一指挥的原则下，行车组织、设备、车辆检修、设备运行管理、安全保证等均由一系列规章制度来规范。列车运行是围绕安全行车这一中心而组成的有序联动、时效性极强的系统。

轨道交通系统以电子计算机处理技术为核心的各种自动化设备代替了人工的、机械的、电气的行车组织、设备运行和安全保证系统。例如，列车自动控制（automatic train control，ATC）系统可以实现列车自动驾驶、自动跟踪、自动调度；供电系统管理自动化（supervisory control and data acquisition，SCADA）系统可以实现主变电所、牵引变电所、降压变电所设备系统的遥控、遥信、遥测和遥调；环境监控系统（building automatic system，BAS）和火灾报警系统（fire alarm system，FAS）可以实现车站环境控制的自动化和消防、报警系统的自动化；自动售检票系统（automatic fare collection system，AFC）可以实现自动售票、检票、分类等功能。这些系统全线各自形成网络，均在控制中心（operating control center，OCC）设中心计算机，实现统一指挥，分级控制。

城市轨道交通各系统的功能和结构，将在后面有关章节中详细叙述。

1.2.2 城市轨道交通的发展历程

1. 城市轨道交通的起源

法国人巴斯卡（B. Pascal）于 1662 年在巴黎首创无轨公共马车，它有固定的路线和班次，由此诞生了城市公共交通。无轨马车虽然是城市公共交通的先驱，但它缓慢颠簸、不舒服，且容易造成街道上车辆拥挤及阻塞。

把马车放在钢轨上行驶，可以提高其速度及平稳性，还可以利用由多匹马组成的马队来提高牵引力，增大车辆规模，降低运输成本及票价。从 1855 年开始有轨马车大规模地替代公共马车，在欧美迅速扩展，至 1890 年，总的轨道里程达到 9 900 km。

虽然有轨马车比公共马车有了很大的改进，但随着城市人口及车辆的增加，在平交道口出现了交通的阻塞，这种情况在较大的城市非常严重。交通的拥堵使人们想到了将交通线路往地下发展，以便很好地解决客流膨胀与土地紧张的问题。19 世纪中叶的英国伦敦交通十分拥堵，1843 年，有“地铁之父”之称的英国律师查尔斯·皮尔逊（Charles Pearson）建议修建地铁。经过 20 年的酝酿和建设，世界上第一条快速轨道交通地下线（地铁）于 1863 年 1 月 10 日在伦敦正式运营。它标志着城市轨道交通在世界上诞生了。用明挖法施工的伦敦地铁，通车时采用蒸汽机车牵引，线路全长 6.5 km。尽管列车在地下隧道内运行，隧道里烟雾熏人，但当时的伦敦市民甚至皇亲显贵们仍乐于乘坐这种地下列车，因为在拥挤不堪的伦敦地面街道上乘坐有轨马车，其条件和速度还不如地铁列车。

世界上第一条地下铁道的诞生为人口密集的大都市如何发展公共交通提供了宝贵的经验。特别是伦敦地铁，线路全长仅 6.5 km，第一年就运载了 950 万乘客，为解决城市交通的拥堵树立了成功的典范。尤其是 1879 年电力机车的研制成功，使得地下运输环境和服务条件得到了极大的改善，世界上一些著名的大城市开始先后修建地下铁道。从 1863 年到 1900 年，修建地下铁道的就有 5 个国家的 7 座城市，它们是英国的伦敦、格拉斯哥，美国的纽约、波士顿，匈牙利的布达佩斯，奥地利的维也纳及法国的巴黎。在 20 世纪初期的欧美地区，包括德国的柏林和汉堡、美国的费城、西班牙的马德里等 9 座大城市又都相继修建了地下铁道。从此，城市交通进入了轨道交通时代。

图文
世界城市轨道交通发展史

2. 世界城市轨道交通的发展

自 1863 年伦敦开通世界上第一条地铁以来，至 2014 年，世界城市轨道交通的发展已有 151 年的历史。截至 2014 年末，共有 50 多个国家或地区修建了轨道交通，近两百条地铁系统投入运营，线路总长度达数万公里，其中，开通运行里程数位居前三位的分别是上海地铁（643 km）、北京地铁（604 km）及伦敦地铁（408 km）。各大城市的地铁、轻轨、城市铁路、新型城市轨道交通都得到了很好的发展，为城市的客运交通和经济发展做出了重要的贡献。

世界城市轨道交通的发展经历了一个曲折的过程，大致可分为以下几个阶段：

1）*初步发展阶段*

1863—1924 年为初步发展阶段。在这一阶段，欧美的城市轨道交通发展较快，其间

13个城市建成了地铁，还有许多城市建设了有轨电车。20世纪20年代，美国、日本、印度和中国的有轨电车有了很大发展。这种旧式的有轨电车行驶在城市的道路中间，运行速度慢，正点率很低，而且噪声大，加速性能差，乘客舒适度差，但在当时仍然是公共交通的骨干。

2）停滞萎缩阶段

1925—1949年为停滞萎缩阶段。第二次世界大战的爆发和汽车工业的发展，导致了城市轨道交通的停滞和萎缩。汽车的灵活、便捷及可达性，使其一度成为城市交通的宠儿，得到飞速发展。而轨道交通因投资大、建设周期长，一度失宠。这一阶段只有5个城市发展了城市地铁，有轨电车则停滞不前，有些线路被拆除。1912年，美国已有370个城市拥有有轨电车，但到了1970年，只剩下8个城市保留了有轨电车。

3）再发展阶段

1950—1969年为再发展阶段。汽车过度增加，使城市道路异常堵塞。行车速度下降，严重时还会导致交通瘫痪，加之空气污染，噪声严重，大量耗费石油资源，市区汽车有时甚至难以找到停车位，于是人们又重新认识到，解决城市客运交通必须依靠电力驱动的轨道交通。轨道交通因此重新得到了重视，而且逐步扩展到日本、中国、韩国、巴西、伊朗、埃及等国家。

4）高速发展阶段

1970年至今为高速发展阶段。世界上的很多国家都确立了优先发展轨道交通的方针，立法解决城市轨道交通的资金来源。世界各国城市化的趋势，导致人口高度集中，要求轨道交通高速发展以适应日益增加的客流运输，各种技术的发展也为轨道交通的发展奠定了良好的基础。

拓展知识

随堂测试

世界上主要城市地铁简介

1. 纽约地铁

纽约是当今世界地铁运行线路最长的城市，其线路有29条，全长443 km，车站多达498个，设施较为陈旧。

2. 莫斯科地铁

莫斯科地铁是世界上最豪华的地铁，有欧洲地下宫殿之称。天然的料石、欧洲的传统灯饰与莫斯科气势恢宏的各类博物馆交相辉映，简直是一座艺术的博物馆。市区9条地铁线路纵横交错，充分体现了苏联城市交通规划和建筑业的一流水平。

3. 巴黎地铁和里尔地铁

巴黎地铁是世界上最方便的地铁，每天发出4 960辆列车，在主要车站的出入口均设有计算机显示应乘的线路、换乘的地点等，一目了然。巴黎地铁也是世界上层次最多的地铁，包括地面大厅共有6层（一般为2～3层）。法国里尔地铁是当今世界最先进的地铁，全部由计算机控制，无人驾驶，轻便、省钱、省电，车辆在行驶过程中发出的噪声、震动都很小，高峰时每小时通过60辆列车，为世界上行车间隔最短的全自动化地铁。

4. 香港地铁

世界各国地铁均靠政府补贴，唯独我国香港地铁既解决了市区出行问题，同时又可盈利。2012 年香港地铁全年盈利 97 亿港元。

5. 新加坡地铁

新加坡的地铁车站和线路清洁明亮，一尘不染，是世界上最安全、最清洁、管理最好的地铁。新加坡地铁像莫斯科地铁一样考虑了战时的防护掩蔽，车站出入口均设置有防护门、密闭门等防护设施。

世界上部分城市修建地下铁道的情况如表 1-2 所示。

表 1-2　世界上部分城市修建地下铁道的情况

城市（所属国家）	开始通车年份	当时人口/万人	线路条数	线路长度/km		车站数目	轨距/mm	牵引供电	
				全长	地下			方式	电压/V
伦敦（英国）	1863	670	9	408	167	273	1 435	第三轨	630
纽约（美国）	1867	730	29	443	280	504	1 435	第三轨	660、650
芝加哥（美国）	1892	370	6	174	18	143	1 435	第三轨	600
布达佩斯（匈牙利）	1896	210	3	27.1	23	30	1 435	第三轨	750
格拉斯哥（英国）	1897	75.1	1	10.4	10.4	15	1 435	第三轨	600
波士顿（美国）	1898	150	3	34.4	19	39	1 220	第三轨	600
维也纳（奥地利）	1898	150	3	34.4	19	39	1 435	第三轨	750
巴黎（法国）	1900	210	15	199	175	367	1 440	第三轨	750
柏林（德国）	1902	320	10	134	106	132	1 435	第三轨	750
费城（美国）	1905	170	4	62	62		1 435	第三轨	600、700
汉堡（德国）	1912	160	3	92.7	92.7	82	1 435	第三轨	750
布宜诺斯艾利斯（阿根廷）	1913	290	5	39	39	63	1 435	架空线	600、1 100

任务1.3 认识我国城市轨道交通的发展状况

我国城市轨道交通的发展可以划分为早期有轨电车交通时代和现代城市轨道交通时代。

1.3.1 早期有轨电车交通时代

我国的有轨电车起源于20世纪初，至20世纪50年代，我国有轨电车交通达到了高峰。上海、大连、北京、天津、哈尔滨、长春等诸多城市都建成了多条有轨电车线路。有轨电车在我国城市交通中发挥了历史性的作用。

由于有轨电车与城市发展之间存在诸多矛盾，我国的有轨电车同国外一样，从20世纪50年代逐步拆除。

1.3.2 现代城市轨道交通时代

我国现代城市轨道交通是以1965年7月1日开工建设的北京地铁为开端，发展至今，大致经历了以下5个阶段。

1. 起始阶段

起始阶段是以1965年开始建设、1969年10月1日建成通车的北京地铁（复兴门站—苹果园站，全长23.6 km）和1970年开始兴建、1976年建成通车的天津地铁（新华路站—西南角站，全长5.2 km）为代表。

这一阶段地铁的规划与建设，除了实现城市的客运功能之外，更重要的是考虑满足人防战备的需要。

2. 开始建设阶段

开始建设阶段以北京地铁1号线完全建成（复八线建设和1号线改造）、上海地铁1号线（上海火车站—莘庄）、广州地铁1号线（西朗站—广州东站）的建成为标志。在这一阶段随着改革开放和经济体制改革的逐步深入，城市交通需求剧增，导致道路交通供给能力严重不足，交通供需矛盾十分突出，这也成为城市社会经济发展的一个重要制约因素。为适应城市发展的需要、缓解城市交通的紧张状况，从20世纪90年代开始，我国政府加大了对城市交通基础设施的投入，强调轨道交通对解决城市交通问题和引导城市发展的作用。从此，发展大容量轨道交通方式的理念开始显现，我国开始了城市轨道交通的建设阶段。在这一阶段除地铁建设外，以上海明珠线一期工程为代表的轻轨交通也开始建设。

3. 建设高潮阶段

随着我国经济的发展和城市化进程的加快，我国城市的规模和人口在不断扩大，城市交通问题日益突出。城市交通问题的解决必须依赖公共交通的发展，大城市及特大城市还必须建设一个以轨道交通系统为骨干，以公共交通为主体，多种交通方式相互协调的综合交通系统。同时，经济的快速发展也为城市轨道交通的发展奠定了雄厚的物质基础。自20

世纪末至 21 世纪初，我国城市轨道交通进入了快速发展的建设高潮阶段。

在这一阶段，城市轨道交通的建设具有以下特点。

1）兴建城市轨道交通的城市迅速增多

截至 2005 年，全国已开通城市轨道交通的城市有北京、上海、天津、广州、长春、大连、重庆、武汉、深圳、南京共 10 个城市，总计 20 条线路，运营线路总长 444 km。全国 48 个百万人口以上的大城市中已有 20 多个城市开展了城市轨道交通建设的前期工作，初步统计规划建设 55 条线路，总长约 1 700 km，总投资近 6 000 亿元。此阶段，除上述 10 个开通了轨道交通的城市外，已开工建设的还有沈阳、成都、西安、杭州、哈尔滨、苏州、青岛等城市。此时，我国总计有 33 个城市正在建设和筹建轨道交通，我国的城市轨道交通处于良好的快速发展阶段。

2）城市轨道交通的网络化

目前，我国部分城市的轨道交通建设出现了网络化的发展。北京、上海、天津、广州等城市均在建和筹建多条城市轨道交通线路，形成纵横交错、相互沟通连接的网络交通体系。

3）城市轨道交通类型的多元化

目前，我国的城市轨道交通已不再是单一的地铁交通。北京建成了市郊城市铁路交通；天津建成了滨海快速轨道交通；大连、长春、武汉建成了轻轨交通；重庆建设了跨座式单轨交通；上海开通了常导高速磁悬浮交通列车；广州出现了直线电机驱动的列车。城市轨道交通供电系统不仅有第三轨供电，还有架空线接触网供电的形式，轨道交通类型呈多元化发展。

4）城市轨道交通的现代化

随着城市轨道交通的发展，以车辆为代表的技术体系也实现了现代化。通过国际技术交流与合作，引进先进技术，实现设计制造技术的现代化。在提升技术水平的同时，也促进了国产化的进程。

4. 建设调整阶段

在我国城市轨道交通的发展过程中，值得指出的是，从 1995 年到 1998 年，由于地铁建设发展迅猛，有部分城市不顾地方经济实力，盲目上马建设轨道交通项目，速度过快、过猛；还有的城市盲目追求高标准，忽视了是否适合本城市的实际情况等问题，使城市轨道交通建设带有很大的盲目性。针对工程造价高、车辆全部引进、大部分设备大量引进等问题，1995 年国务院办公厅 60 号文通知，除上海地铁 2 号线项目外，所有地铁建设项目一律暂停审批，并要求做好发展规划和国产化工作。从 1995 年到 1998 年，近 3 年时间国家没有审批任何城市轨道项目，2002 年 10 月中旬国务院冻结了近 20 个城市的地铁立项，委托中国国际工程咨询公司对国内的地铁项目做全面的调查分析，准备出台一系列有关地铁项目审批的新政策，加大地铁项目的宏观调控力度。轨道交通的建设与发展经历了一段曲折的历程。

5. 蓬勃发展阶段

我国的城市轨道交通建设在经历了早期建设、高速发展、建设调整等曲折过程后，正步入稳步、持续、有序的蓬勃发展阶段。

《国家中长期科学和技术发展规划纲要》（2006—2020 年）明确提出构建以城市轨道交通为骨架的城市公共综合交通体系，我国城市轨道交通建设在“十二五”期间迎来新一轮的建设高潮。

国家“十二五”规划提出轨道交通应“超前规划、适时建设”。有条件的大城市和城市群地区要把轨道交通作为优先发展领域。截至 2014 年，我国获批轨道交通建设规划的城市已达 36 个，全国城市轨道交通投资达 2 200 亿元，比 2013 年增加 400 亿元。至 2015 年前后，将规划建设 96 条轨道交通线路，总投资超过 1 万亿元。表 1-3、表 1-4 分别列出了我国截至 2013 年末已建和 2013 年新建的轨道交通线路里程等相关数据。

表 1-3　2013 年末中国城市轨道交通运营线路、里程及车站统计

序号	城市	总里程/km	运营线路/条	制式及运营里程/km						2013 年新增里程/km	2012 年末运营里程/km	备注
				地铁	轻轨	单轨	现代有轨电车	磁浮交通	市域快轨			
1	北京	465	17	465.0						23.0	442	
2	上海	577	16	538.4			9.0	29.9		99.3	477.9	
3	天津	139	5	78.6	52.3		7.9			1.7	137	
4	重庆	170	4	94.6		75.3				38.8	131.1	
5	广州	246	9	246.4						24.5	221.8	
6	深圳	178	5	178.3						0.0	178.3	
7	武汉	73	3	44.2	28.5					16.5	56.2	
8	南京	82	3	81.6						0.0	81.6	
9	沈阳	115	6	55.1			60.0			65.3	49.8	
10	长春	48	2		48.3					0.0	48.3	
11	大连	87	4		63.2		23.4			0.0	86.6	
12	成都	115	3	48.2					67.0	8.7	39.5	市域快轨成灌线 67 公里属于调增
13	西安	46	2	45.9						25.3	20.6	
14	哈尔滨	17	1	17.5						17.5	0	首条线路投入运营
15	苏州	51	2	51.3						26.1	25.2	
16	郑州	26	1	26.2						26.2	0	首条线路投入运营
17	昆明	40	2	40.1						22.1	18	
18	杭州	48	1	48.0						0.0	48	
19	佛山	15	1	14.8						0.0	14.8	
合计		2 539	87	2 074	192	75	100	30	67	395	2 077	

注：数据仅包含中国大陆地区，不含港澳台地区。

表 1-4　2013 年中国各城市轨道交通新增运营线路统计

<table>
<tr><th>序号</th><th>城市</th><th>线路名称</th><th>起讫点</th><th>里程/km</th><th>车站/座</th><th>运营时间</th></tr>
<tr><td rowspan="4">1</td><td rowspan="4">北京</td><td>14 号首通段</td><td>张郭庄—西局</td><td>12.4</td><td>7</td><td>2013.05</td></tr>
<tr><td>10 号线剩余段</td><td>西局—首经贸</td><td>2.4</td><td>3</td><td>2013.05</td></tr>
<tr><td>8 号线二期工程南段</td><td>鼓楼大街—南锣鼓巷</td><td>1.78</td><td>2</td><td>2013.12</td></tr>
<tr><td>昌平线与 8 号线联络线</td><td>朱辛庄—回龙观东大街</td><td>6.3</td><td>3</td><td>2013.12</td></tr>
<tr><td>2</td><td>天津</td><td>3 号线南延</td><td>工业区—天津南站</td><td>4.1</td><td>3</td><td>2013.12</td></tr>
<tr><td rowspan="4">3</td><td rowspan="4">上海</td><td>11 号线二期</td><td>江苏路—罗山路</td><td>21</td><td>12</td><td>2013.08</td></tr>
<tr><td>11 号线花桥段</td><td>安亭—花桥</td><td>6</td><td>3</td><td>2013.10</td></tr>
<tr><td>16 号线</td><td>罗山路—滴水湖</td><td>52.85</td><td>11</td><td>2013.12</td></tr>
<tr><td>12 线东段</td><td>天潼路—金海路</td><td>19</td><td>15</td><td>2013.12</td></tr>
<tr><td>4</td><td>苏州</td><td>2 号线</td><td>苏州高速—迎春南路</td><td>26.6</td><td>22</td><td>2013.12</td></tr>
<tr><td>5</td><td>广州</td><td>6 号线一期</td><td>浔峰岗—长湴</td><td>24.3</td><td>22</td><td>2013.12</td></tr>
<tr><td>6</td><td>武汉</td><td>4 号线一期</td><td>武昌火车站—武汉火车站</td><td>16.5</td><td>15</td><td>2013.12</td></tr>
<tr><td>7</td><td>郑州</td><td>1 号线一期</td><td>西流湖—市体育中心</td><td>25.41</td><td>20</td><td>2013.12</td></tr>
<tr><td>8</td><td>西安</td><td>1 号线一期</td><td>后卫寨—纺织城</td><td>25.4</td><td>19</td><td>2013.9</td></tr>
<tr><td rowspan="2">9</td><td rowspan="2">重庆</td><td>6 号线支线一期</td><td>礼嘉—悦来段</td><td>12.1</td><td>5</td><td>2013.05</td></tr>
<tr><td>6 号线二期北段</td><td>金山寺—北碚</td><td>23.8</td><td>8</td><td>2013.12</td></tr>
<tr><td>10</td><td>成都</td><td>2 号线二期西延线</td><td>犀浦—迎宾大道</td><td>8.84</td><td>6</td><td>2013.06</td></tr>
<tr><td>11</td><td>昆明</td><td>首期工程南段</td><td>晓东村—大学城南</td><td>22.7</td><td>12</td><td>2013.05</td></tr>
<tr><td rowspan="2">12</td><td rowspan="2">沈阳</td><td>浑南现代有轨电车项目一期（1、2、5）号线</td><td>奥体中心—会展中心
奥体中心—桃仙机场
奥体中心—沈抚新城</td><td>48.2</td><td>58</td><td>2013.08</td></tr>
<tr><td>2 号线北延线</td><td>医学院—航空航天大学</td><td>10.6</td><td>3</td><td>2013.12</td></tr>
<tr><td>13</td><td>哈尔滨</td><td>1 号线一期、二期</td><td>哈尔滨东站—哈尔滨南站</td><td>17.73</td><td>18</td><td>2013.09</td></tr>
<tr><td>14</td><td>大连</td><td>202 路轨道延伸线</td><td>河口—旅顺新港</td><td>40.38</td><td>8</td><td>2013.12</td></tr>
<tr><td>合计</td><td>14 座</td><td>22 条</td><td></td><td>428.39</td><td>275</td><td></td></tr>
</table>

注 1：数据仅包含中国大陆地区，不含港澳台地区。

注 2：分段建设分段开通运营的线路均合并为一条线路，运营时间指最后开通的时间。

注 3：如非特别注明，线路形式均为地铁。

1.3.3 我国城市轨道交通发展的不足与展望

随着我国经济社会的不断进步和发展，我国的城市轨道交通建设将会快速发展。在肯定我国轨道交通建设长足发展的同时，我们也应清醒地看到，轨道交通的发展目前仍存在一些问题。这些问题主要表现在四个方面：一是城市轨道交通规模小，经济效益差，对经济社会发展的“瓶颈”制约仍然较严重，高峰期运输紧张的问题比较突出，路网规模总量、结构仍然有待提高和改善；二是在城市交通问题日益突出，大城市交通拥堵，路网结构不够合理的状况下，大城市快速大容量的轨道交通方式发展仍较缓慢；三是城市群快速发展，城际旅游流量不断增加，城际间的交通运输能力越来越不适应发展的要求，城际间大容量、高效率、低污染和省资源的轨道交通建设滞后；四是国产化率偏低，有待进一步提高。

为了实现我国轨道交通的可持续发展，2015 年 1 月 12 日，国家发展和改革委员会发布了《国家发展改革委关于加强城市轨道交通规划建设管理的通知》（发改基础〔2015〕49 号），要求坚持“量力而行、有序发展”的方针，按照统筹衔接、经济适用、便捷高效和安全可靠的原则，科学编制规划，有序发展地铁，鼓励发展轻轨、有轨电车等高架或地面敷设的轨道交通制式。把握好建设节奏，确保建设规模和速度与城市交通需求、政府财力及建设管理能力相适应。加强规划管理、建设管理、安全管理，促进我国轨道交通建设的可持续发展。

为了保证城市轨道交通建设的稳步发展，目前迫切需要整合全国资源，构建国家级技术标准，建立国家级技术标准体系。展望未来，轨道交通作为一种与我国国情和资源禀赋相适应的交通运输方式，发展前景十分广阔。

拓展知识

城市轨道交通建设的必要性和充分性

1. 城市轨道交通建设的必要性

1）城市公共客运交通运量需求的必要性

由于城市客运交通运量大，时间性强，牵制因素多，影响面广，调整弹性差，因此，相对而言，客运交通比货运交通的地位更加特殊，更难协调供需矛盾，对城市生活与发展影响更大，尤其是对现代化大都市更为突出。

在城市客运交通中，公共交通所占比例较大，是城市客运交通的主要方式和最佳的发展方向。无论是从人均占地面积（城市空间）、所耗能源、所产生的污染、发生的交通事故，还是从市民出行的时间、费用、舒适度、可靠性等交通服务水平来考察，公共交通比私人交通（其代表是小汽车、摩托车、电动车、自行车）具有更强的优势与可持续发展的特征。

在城市公共客运交通中普遍采用的是地面公共电（汽）车交通，这是一类一次性投资较低、可调整性较强、适应面较广、技术要求相对较低的公共客运交通方式，但也具有不可避免的局限性。

(1) 运量有限。在限定舒适度的条件下（主要指拥挤度指标），如在车厢内每平方米站立乘客 7～11 人的“极拥挤”程度下，一条公共电（汽）车路线单向高峰小时的最大运量为 5 000～8 000 人次。如果要再提高运量，那么必然会形成两个后果：一是车辆内拥挤度提高，如达到每平方米站立 12～14 人的“极其拥挤”程度；二是线路上车辆连发频率过高，形成首尾相接的“列车”运行现象。

(2) 道路拥塞。由于公共电（汽）车在城市道路上行驶时很少有专用车道。因此，交通高峰时期正是道路最拥挤的时段，这是造成道路拥塞的原因之一。即使有公交专用车道，也会形成“列车”运行现象，造成速度下降、秩序混乱、效果不佳的后果。

因此，地面公共电（汽）车交通方式仅能满足一定运量的城市客运交通需求，无法适应大城市主要交通方向大运量交通的要求。例如，大型居民区的通勤出行交通，市中心区的吸引交通，大型文体场馆、车站、机场、码头产生的密集到发客流，均需具有运量大、速度快、可靠性强的城市轨道交通系统来承担。

一般认为，城市公共客运交通运量需求的必要性主要表现在以下几方面：

(1) 满足单一方向的极大客运量需求，即在某一客运交通方向上，当单向高峰小时客流量大于 8 000 人次时，就有必要建设城市轨道交通系统；否则，该方向地面常规公交路线服务水平必然下降，表现为车内拥挤不堪、车速极低、延误严重等。

(2) 满足城市交通整体客运量的需求。城市地面道路拥挤（尤其是高峰时段的市中心区及主要干道）是一个世界性的城市通病，地面道路不可能无限地拓宽增加。即使拓宽增加，也难以跟上因城市人口增加及经济发展而引发的车辆增加与交通量增加的速度。因此，建设运载量大、人均占道路面积极少的轨道交通（地下或高架系统占地更少或接近于零）是有效减少地面交通车辆，缓减地面道路拥挤的最佳办法。

对一个城市而言，具有一个功能完善、布局合理的轨道交通网，就可以构筑层次清晰、结构合理、高效低耗、对城市发展起到积极牵动作用的城市客运交通体系。

2) 城市客运交通运距需求的必要性

随着城市范围的扩展，布局进一步调整，功能区日益清晰且分布合理，城市客运交通的运输距离有增长的趋势。尤其是大都市圈、群、带等城市化形式的出现，市民出行的距离拉长，在途时间增加，旅途疲劳度凸显了地面公共交通方式难以满足交通运距变大引起的服务方面的需求，唯有轨道交通系统恰好能发挥其优势。

城市交通的主要集散点之间，尤其是城市中心区与边缘功能区（如工业区、居民区、游览区）之间，或各功能区之间；以及大都市中心区与副中心区、卫星城，新城区互相之间，轨道交通是唯一一种既能以合适的“时间距离”缩短过大的空间距离，又能避免种种交通发展负效应的现代交通方式。

如果城市布局因地理条件限制而出现条形结构，那么轨道交通将是最佳的交通发展轴。

一般而言，市民一次出行的合理在途时间应视交通工具的便利性、舒适性而定，有一个可容忍限度。苏联城市交通专家的研究结果表明，一次出行在途时间以不超 40 min 为限（包括步行到车站、乘车、换车及到站后步行等各种耗时），并认为每超过 10 min，出行者的工作效率将下降 5%。按此标准，如果一个城市中心区的地面公交车辆平均运行速度为 10～15 km/h，该中心区的居民一次出行的距离仅为 6～10 km（需扣除步行、候车耗时）。换言之，该城市的市民活动半径为 6～10 km，城市区的面积也仅为 120～300 km^2。

因此，一个占地面积扩展至几千平方千米，乃至上万平方千米的特大城市，维系城市各功能区有效紧密联系的交通方式只能依靠轨道交通。假设某轨道交通系统的平均旅行速度为35～40 km/h，该城市中心区范围可望扩展到19～22 km吸引半径（已扣除步行到站、候车换乘等时间），近1 600 km^2面积。

城市轨道交通决定的城市中心区吸引范围的计算公式为

$$R=V_{旅}(T-t)$$

式中，$V_{旅}$为轨道交通系统列车运行的平均旅行速度（km/h）；T为城市居民出行一次的最大在途时间（h）；t为城市居民出行一次步行到轨道交通系统车站及候车的时间（h）。

因此，城市轨道交通系统是城市中心区扩展、城市布局合理扩散、城市范围得以扩大的基本保证。无论是对于单一中心的多环同心圆结构，还是适度扩散的多中心组团式结构，一个现代化大都市或形成大都市圈的城市的发展都不能缺少城市轨道交通的支撑。

3）城市现代化发展技术需求的必要性

城市发展过程是综合经济实力与科技水平的集中表现，城市交通是现代化发展的重要标志之一。很难设想一个极具现代化水平的经济发达城市，只有单一的地面公共交通工具为城市庞大的高标准的客运交通服务。尤其是在人口密度高、土地面积并不大的城市，采用盲目拓宽道路或发展高架道路和私人小汽车的城市交通发展战略，无疑是一种短期策略表现，而非可持续发展的战略抉择。

城市轨道交通的建设在某种意义上反映了城市的综合实力，反映了城市交通的科技含量与发展水平，也为城市产业发展与产业结构调整带来了新的增长点。

4）城市可持续发展长远需求的必要性

最新的城市发展观念，是以环境保护与资源利用两项可持续发展重点指标作为主要评价标准的。对城市环境保护与资源利用具有破坏作用的重要原因之一，就是无限制地发展汽车交通，由此带来的大量侵占城市用地（道路面积率不断扩大，个别城市已达30%以上），大量排放废气污染物，大面积形成道路堵塞，大规模消耗能源（如个体交通、大排量汽车），大幅度造成伤亡事故（造成大规模的人力、物力、财产损耗），大量耗费管理管制人力、物力，已成为城市可持续发展的主要制约因素。

因此，从城市可持续发展的角度来看，公共交通优于私人交通，在公共交通的范畴中轨道交通优于公共电（汽）车。

此外，城市环境改善和资源利用的重要环节是产业结构的调整与功能区的布局调整。一方面创造良好的环境条件（如增加绿地面积，压缩高能耗、高污染、高成本、低效益产业，降低建筑密度与人口密度，提高空气、水、居住等生活质量）；另一方面构筑科学合理的城市布局，促进城市资源（如土地资源、水资源、能源资源、人力资源、物资等）的优化配置，使城市发展具有潜力与后劲。要实现上述目标，在客运交通方面切不可盲目发展私人汽车，而是要建设轨道交通体系。

2. 城市轨道交通建设的充分性

城市轨道交通建设需要巨额投资（目前国内地下铁道建设投资已高达5亿元人民币/千米以上），建筑施工技术要求高，难度大，设备技术含量高，运营管理要求高，经营风险大。因此，即使在急需建设轨道交通系统的城市，也可能因为种种主客观原因（主要有观念认识偏差、经济实力基础薄弱、技术储备基础差等）而难以及时建设。

对于经济并不发达的国家或地区的城市来说，轨道交通系统的建设更是处于两难境地：一方面城市人口密集，客运交通急需轨道交通早日建成，即必要性十分迫切；另一方面，因经济实力有限，资金难以筹措，而无法及时有效地完成轨道交通的规划与建设，即城市轨道交通建设除了必要性之外，更重要的还有其充分性。

1）充分认识城市轨道交通建设的必要性与重要性

城市轨道交通建设的重要性与必要性，近年来经过激烈争论和实践验证，已在学术界达成基本共识，关键在于政府的管理层和决策层是否有充分认识。唯有被充分认识，才有城市轨道交通建设在筹资立项程序上的充分可能性。

2）充分具备城市轨道交通建设的经济基础

一方面城市发展的综合实力在整体上为城市轨道交通建设带来经济基础和交通需求；另一方面，城市轨道交通建设的项目投资需要雄厚的经济实力，包括融资还贷保本盈利能力，经营管理生产持续能力等。

城市轨道交通路线一般不可能很短（平均长度在 15 km 左右，较长线路则更能显示轨道交通的优势）。因此，即使建设单一轨道交通线路，一次性投资也十分可观，更何况大城市轨道交通系统都是连线成网，具有相当规模的。

3）充分具备城市轨道交通建设的科学技术基础

城市轨道交通系统既有高科技特征，又有持续发展不易调整的特征，因此，从规划开始，到建设、运营、发展、改进，不论是网络规划、设备制造，还是运营管理、设备维护等，均需有现代高新技术的支持。

城市轨道交通建设的科技领域涉及面较广，如土木、通信、电子、计算机、车辆、供电、环控、防灾、机电等，没有相当程度的科技储备，就难以完成城市轨道交通系统的科学规划，高质高效的建设和运营，即使依赖国际先进技术的支持，也难以持续发展，难以安全可靠、高效低耗地运营。

由此可见，城市轨道交通建设的充分性表现在认识到位、经济实力与科技水平均达到一定标准三方面，缺一不可。

实践活动

活动描述

（1）自主查询关于城市化进程的最新数据，并据此说明建设城市轨道交通的必要性。

（2）自主查询我国城市轨道交通的发展现状，总结其特点，并说明对自己所处城市的城市轨道交通建设的借鉴意义。

（3）自主查询世界其他国家城市轨道交通的发展现状，总结其特点，并说明对我国城市轨道交通建设的借鉴意义。

具体要求

（1）以小组为单位进行查询活动，各组人员数量在 6 人以下，并推选小组长一人，负责组织活动的开展并督促完成。

（2）要求将所查询资料汇总并制作成 PPT，在课堂上进行讲解。

思考与练习

(1) 城市交通与城市发展的内在关系是什么?
(2) 城市交通的发展经历了什么样的历程?
(3) 现代化城市交通的特征是什么?
(4) 什么是城市轨道交通?它在城市交通中处于何种地位?
(5) 我国目前为什么要大力发展城市轨道交通?
(6) 简述我国城市轨道交通的建设与发展历程。

项目 2 城市轨道交通系统的类型

把优先发展城市的公共交通作为解决城市交通问题的有效途径，已成为人们的共识。目前，世界上所有的大城市都开始重新认识公共交通，公共交通正处于复兴时期。城市公共交通体系如图 2-1 所示。本项目着重介绍城市轨道交通系统中起主导作用的几种交通方式。

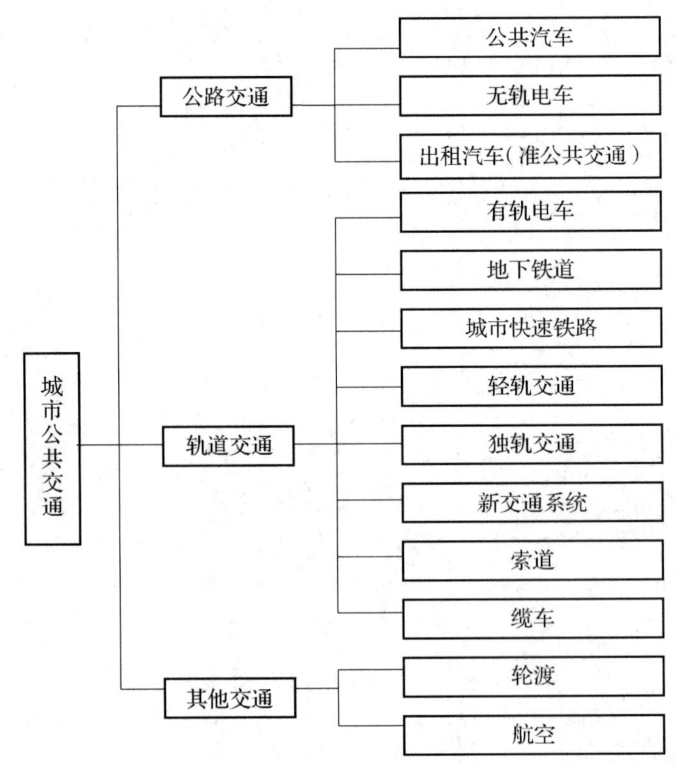

图 2-1　城市公共交通体系

任务 2.1 城市轨道交通系统的不同分类

城市轨道交通种类繁多，技术指标差异较大，世界各国评价标准不一，并无严格的分类。城市轨道交通在世界范围内发展较快，由于地区、国家、城市的不同，服务对象的不同等，使得城市轨道交通发展成为多种类型。

1. 按导向方式分类

城市轨道交通按导向方式，可分为轮轨导向的城市轨道交通系统和导向轨导向的城市轨道交通系统。

图文
地铁的新类型

2. 按线路架设方式分类

城市轨道交通按线路架设方式，可分为地下（水下）城市轨道交通系统、高架城市轨道交通系统和地面城市轨道交通系统。

3. 按线路隔离程度分类

城市轨道交通按线路隔离程度，可分为全隔离城市轨道交通系统、半隔离城市轨道交通系统和不隔离城市轨道交通系统。

4. 按轨道材料分类

城市轨道交通按轨道材料，可分为钢轮钢轨城市轨道交通系统和橡胶轮混凝土轨道梁城市轨道交通系统。

5. 按牵引方式分类

城市轨道交通按牵引方式，可分为旋转式直流电机牵引城市轨道交通系统、交流电机牵引城市轨道交通系统和直线电机牵引城市轨道交通系统。

6. 按运营组织方式分类

城市轨道交通按运营组织方式，可分为传统城市轨道交通、区域快速轨道交通和城市（市郊）铁路。

7. 根据高峰小时单向运输能力的大小分类

城市轨道交通按高峰小时单向运输能力的大小，可分为高运量轨道交通系统、中运量轨道交通系统和低运量轨道交通系统等类型。高运量轨道交通系统的高峰小时单向运输能力在 30 000 人次以上（包括 30 000 人次），属于该种类型的轨道交通系统主要有地下铁道和高技术标准的轻轨铁路；中运量轨道交通系统的高峰小时单向运输能力为 15 000～30 000人次（包括 15 000 人次），属于该种类型的轨道交通系统主要有轻轨铁路和独轨铁路；低运量轨道交通系统的高峰小时单向运输能力为 5 000～15 000 人次，属于该种类型的轨道交通系统主要有低技术标准的轻轨铁路和有轨电车。

应当指出，以上分类并不是绝对的。事实上，在一些不同类型的城市轨道交通系统之间并没有明确的、清晰的界限。相关专业文献资料表明，国外对同一种轨道交通系统有轻型地铁和轻轨等不同称呼的情况。综合城市轨道交通的相关分类，我国不同等级的城市轨道交通系统如表 2-1 所示。

表 2-1 我国城市轨道交通技术等级表

系统类型		Ⅰ	Ⅱ	Ⅲ	Ⅳ	Ⅴ
		高运量地铁	大运量地铁	中运量轻轨	次中运量轻轨	低运量轻轨
适用车辆类型		A 型车	B 型车	C-Ⅰ、Ⅱ型车	C-Ⅱ型车	现代有轨电车
最大客运量(单向)/(万人次·时$^{-1}$)		4.5～7.5	3.0～5.5	1.0～3.0	0.8～2.5	0.6～1.0
线路	线路状态	隧道为主	隧道为主	地面或高架	地面为主	地面
	路用情况	专用	专用	专用	隔离或少量混用	混用为主
车站	平均站距/m	800～1 500	800～1 200	600～1 000	600～1 000	600～1 000
	站台长度/m	200	120～160	120	小于 100	小于 60
	站台高低	高	高	高	低(高)	低
车辆	车辆宽度/m	3	2.8	2.6	2.6	2.6
	车辆定员/(站6人·米$^{-2}$)	310	240	220	220	104～202
	最大轴重/t	16	14	11	10	9
	最大时速/(km·h^{-1})	80～100	80	80	70	45～60
	平均运行速度/(km·h^{-1})	34～40	32～40	30～40	25～35	15～25
	轨距/mm	1 435	1 435	1 435	1 435	1 435
供电	额定电压/V	DC1500	DC750	DC750	DC750(600)	DC750(600)
	受电方式	架空线	第三轨	架空线/第三轨	架空线	架空线
信号	列车自动保护	有	有	有	有/无	无
	列车运行方式	ATO/司机驾驶	ATO/司机驾驶	ATO/司机驾驶	司机驾驶	司机驾驶
	行车控制技术	ATC	ATC	ATP/ATS	ATP/ATS	ATP/CTC
运营	列车编组	6～8	6～8	4～6	2～4	2
	列车最小行车间隔/s	120	120	120	150	300

8. 按动能范围、车辆类型及主要技术特征分类

城市轨道交通按动能范围、车辆类型及主要技术特征，可分为有轨电车、地下铁道、轻轨交通、城市(市郊、城际)铁路、独轨交通、磁悬浮、新交通系统七类。

任务2.2 了解有轨电车系统

2.2.1 有轨电车系统的概念

有轨电车（tram或streetcar）是使用电车牵引、轮轨导向、1～3辆编组运行在城市线路上的低运量轨道交通系统。有轨电车通常采用地面线，有时也有隔离的专用路基和轨道，隧道或高架区间仅在交通拥挤的地带才被采用。有轨电车轨道系统的建设投资较小，见效较快，但运输能力相对也较小。

有轨电车是最早发展的城市轨道交通之一，一般设在城市中心，穿街走巷运行，具有上车方便的特点。

2.2.2 有轨电车的发展历史

有轨电车起源于城市公共马车，为了多载客，人们把马车放在铁轨上。随着电动机的发明和牵引电力网的出现，世界上第一条有轨电车线于1888年5月在美国弗吉尼亚州里士满开通。到20世纪20年代，美国的有轨电车总长达2.5×10^4 km，到20世纪30年代，欧洲、日本、印度和我国的有轨电车有了很大发展。19世纪后期和20世纪前期是有轨电车的发展高峰。

旧式的有轨电车的单向运输能力一般在1万人次/时以下，通常采用地面路线，与其他车辆混合运行，运行速度一般为10～20 km/h。由于与公共汽车及行人共用街道路权，且平交道口多，因而其运行所受的干扰多、速度慢。

1908年3月5日，我国第一条有轨电车线在南京路上建成通车，随后北京、天津及东北一些城市相继修建了有轨电车，有轨电车在当时的城市公共交通中发挥了重要的作用。

旧式有轨电车由于存在运能低、挤占道路、噪声大等问题，因此在20世纪五六十年代世界上的各大城市纷纷拆除有轨电车线路，改建运量大的地铁轻轨交通。我国的有轨电车在20世纪50年代末已拆除得所剩无几，仅大连、长春和鞍山3座城市还有保留。大连还对有轨电车进行了改造，使其成为城市的一张名片。

旧式的有轨电车已停止了发展，基本上完成了它的历史使命。经改造后的现代有轨电车与性能较差的轻轨交通已很接近，只是车辆的尺寸稍小一些，运营速度接近20 km/h，单向运输能力可达2万人次/时。

2.2.3 新型有轨电车

1. 天津泰达现代有轨电车

由于近年来人们的环保意识和能源危机意识不断地得到提高与加强，因此有轨电车在世界上的不少城市都有复苏的迹象，我国也有不少城市提出了恢复有轨电车的设想，其中备受瞩目的当属天津泰达现代有轨电车项目。泰达现代有轨电车工程将分为两期，全程30 km。一期工程为试验段，全长8.8 km，南起轻轨洞庭路站，北至大学城北部的学院区北站；二期工程则将试验段向两端延伸，向北连接至北塘，向南连接至塘沽城区。试验段的工程总投资（不含车辆）约 1.9 亿人民币，预计设置车站 14 座，全部为地面站，并采用岛式站台。在车辆选择方面，将选用 8 列法国劳尔有轨电车。该车采用 100%低底盘设计，地板与地面的距离不到 30 cm，不但方便乘客上下车，就连残疾人的轮椅也能毫不费力地被推上车，人性化的设计理念显露无遗。而用橡胶制成的电车动力轮，将运行时的噪声降到最低，同时也会大大减少车辆对路面的损坏。

2. 沈阳浑南现代有轨电车

沈阳浑南现代有轨电车作为我国现代有轨电车建设的示范线，集合了众多全国首创，实现了三大创新：一是首次采用全绿色整体道床技术，轨道与绿草融为一体，将电车的线路巧妙融入城市道路中间的绿化带，既节约了建设用地，又使整个线路所经区域美观整洁；二是首次采用国产低地板现代有轨电车，方便残疾车通过站台实现平稳上下车；三是首次采用槽型钢轨和超级电容技术，槽型钢轨与无砟轨道敷设技术和有轨电车特有的弹性车轮配合，可以给乘客带来更加平稳舒适的乘车感受，公交车常见的骤起骤停、乘客摇摇晃晃的情景将不会出现。

沈阳浑南现代有轨电车运营有限公司为国有控股企业，主要负责有轨电车系统的运营及维护工作。浑南新区现代有轨电车一期已建成 4 条线路，总长 60 km，将会展中心、桃仙机场、高铁新南站、全运村、全运会运行中心、奥体中心、新区行政中心、沈抚新城等连接在一起，并且通过奥体中心、21 世纪大厦等综合交通枢纽站，与地铁、公交线路无缝对接。

任务 2.3 了解地下铁道系统

2.3.1 地下铁道系统概述

严格地讲，地下铁道是一个历史名词，其原始意义是修建在地下隧道中的铁路。随着地下铁道的发展，其线路布置已不仅仅局限在地下隧道中，而是根据需要也可以布置在地面或采用高架的方式修建，但城区内的线路还是以地下为主。

地下铁道简称地铁（metro 或 underground railway 或 subway），是城市快速轨道交通的先驱。地铁是由电力牵引、轮轨导向、轴重相对较重、具有一定规模运量、按运行图行车、编组运行在地下隧道内，或根据城市的具体条件运行在地面或高架线路上的快速轨道交通系统。

对世界各国的地下铁道系统进行分类研究可知，地下铁道由于所采用的技术标准不同又可分为重型地铁、轻型地铁和微型地铁，它们的运载能力因技术标准的不同而差别很大。目前，地下铁道的概念通常是指重型地铁，地铁的单向运能在 3 万人次/时，最高可达 6 万～8 万人次/时；最高速度可达 90 km/h，旅行速度可达 40 km/h 左右；可4～8 节编组；车辆运行最小间隔可低于 1.5 min；驱动方式有直流电机、交流电机、直线电机等。地铁具有建设成本高、建设周期长的弊端，但同时又具有运量大、建设速度快、安全、准时、节省能源、不污染环境、节省城市用地的优点。地铁适用于出行距离较长、客运量需求大的城市中心区。一般认为，人口超过百万的大城市就应该考虑修建地铁。地铁的主要技术参数如表 2-2 所示，其服务范围主要集中在城市市区。

表 2-2　地铁的主要技术参数

序号	项　　目	技术参数	序号	项　　目	技术参数
1	高峰小时单向运输能力/人	30 000～70 000	9	安全性和可靠性	较好
2	列车编组	4～8 节、最多 11 节	10	最小曲线半径/m	300
3	列车容量/人	3 000	11	最小竖曲线半径/m	3 000
4	车辆构造速度/（$km \cdot h^{-1}$）	80～100	12	舒适性	较好
5	平均运行速度/（$km \cdot h^{-1}$）	30～40	13	城市景观	无大影响
6	车站平均间距/m	600～2 000	14	空气污染、噪声污染	小
7	每小时最大通过能力/对	30	15	站台高度	一般为高站台，乘降方便
8	与地面交通隔离率	100%			

2.3.2　地下铁道系统的构成

由于地下铁道的大部分线路在地下或高架通行，因此其技术水平要求较高，可靠性和安全性要求也较高。地铁系统与国家铁路干线一样，主要由地铁线网、线路与轨道、车站、供电系统、通信信号系统、环境控制系统、车辆等设备构成，要求各部分能够有机结合，协同动作，最大限度地完成输送任务。

1. 地铁线网

城市化初期，大都市的地铁线路一般只有 1～2 条，尚未形成网络，随着城市范围的扩大，城市人口急剧增加，城市既有的交通设施已远远不能满足居民出行的需求，要求建设地铁的呼声越来越高。世界性的大都市都开始加快建设地铁的步伐，地铁线路由原先的少数几条相互不甚关联的线路发展成纵横交错、错落有致的地铁网络，由整个网络共同承担繁重的城市客运任务。例如，莫斯科地铁从 1933 年开始修建，是世界上使用率第四高的地下轨道系统。莫斯科地铁的主要结构为中心向四周辐射状，全长为 327.5 km，拥有 12 条线路及 196 个车站。12 条地铁线路中 11 条是放射线，1 条是环线，环线把所有地铁线联成一个整体，在城市公共交通中发挥着巨大的作用，据统计，莫斯科地铁每个工作日能接待 800 万～900 万人次，占莫斯科公共交通总客运量的 50%以上，而且由于地铁线网与城市总体布局有机结合，因此莫斯科地铁是世界上各大城市地铁运营效率最高的。

2. 轨道与线路

考虑到乘客出行方便、土地充分利用、节约建设费用等因素，地铁线路的走向一般选择易于施工和客流相对比较集中的地区。地铁线路按其在运营中的地位和作用划分为正线、辅助线和车场线。正线是车辆载客运营线路，行车速度快、密度大，要保证行车安全和乘坐舒适，线路标准要求高；辅助线是为了保证正线运营而配置的线路，速度要求低，标准也低；车场线是车辆检修作业用的线路，行车速度较低，线路标准只要满足场区作业即可。有时地铁线路间也设置联络线，用以满足车辆调配和转线运行的需要。

地铁轨道与地面铁路轨道基本相似，我国采用标准轨距 1 435 mm 以便与铁路相互配合，更好地利用我国铁路的技术和设备。地铁钢轨采用重型钢轨，道床为碎石道床或混凝土道床。碎石道床的绝缘性和抗震性较好，但养护和维修的工作量较大。混凝土道床维修方便，但需要用弹性扣件和橡胶垫板等来改善轨道的弹性。

例如，华盛顿地铁在铁轨下垫放厚度为 38 mm 的橡胶垫板，并在混凝土道床和隧道结构底板间加铺弹性毡，以减少地铁震动对地面建筑物的影响。为了提高轨道的弹性，有少数国家的地铁采用钢筋混凝土纵向连续轨枕。

3. 车站

车站是乘客乘降的场所，也是地铁面向公众开放的窗口，车站规模的大小、设施的先进程度、服务水平的高低，从某种程度上也反映了城市的综合实力、科技发展水平及精神文明程度。因此，世界各国都比较重视地铁车站的建设，莫斯科地铁车站富丽堂皇，艺术性和观赏性都相当强；蒙特利尔地铁车站与周围环境有机融为一体，环境优美，令人流连忘返；华盛顿地铁车站朴实大方，极具实用性；东京地铁车站则多设于都市繁华闹市区，这样既可以吸引客流，又可以进一步促进商业中心的繁荣。

地铁车站按运营性质可分为中间站、尽头站、换乘站和折返站；按结构形式可分为地下车站、地面车站和高架车站；按机能可分为郊外站、市内站、联络站和待避站；按车站与轨道的相对位置可分为岛式站台车站和侧式站台车站。

地铁车站出入口的数量、通道和楼梯的宽度、自动扶梯的条数、检售票设备的数量及站台的面积等都要能满足高峰客流量的需要。车站内还应有各种标志、指示图表、广播设备和问讯处等，以保证车站能为乘客提供优质的服务。

4. 供电系统

电能是地铁系统必需的能源，所有的地铁设备都离不开电力供应，一旦供电中断，整个地铁运输将陷入瘫痪，因此高度安全、可靠的供电系统是地铁正常运营的重要条件和保证。

地铁供电系统一般包括牵引供电系统、动力照明系统和高压电源系统。牵引供电系统供给地铁车辆运行需要的电能，由牵引变电所和接触网组成；动力照明系统不仅为车站和区间各类照明、风机、水泵等动力机械设备提供电源，而且也为通信、信号、自动化等设备电源，它由降压变电所和动力照明配电线路组成；高压电源系统视各城市的具体情况而定，可以是市电直接供给地铁各变电所，也可由城市高压供电线路集中供给地铁线路，然后由电源变压器再分配给地铁沿线各变电所，还可以是这两种情况的综合。

5. 通信信号系统

通信信号系统在地铁中的作用相当重要，它既要确保行车安全，指挥列车运行，又要提高运营效率，充分利用通过能力。因此，目前国内外有关科研机构都在进一步加紧研制更加先进的通信信号设备。

根据地铁高速度、高密度、短间隔的特点，通信信号系统从传统的以地面信号为主发展到自动监控列车速度和自动调整列车追踪间隔的方式。通信信号系统按其功能可分为自

动闭塞、联锁、列车自动监视系统，列车自动监控系统，列车自动防护系统，列车自动运行系统。

为了迅速、准确、可靠地传递和交换语音、图像、数据信息，通信信号系统构建了自成体系的独立完整的内部通信网。通信网由光纤数字传输系统、数字电话交换系统、闭路电视监视系统、无线调度系统及车站广播系统等组成。

6. 环境控制系统

环境控制系统是地铁的重要组成部分，关系到乘客的旅行安全和旅途心情，影响地铁对广大市民的吸引力。早期的地铁较少考虑环境问题，以致乘客乘坐地铁时必须忍受高温、高湿及污浊的空气。随着经济和社会发展水平的提高，乘客对乘车环境有了更高的要求，不少城市开始在地铁系统中增设环境控制系统以满足乘客的要求。

环境控制系统主要包括地铁通风、空调和采暖等设备。

7. 车辆

地铁车辆作为乘客运载工具，不仅要保证运行的安全、可靠、快速，而且应考虑乘客的舒适和方便及公共交通所需的大容量。

随堂测试

地铁车辆不管采取何种模式，都是电动车组编组，即装有牵引电机能自行行走的电动客车。通常把无驾驶室的车辆称为中间车，没有牵引电机但有驾驶室的车辆称为控制车，牵引电机和驾驶室都没有的车辆称为拖车。在编组运行时，带驾驶室的控制车始终在列车的两端，其他车型在列车中的位置可以互换。编组辆数由预测客流量及行车间隔时间决定，如上海地铁 1 号线远期采用 8 节编组，近期采用 6 节编组。

无论是动车还是拖车，地铁车辆主要由车体、转向架、牵引缓冲装置、制动装置、受流装置、车辆内部设备、车辆电气系统组成。具体介绍详见项目 4。

由于地铁车辆主要运行在地下隧道中，而且地铁线路曲线半径小、坡度大、站距短，因此与地面轨道车辆相比具备更好的技术性能。地铁车辆不同于其他轨道车辆的主要特征在于地铁车辆有较好的加减速性能、起动快、停车制动距离短、平均运行速度快；地铁车辆具有较大的载客容量，车门数多，便于乘客上下车，停站时间短；地铁车辆的车型较小，适合在隧道内运行，而且车辆采用难燃或阻燃材料制成，不容易发生火灾；地铁车辆的技术含量较高，一般都安装有列车自动控制、自动停车、自动驾驶装置等。

我国现有地铁车辆的主要技术参数如表 2-3 所示。

表 2-3 我国现有地铁车辆的主要技术参数

项目名称	单 位	上海地铁车辆	北京地铁车辆
车体长度	m	有驾驶室 23.54 无驾驶室 22.1	19.0
车体宽度	m	3.0	2.8
车体高度	m	3.8	3.715
车辆轴距	m	2.5	2.165
每侧车门数	个	5	4
定员	人	310（超 410）	251（超 350）

（续表）

项目名称	单　位	上海地铁车辆	北京地铁车辆
自重	t	动车 38，拖车 32	动车 30.94，拖车 24.5
最高运行速度	km/h	80	80
平均起动加速度	m/s^2	0～25 km/h 时，1 m/s^2	0～36 km/h 时，0.9 m/s^2； 0～80 km/h 时，0.5 m/s^2
平均制动减速度	m/s^2	常用 1 m/s^2，紧急 1.3 m/s^2	常用 1 m/s^2，紧急 1.2 m/s^2

2.3.3　地下铁道系统的适用范围

地下铁道之所以在世界范围内得到广泛的发展，一个很重要的原因就是它具备城市道路交通不可比拟的优势。

第一，地铁是一种大容量的城市轨道交通系统，单向每小时运输能力可以达到 3 万～7 万人次，而公共电（汽）车单向每小时运输能力只在 8 000 人次左右，远远小于地铁，因而在客流密集的城市中心地带建设地铁可以明显疏散公交客流，分担绝大部分的城市公共交通流量。

第二，地铁具有可信赖的准时性和速达性，地铁线路与道路交通隔绝，有自己的专用线路，不受气候、时间和其他交通工具的干扰，不会因交通阻塞而延误时间，因而在保证准时到达目的地方面得到乘客的信赖，对居民出行有很大的吸引力。

第三，由于地铁大多在地下或高架上运行，因而与其他交通方式不会造成相互干扰，安全性高，在当今世界汽车泛滥、交通事故率居高不下的情况下，地铁如果不发生意外或自然灾害，乘客安全可以得到保障，这也是地铁吸引人的地方之一。

第四，地铁噪声小，污染少，对城市环境不会造成破坏。此外，在城市发展空间日益减小的今天，地铁充分利用了地下空间，节约出宝贵的土地资源为人类所用，这也在一定程度上刺激了地铁的发展。

虽然地铁具有很多其他交通方式并不具备的优势，但其缺点也相当突出，制约了地铁的进一步发展。地铁的绝大部分线路和设备处于地下，而由于城市地下各种管线纵横交错，极大地增加了地铁施工的工作量，而且在建设中还涉及隧道开挖、线路施工、供电、通信信号、水质、通风照明、震动噪声等一系列技术问题及防灾、救灾系统的设置等，这些都需要投入大量的资金，因此，地铁的建设费用相当高。在日本，每千米地铁的建设费要超过 200 亿日元，我国每千米地铁的造价为 5 亿～10 亿元人民币。即使对于工业发达国家来说，大量建设地铁所需的建设费用也是难以承担的。地铁不仅建设费用比较高，而且建设周期长、见效慢。地铁还有一个致命的弱点就是一旦发生火灾或其他自然灾害，乘客疏散比较困难，容易造成人员伤亡和财产损失，对社会造成不良影响。

乘客选择交通方式，主要考虑的是速达性、准时性、便利性、舒适性、安全性和经济性。国外专家的研究表明，人口超过 100 万的特大城市建设地铁是比较合适的，但如果在特定线路上，由于城市的特殊交通需求，人口在 50 万～100 万的城市也可考虑建设地铁。有关文献也指出，当设计线路日客流量大于 15 万人次或单向高峰每小时客流量为 3 万～4 万人次时，修建地铁是比较合适的。当然随着科学技术的发展，地铁车辆日益小型化、轻量化，建设费用不断降低，地铁的适用范围会不断扩展，为更多的城市所接受。

拓展知识

地铁的新类型

科技发展为地铁车辆提供了广阔的发展空间。为了提高速度，地铁车辆的供电电压由以往的直流 750 V 且以第三轨供电居多改造为 1 500 V；为了把地铁延伸到地面，需采用架空接触导线供电。这种延伸到地面的地铁，不仅大大降低了造价，缩短了工期，而且也加强了城市与郊区的联系。上海地铁 1 号线就是这样一种地铁。

法国巴黎、加拿大蒙特利尔等城市的地铁采用空气橡胶轮胎车辆。这种地铁车辆的特点是噪声小、黏着力大、乘坐舒适性好，适于坡度大、延伸到地面的地铁使用。

电动车组也在不断改进，目标是提高其加速和减速性能，并实现轻量化。为增加行车密度，保证安全，地铁已广泛使用列车自动控制系统。

有一种新型地铁值得注意，这就是东京地铁 12 号线所使用的线性电机车辆。这是加拿大在 20 世纪 80 年代开发成功并投入运营的新型城市轨道交通车辆。它采用线性电机牵引、径向转向架和自动控制等高新技术。由于线性电机相当于把旋转电机的定子和转子剖开展平，因此，相同功率的线性电机要比旋转电机缩小 3/4 的高度，这样就能缩小地铁隧道的横断面；加之这种车辆不是靠轮轨间的黏着力，而是靠电机上定子与地面上转子（导轨）之间的电磁力驱动，具有较大的爬坡能力，因而地铁隧道的纵断面也容许有较大的限制坡度。这种“小断面地铁”可大大降低地铁工程的造价。此外，由于线性电机车具有车身矮、重量轻、噪声低、通过小半径曲线和爬坡能力强等优点，因此，它可以轻而易举地跑出地面、跃上高架，它是地铁与高架轻轨接轨的理想车型。以线性电机车辆作动力，其深远的意义还在于它引起了轨道车辆牵引动力的变革。

任务 2.4 了解轻轨系统

2.4.1 轻轨系统概述

轻轨（light rail transit，LRT）是在有轨电车的基础上改造并发展起来的城市轨道交通系统。轻轨是在轨道上的荷载相对于铁路和地铁的荷载较轻的一种交通系统。轻轨交通是个比较广泛的概念，公共交通国际联会（UITP）在关于轻轨运营系统的解释文件中提到：轻轨交通是一种使用电力牵引、介于标准有轨电车和快运交通系统（包括地铁和城市铁路）、用于城市乘客运输的轨道交通系统。

最初，轻轨铁路的线路所使用的钢轨比重型地铁所使用的钢轨轻，其整体的技术标准也低于地铁，因而轻轨的运输能力也远远小于地铁。随着时代的发展，现在轻轨已采用与地铁相同质量的钢轨，轻轨的定义也变为客运量或车辆轴重稍小于地铁的快速轨道交通。所以，目前国内外都以客运量或车辆轴重的大小来区分地铁和轻轨。在我国《城市轨道交通工程项目建设标准》（建标 104—2008）中，把每小时单向客流量为 0.6 万～3 万人次的轨道交通定义中运量轨道交通，即轻轨。

轻轨交通一般采用地面和高架相结合的方式建设，路线可以从市区通往近郊。列车编组采用3～6节，铰接式车体。由于轻轨交通采取了线路隔离、自动化信号、调度指挥系统和高新技术车辆等措施，因此最高速度可达60 km/h，克服了有轨电车运能低、噪声大等缺点。

由于轻轨交通具有投资少（每千米造价为0.6亿～1.8亿元人民币）、建设周期短、运能高、灵活等优点，因此发展很快。目前，无论是发达国家还是发展中国家，轻轨交通方兴未艾。各国纷纷根据自己的国情，制定相应的轻轨交通发展战略和模式。

2.4.2 轻轨的发展模式

纵观各国情况，轻轨大致有以下三类发展模式。

1. 改造旧式有轨电车为现代化的轻轨交通

这种模式以德国、苏联及东欧其他国家为典型代表。德国国内共有35个城市运行着有轨电车，线路总长3 200 km，有轨电车5 200辆，是城市公共交通运输的重要组成部分。为了将有轨电车改造成轻轨交通系统，德国首先对有轨电车网进行了整顿，使其趋于合理，有的线路被设为专用车道，有的线路被改建到地下，从根本上改变了有轨电车与其他交通的混杂运行情况。其次，还对有轨电车车辆进行了现代化改造，研制出先进的轻轨车辆以供使用。

2. 利用废弃铁路线路改建成轻轨线路

这种模式以美国圣迭戈轻轨交通为代表。那里的轻轨交通只有一条线路，全长25.6 km，起初是从市区圣太飞火车站到墨西哥边境的铁路线路，后来被飓风破坏，于是圣迭戈市就将其改造成为轻轨线路，为城市公共交通服务，现在这条线路的运营状况良好。圣迭戈市也因此成为美国修建轻轨的第一座城市。类似情况在欧洲也屡见不鲜，瑞典的哥德堡、德国的卡尔·马克思州也都采用这一模式。我国上海市轨道交通明珠线一期工程也是将原有的城市内部铁路改造为轻轨线路的。

3. 建设轻轨交通新线路

对于第三世界国家的大城市而言，修建轻轨交通要比修建地铁更加经济实惠，因此，诸如菲律宾的马尼拉、荷兰的鹿特丹、中国的香港等城市都相继新建了轻轨交通。

2.4.3 轻轨的主要类型

经过100多年的发展，轻轨已形成3种主要类型，即钢轮钢轨轻轨、线性电机牵引轻轨和橡胶轮轻轨。

1. 钢轮钢轨轻轨

钢轮钢轨轻轨即新型有轨电车，是应用地铁的先进技术对老式有轨电车进行改造的成果。

2. 线性电机牵引轻轨

线性电机牵引轻轨系统是由线性电机牵引、轮轨导向、车辆编组运行在小断面隧道及

地面和高架专用线路上的中运量轨道交通系统。20 世纪 80 年代，加拿大成功开发了线性电机驱动的新型轨道交通车辆。它采用线性电机牵引、径向转向架和自动控制等高新技术，降低综合造价近 20%。它与轮轨系统兼容，便于维护救援，具有较大的爬坡能力。线性电机技术在加拿大、日本、美国都取得了较大的成功，由此研制的线性电机列车也投入了使用。线性电机列车在我国的广州和北京也有应用。

3. 橡胶轮轻轨

橡胶轮轻轨系统采用全高架运行，不占用地面道路，具有震动小、噪声低、爬坡能力强、转弯半径小、投资少等优点。

2.4.4 国外城市轻轨交通概况

越来越多的国家和地区开始认识到轻轨交通的作用，非洲第一届城市公交会议明确指出，在非洲城市中要用轻轨交通来取代拥挤不堪的公共汽车。扎伊尔、突尼斯、泰国、菲律宾、新加坡等国家的城市都已建或在建轻轨交通系统。轻轨交通系统正发挥着越来越重要的作用。

下面列举几个有代表性的城市，简要介绍它们的轻轨交通系统。

(1) 美国的萨克拉门托市，市区人口约为 92 万，1987 年 3 月建成一条穿越市中心的轻轨交通线路，全长 29.4 km，共有 27 个车站，轨距为 1 435 mm，采用直流 750 V 架空接触网供电，运行间隔为 1.5 min，选用车型为六轴单铰接车辆 32 辆，并按单一票制进行管理。

(2) 法国的南特市，市区人口约为 45 万，1984 年建成一条自东向西穿过市区的轻轨交通线路，它也是法国建成的第一条现代化轻轨交通系统。线路全长 10.6 km，共设 22 个车站，轨距为 1 435 mm，采用直流 750 V 架空接触网供电，选用车型为六轴单铰接车 28 辆，行车间隔为 3 min，平均旅行速度为 24 km/h，年客运量接近 2 000 万人次。

(3) 菲律宾马的尼拉市，城市总人口 800 万，1985 年建成一条规模较大的现代化轻轨交通系统，线路全长 15 km，为全高架式轨线，共设 18 个车站，轨距为 1 435 mm，采用直流 750 V 架空接触网供电，选用车型为八轴双铰接车辆 64 辆。高峰时行车间隔为 2.5 min，平时行车间隔为 3～5 min，并设有信号系统和列车自动防护装置。平均旅行速度为 39 km/h，采用单一票价制管理，全部车站的出入口采用自动开闭门，配有检查员进行管理。

(4) 加拿大的温哥华市，市区人口约为 120 万，1986 年建成世界上第一条全自动化、线性电机牵引的轻轨交通系统，线路全长 22.5 km，其中有 13 km 为高架桥，共设车站 16 座，轨距为 1 135 mm，采用直流 600 V 侧轨供电方式，车辆总数为 114 辆，行车间隔为 3～5 min，信号系统由计算机集中控制，全部列车以无人驾驶全自动控制方式运行。这是当今世界上投入运营的技术最先进的轻轨交通系统。

2.4.5 轻轨系统的主要技术指标

目前蓬勃发展的轻轨交通集各种先进技术于一身，无论是轨道、车辆，还是通信信号、供电系统、环控系统，都采用了现代化程度较高的技术设备，因而可以快速、安全、便捷地完成中等客运量的乘客运输任务。

轻轨交通是中等运量客运交通系统。以现代有轨电车为例，其单向高峰小时客运量为10 000～30 000人次，是地铁的1/3～1/2，比公共电（汽）车的每小时8 000人次高出数倍，而轻轨交通的工程造价却要比地铁减少2/3还多，为广大经济实力并不太强的城市所接受，因此这种中等运量的“客运走廊”受到普遍欢迎。

轻轨交通系统（现代有轨电车）的主要技术指标如下。

1. 客运量

轻轨交通是介于公共汽车和地铁之间的中运量交通系统，客运量的适应范围为单向高峰小时10 000～30 000人次，最大不宜超过40 000人次。中心车站则可以更密集一些。

2. 线路

轻轨线路有地下、地面和高架桥3种形式，具体采用何种形式应结合城市总体布局，充分考虑城市用地、客流方向、环境保护等因素。

线路要与现有交通系统衔接良好，把住宅区、商业区、办公区有机联系在一起，为乘客出行提供方便。

线路最小曲线半径，正线不小于100 m，地面线困难时不小于50 m，车场线不小于25 m，线路正线最大坡度为60%，为了保证曲线线路运行平顺，还应设缓和曲线和曲线间的夹直线。

3. 轨道

轻轨系统的轨道结构一般应采用国家标准，维护方便，而且远期还可以考虑与其他轨道交通方式统一管理，充分发挥网络功能。

正线钢轨一般采用50 kg/m，除小半径曲线地段外，均可敷设无缝线路，以提高行车质量，减少噪声污染。

4. 车辆

轻轨交通车辆基本上可分为四轴车、六轴单铰接式车和八轴双铰接式车3种。每种车还可以分为双驾驶室车、单驾驶室车和无驾驶室车，均为动车。它们既可单节运行，也可编组运行。

我国目前一般选择两端设驾驶室、六轴单铰接直流电动车辆为基本车型，最多可4节连挂。

5. 车站

根据线路位置、地形条件、行车组织要求及乘降客流量，确定轻轨车站的规模、形式和位置。

车站应考虑设置在客流集散点，如铁路车站、机场、码头、商业中心、娱乐中心、居民区、办公区及公交枢纽站附近。

车站的建筑形式应与城市景观和地面建筑相互协调，浑然一体。车站间距以1 000 m左右为好，郊区地段可以适当加长，市中心车站则可以更密集一些。

6. 供电系统

安全、可靠的供电系统是保证正常运输秩序和乘客人身安全的先决条件，因此，轻轨

的供电系统属国家一级负荷，由双路电源供电，而且其中一路必须是专用线路，保证电能安全、连续地供给轻轨系统。

新建轻轨交通的电压制式应按国际标准 DC750V 电压制式选用，并采用架空线接触网的供电方式。

7. 通信信号系统

通信信号系统起着保证行车安全与提高运输效率的作用，一般应满足以下原则：

(1) 系统必须具有确保行车安全，提高运输效率，为乘客提供安全、可靠、舒适服务的能力。

(2) 系统必须结合实际，采用先进技术，在经济合理的条件下充分利用高科技提高现代化水平。

(3) 系统必须符合功能综合、设备一体化的要求，并留有设计余量，能适应远期发展的需要。

8. 环境保护

随着经济和社会的发展，城市居民对生活质量的要求越来越高，也更加重视人与环境的相互协调，相互依赖的发展关系，因此，由轻轨交通产生的噪声问题就成为部分城市对轻轨望而却步的主要原因。

采用先进技术、减少噪声污染是轻轨技术发展的重要原动力，目前已在轨道和车辆的研制上获得明显效果。在改进技术的同时，城市规划部门应尽量避免在轻轨线路周围设置住宅区，以使居民区避开噪声影响。

只要科学、合理地安排轻轨线路，积极采取措施减少环境污染，轻轨交通对城市的负面作用就会微乎其微。

2.4.6 我国轻轨交通发展前景展望

对于我国的许多大中城市来说，经济基础薄弱是制约交通建设的主要因素，选择经济合理且符合我国人口众多这一国情的交通模式是当务之急。轻轨交通既免除了地铁的昂贵投资，又具有中运量的特点，特别是其建设标准低于地铁，因而其国产化进程容易推进。因此，选择轻轨交通作为城市公共交通的主要发展目标是极为适当和势在必行的。轻轨交通是适合我国大中城市特别是中等城市的轨道交通运输方式。

我国的轻轨交通建设必须从国情出发，既要采用先进技术，向国际先进水平靠近，也要考虑实际，充分利用我国现有的技术条件和科技能力，走自力更生发展轻轨交通的道路。

拓展知识

轻轨交通系统的类型

轻轨交通系统由于其不同的使用范围和技术特点，各国的分类不尽相同。

1. 日本对轻轨交通的分类

日本将轻轨交通系统分为有轨电车型、市郊有轨电车型、地下铁道型、铁路电车型、新交通系统型 5 种类型。其中，有轨电车型指在旧式有轨电车的基础上改造而成的新型交通工具，一般采用专用车道，以德国和欧洲为典型代表；市郊有轨电车型基本采用路面交通，只是在技术上要比旧式有轨电车更先进、安全、可靠，主要应用在人口密度较低的市郊住宅区，波士顿、斯德哥尔摩及日本的镰仓属于这种类型；由于地铁工程造价较高，不易负担，于是人们采用部分地下、部分地面，以及小断面、小曲线、陡坡道等办法节省投资，建造地下铁道型轻轨交通系统，英国纽卡斯尔、比利时布鲁塞尔也称其为“半地铁”或“准地铁”。日本的这种分类方法有其合理的方面，也有其不确切的地方，即把新交通系统、独轨系统等与轻轨导向方式不同的轨道交通系统也包括在轻轨交通系统之中。

2. 德国对轻轨交通的分类

德国将轻轨交通划分为四级，以有轨电车改造的不同阶段为标准，一级相当于有轨电车的现代化，线路全部在地面上，只是新建线路采取有隔离带的专用车道；二级在人口密集的闹市区修建少量的高架或隧道线，而在郊外则采用路堑或路堤形式，车站根据运营要求和城市具体情况采用高站台或低站台；三级轻轨交通，隧道部分增加，全部为专用行车道，与公路没有共行线路，广泛采用列车速度控制和计算机控制运行的指挥系统；四级轻轨交通只用于特大城市，系统自动化程度高，客运量最大可达到单向高峰小时 40 000 人次。

3. 其他分类方法

轻轨交通按路权分，又可分成初级、中级、高级三个等级。初级轻轨交通的线路以地面线为主，采用半封闭行车专用道，主要道口为立交，次要道口为平交，列车 2～3 节编组，运输能力为 0.8 万～1.5 万（人次/小时）；中级和高级地面线路全部采用封闭式行车道，以隧道和高架为主，中级轻轨的运输能力在 1.6 万～2.8 万（人次/小时），高级轻轨的运输能力在 2.8 万～3.8 万（人次/小时）。

任务 2.5 了解城市铁路系统

城市铁路指的是由电气或内燃牵引、轮轨导向、车辆编组运行在城市中心与市郊、市郊与市郊、市郊与新建城镇间，以地面专用线路为主的大运量快速城市轨道交通系统。通常其所有权不属于所在城市的城市政府，而由铁路部门经营。

线路设施与干线铁路基本相同，服务对象以城市公共交通客流，即短途、通勤乘客为主。它既是连接城市市区与郊区以及连接城市周围几十千米甚至更大范围的卫星城镇的铁路，又是连接大中城市干线铁路的一部分，因此具有干线铁路的技术特征，如轨道通常是重型的。

2.5.1 城市铁路的分类

城市铁路通常是分成城市快速铁路和市郊铁路两部分。

1. 城市快速铁路

城市快速铁路是指运营在城市中心，包括近郊城市化地区的轨道系统，其线路采用电气化，与地面交通大多采用立体交叉。

2. 市郊铁路

市郊铁路是指建在城市郊区，把市区与郊区，尤其是与远郊联系起来的铁路。市郊铁路一般和干线铁路设有联络线，设备与干线铁路相同，线路大多建在地面上，部分建在地下或高架上。其运行特点接近于干线铁路，只是服务对象不同。

市郊铁路是城市铁路的主要形式。市郊铁路是伴随着城市规模的扩大、卫星城的建设而发展起来的，通常使用电力牵引和内燃牵引，列车编组多为 4～10 节，最高速度可达 100～120 km/h。市郊铁路的运输能力与地铁相同，但由于站距较地铁长，因此运行速度超过地铁，在 40 km/h 以上。

因为市郊铁路与城市轻轨不同，故又被称为重轨铁路，又因为其与干线铁路亦不同，所以也常被称为通勤铁路或月票铁路。

2.5.2 城市铁路的发展历史

众所周知，产业革命以后，铁路进入蓬勃发展时期，无论是城市间的客货交流，还是城市交通，铁路都承担了绝大多数的客货流量。铁路的发达程度成为经济发展与社会进步的象征，当时所有的世界性大都市都有若干条铁路干线通向四面八方，把不同的城市连接成一个整体，极大地促进了经济发展和社会进步。

汽车时代的到来改变了这一切，由于汽车乘坐方便，不受线路限制，可以实现“门”到“门”运输，免去换乘之苦，因而在发达国家迅速发展起来，逐步取代了铁路的统治地位，成为城市间与城市内交通的主要形式，在美国甚至出现拆铁路的情况。

小汽车促使城市范围急剧扩大，城市道路的面积与日俱增，但也带来了严重的环境问题，交通阻塞、空气污染破坏着城市这个有机体的良性循环，在曼谷甚至出现市中心行车时速不足 3 km/h 的严重阻塞现象。

发达国家的教训使人们发现，在交通量巨大的城市发展小汽车并不是明智之举，于是开始重新重视铁路在城市交通中的应用，而且由于早期形成的铁路设施和客站都在市中心或近郊，可以被重新利用，这就为市郊铁路的发展奠定了坚实的基础，城市铁路在城市中的地位和作用也逐渐得到重视。

日本、德国、苏联等国家从 20 世纪 50 年代起开始建设市郊铁路。例如，日本东京交通圈包括以东京为中心的 50 km 半径范围，由东京都和周围 7 个县组成，白天以通勤、通学、购物、娱乐为目的进城的人很多，尤其是千代田区日间人口是常住人口的 15 倍，交通流量极大，特别是早晨高峰时间，1 h 约有 100 万人从郊外涌向市区，市郊铁路在缓解这客流方面起到了极为重要的作用。

从巴黎市的公共交通客运量比例中可以看出市郊铁路的重要地位和作用。在巴黎正常工作日的高峰小时交通客流量中，市郊铁路的客运量占总运量的 40%以上，地铁占 40%，这说明在 5 个巴黎市民当中，有 2 人使用市郊铁路，2 人使用地铁或其他公共交通工具，只有 1 人使用私人小汽车，由此不难看出市郊铁路在现代化都市中所起的重要作用。

日本研究资料表明，市郊铁路的运营效率、能源消耗、投资费用及土地利用等指标明显优于其他交通方式，市郊铁路的投资额是地铁的 1/10～1/5，能源消耗是汽车的 1/7 左右，而且运送能力单向每小时高达 60 000～80 000 人次，是一种经济可行的交通方式。

2.5.3 市郊铁路的形式

目前大城市的市郊铁路主要有以下三种形式。

1. 独立的城市铁路网

独立的城市铁路网是指专门或主要用于城市交通的铁路，如日本的JR、德国的S-Bahn、法国巴黎的RER等。这种铁路的技术设备好、列车运行速度快、效率高，可以实现按运行图行车，高峰小时最小列车间隔可达1.5～2.0 min，乘客候车时间短，但由于大多采用地下或高架线路，投资费用比较高，适合于人口密度大的城市。

2. 客运专线

客运专线指通常的铁路线路，可用于速度不同的各种乘客列车，包括市郊列车和长途列车，一般在上下班高峰小时为市郊列车专用。这种线路的利用率高、投资费用低，是市郊铁路的普遍形式。

3. 混合运输线

混合运输线通常用于客货混跑，运行速度低，条件较差。

随堂测试

拓展知识

国外市郊铁路的运营管理模式

在国外，市郊铁路的运营管理模式多样，各有特色，主要有以下几种。

(1) 由国有铁路公司经营。这种市郊铁路与国有铁路连接紧密，或者以前就是国有铁路的一部分，由于城市的发展成为市郊铁路，不再承担大宗货运任务，而以短途客运为主，如日本东京的山手线和武藏野两条环线形成“回”字形，主要承担东京市郊乘客的运输。伦敦、巴黎、莫斯科等城市的电气化市郊铁路也属于这一类。

(2) 由私营铁路公司经营。在日本，除国铁外，不少私营铁路公司也建设了自己的市郊铁路，承担一部分城市公共交通任务。

(3) 由城市公共交通公司经营。随着市郊铁路的发展，有的城市出现了专门经营市郊铁路的公共交通公司，如巴黎运输公司从1961年开始修建地区快速铁路线，简称RER。RER全长274 km，由3条线组成，有133个车站，线路标准与大铁路相同，它提供了巴黎市区与20 km以外郊区间的快速联系，并通过共用车站与国有铁路及地铁建立了良好的联系。美国旧金山的海湾铁路（BART）于1971年由旧金山海湾快速铁路公司修建，全长120 km，通勤职工占总客流的70%。它是美国第一条城市快速铁路系统。

(4) 采用租赁形式。在加拿大的多伦多市，由安大略省政府租用了加拿大国有铁路的市郊线开展市郊乘客运输服务。在美国也有这种模式。

探索我国市郊铁路新模式

我国的大城市一般同时也是铁路枢纽，由于市郊铁路尚没有形成方便快捷的市郊联络走廊，而且我国的铁路与城市公共交通分属不同部门，条块分隔，难以协调统一，因此，市郊铁路的发展还很缓慢。

随着我国城市化进程的加速，城市圈、城市群的出现，我国铁路不应该只局限于城际间铁路运输一种模式，而应该积极向城市交通领域进军，大力发展城市轨道交通，尤其是市郊铁路网的建设。在这方面，法国的经验值得借鉴。

法国国有铁路公司积极介入巴黎的城市公共交通。法国国铁的6个火车站分布在巴黎的6个方向，且都成了巴黎城市交通的枢纽站，极大地方便了市民和旅游者。在巴黎，国铁的一部分线路归入了巴黎市交通管理局；有一部分线路由双方共管；还有一部分与巴黎周围铁路干线相连的线路，仍由法国国铁管辖。法国国铁与巴黎市交通管理局有协议，上述所有线路上的车票、票价都是统一的。法国国铁的线路网是巴黎郊区与巴黎市中心联系的主要纽带，形成了大巴黎公共交通网的一部分，其运营长度达887 km，共有327个车站，每天客运量超过100万人次，真可谓四通八达。这种条块结合的管理体制对我国很有启示。

任务2.6 了解独轨系统

2.6.1 独轨系统的概念

独轨系统是车辆或列车在单一轨道梁上运行的城市客运交通系统。独轨系统的线路通常采用高架结构，车辆则大多采用橡胶轮胎。

独轨系统从构造形式上可分为跨座式独轨与悬挂式独轨两种。跨座式独轨是列车跨坐在轨道梁上运行的形式，而悬挂式独轨则是列车悬挂在轨道梁下运行的形式。独轨系统由于道岔转换时间较长而制约着通过能力，因而单向小时最大运输能力为5 000～20 000人次，但它的爬坡性能很好，适合在地面起伏较大的城市修建。我国重庆现已开通的轻轨线路采用的就是跨座式独轨系统技术。

2.6.2 独轨交通系统的发展历史

独轨交通历史悠久，早在1821年英国人达尔默（P. H. Dalmer）就开发了独轨铁路，并因此获得发明专利。1888年，法国人在爱尔兰敷设了长约15 km的跨座式独轨铁路，采用蒸汽机车牵引，从此有动力的独轨交通走向实用化阶段，但因为车厢摇摆、噪声大等原因，1942年这条线路停止运营。1893年，德国人朗根（Langen）发明了悬挂式独轨车辆，1901年在伍珀塔尔开始运营，线路长13.3 km，其中10 km跨河架设，成为利用街道上空建设独轨铁路的先驱。这条线路至今仍在使用，成为该市的一个历史景观。

随着科学技术的进步，独轨交通技术日臻成熟，轨道、车辆和通信信号都有了很大的发展，再加上独轨交通可以利用道路和河流的上方空间，因此独轨技术受到一定的重视。特别是1958年研制出跨座式、混凝土轨道和橡胶充气轮胎的独轨交通制式，即目前所称的ALWEG型。美国、日本、意大利等许多国家都建设了这种形式的独轨交通，其中日本建成多条独轨交通系统，是使用独轨交通最多的国家。

我国首条跨座式独轨交通线路是在有“山城”之称的重庆修建的。重庆轨道交通2号线（较新线）一期工程于2004年建成，全线于2006年开通，独轨客车技术是从日本引进的。跨座式独轨交通十分适合重庆市道路坡陡、弯急、路窄的地形特点，同时因其结构轻巧、简洁、易融于山城景色而取得较好的景观效果。

2.6.3 独轨交通系统的优缺点

图文
跨座式单轨交通

1. 优点

独轨交通与轻轨交通相比，优点主要表现在以下几个方面：

（1）占用土地少。高架独轨不需要很大空间，每根支柱的直径仅为1.0～1.5 m，双线轨道梁线路的断面总宽度为5～7 m，与其他高架轻轨系统相比是最窄的。

（2）运量较大。国外独轨列车一般由4～6节组成，列车运输能力为每小时5 000～20 000人次。

（3）能满足复杂地形的要求。由于使用橡胶轮胎，可以满足复杂地形的要求，适宜在狭窄街道的上空穿行，可减少拆迁，降低造价。

（4）建设工期短，造价低。高架独轨结构简单，易于建造，因此工期较短，造价较低，一般为地铁的1/3。

（5）运输能确保安全。由于车辆与轨道的特殊结构，在轨道梁两侧均有起稳定作用的导向轮，能确保运行安全。

（6）噪声与震动均低，且无排气污染等公害。由于采用橡胶轮胎，因此震动和噪声大大降低。此外，电力驱动也不存在污染环境的问题。

（7）对日照和城市景观影响小。高架独轨占用空间少，沿线不会投下很大的遮光阴影，并且对城市景观还能起到一定的点缀作用。

2. 缺点

独轨交通与轻轨交通相比，缺点主要表现在以下几个方面：

（1）独轨交通的客运量在实践中还没有达到过计算客运量。所以，对独轨车辆的最大客运量问题尚需进一步论证。

（2）我国没有这种类型车辆的研制经验，而引进的价格每辆高达160万美元。

（3）独轨交通也存在橡胶轮与轨道梁摩擦产生橡胶粉尘的问题，对环境有轻度污染。

（4）列车运行在此区间时，若发生事故则救援比较困难。

（5）独轨铁路的导向、稳定及转辙装置等关键技术问题尚未完全解决。

（6）独轨交通的运输能力与有轨电车接近，但对技术的要求却高很多。

2.6.4 独轨交通系统的适用范围

国外研究表明，在人口不少于100万的城市建设独轨交通是比较合理的，但城市人口不足100万的，如德国伍珀塔尔也有独轨交通线路，而且运营良好。因此，各城市应结合自身的实际情况，对地铁、轻轨交通、独轨交通进行充分细致的技术经济比较，最终选择经济、合理、高效的轨道交通方式。

尽管独轨交通已经经历了一个多世纪的发展历程，但因为独轨铁路的导向、稳定及转辙装置等关键技术问题尚未完全解决，而且独轨交通对技术的要求很高，因此在世界范围

内并没有得到广泛的应用。

任务 2.7 了解磁悬浮系统

2.7.1 磁悬浮系统概述

磁悬浮交通（magnific levitation for transportation）是一种非轮轨黏着传动，悬浮于地面的交通运输系统。其原理是利用常导磁铁或超导磁铁产生的吸力或斥力使车辆浮起，用以上的复合技术产生导向力，用直线电机产生牵引动力，使其成为高速、安全、舒适、节能、环保、维护简单、占地少的新一代交通运输工具。由于列车在牵引运行时与轨道之间无机械接触，因此从根本上克服了传统列车轮轨黏着限制、机械噪声和磨损等问题。

磁悬浮系统的轨道往往也采用轨道梁的高架结构。其时速可达到 500 km 以上，是当今世界最快的地面客运交通工具，有速度快、爬坡能力强、能耗低的优点，每个座位的能耗仅为飞机的 1/3、汽车的 70%。它运行时噪声小、安全舒适、污染小。

虽然德国人赫尔曼·肯佩尔（Hermann Kemper）于 1922 年提出了电磁浮原理，并在 1934 年获得世界上第一项有关磁浮技术的专利，但是磁浮技术的真正发展始于 20 世纪 70 年代，其中以德国为代表的常导磁浮技术和以日本为代表的低温超导磁浮技术比较成熟，已接近或达到商业运营的要求。

图文
磁悬浮交通

2.7.2 磁悬浮列车的分类

磁悬浮列车从悬浮机理上可分为常导电磁悬浮（electromagnetic suspension system，EMS）、超导电动悬浮（electrodynamic repulsion system，EDS）及永磁补偿悬浮三种。常导电磁悬浮就是利用车载的、置于导轨下方的悬浮电磁铁通电励磁而产生磁场，通过悬浮电磁铁与轨道上的铁磁性构件相互吸引将列车向上吸起悬浮于轨道上。悬浮间隙一般为8～10 mm，通过控制悬浮电磁铁的励磁电流来保证稳定的悬浮间隙。导向原理与悬浮原理相同，是通过车辆下部侧面的导向电磁铁与轨道侧面的导向轨道磁铁相互作用，实现水平方向的无接触导向。列车的驱动是通过直线电机来实现的。由于电磁式悬浮是采用普通导体通电励磁，故又称为常导磁浮。因为常导电磁式悬浮技术的悬浮高度较低，所以对线路的平整度、路基下沉量及道岔结构方面的要求较高。

最新的常导电磁悬浮式列车以德国的 Transrapid（TR）08 型和日本的 HSST100L 型为代表。常导电磁悬浮式列车根据其原理既可设计为高速（400～500 km/h），如德国的 TR 型；也可设计为低速（100 km/h 左右），如日本的 HSST 型。

超导电动悬浮就是当列车运动时，车载磁体（一般为低温超导线圈）的运动磁场在安装于 U 形线路两侧的悬浮线圈中产生感应电流，两者相互作用，产生一个向上的磁力将列车悬浮于路面上的一定高度（一般为 100～150 mm）。由于电动悬浮是利用安装在车辆上的超导线圈，故又称为超导电动悬浮。超导电动悬浮有低温（热力学温度为 4.2 K）超导和高温（热力学温度为 77.4 K）超导之分。

导向与悬浮在原理上是相同的，只是使左、右线圈产生的力的方向相差 180°，因而相对车辆中心线的任何左右位移将产生恢复力，即导向力。列车的驱动也是靠直线电机来实现的。与常导电磁悬浮相比，超导电动悬浮系统在静止时不能悬浮，必须达到一定速度（约 150 km/h）时才能起浮。超导电动悬浮系统在应用速度下，悬浮间隙较大，对线路的要求不十分严格。超导电动悬浮式磁浮列车以日本的 MLX 型超导磁浮列车为代表。

永磁悬浮技术是采用永磁补偿式悬浮技术研制出来的磁浮交通系统，在中国和美国等国家均有研究。永磁悬浮技术是利用轨磁与翼磁形成斥悬浮工作机构，补磁与导磁板轨形成吸悬浮工作机构，两者协同工作提供悬浮力，实现永磁悬浮列车的运行。永磁悬浮具有悬浮能力大、耗能低、控制简捷、安全可靠、技术实现方式成本低的特点。永磁补偿悬浮系统以中国大连磁谷科技研究所拥有完全自主知识产权的低速暗轨磁悬浮技术验证车“中华 01 号”和高速吊轨磁悬浮验证车“中华 06 号”为代表。

我国磁浮交通的研究始于 20 世纪 80 年代，西南交通大学、国防科技大学都有不少研究成果。2003 年开通的上海高速常导磁浮商业运营线更为我国磁浮交通的发展提供了动力。

2007 年，研发时速 500 km 高速磁悬浮交通被列为我国国家科技支撑计划交通运输领域的重大项目。该项目包括磁悬浮车辆、悬浮导向控制技术、牵引控制技术、运营控制技术和系统集成技术等全套技术设备及部件，建立高速磁悬浮交通系列规划、设计技术和标准体系，建设一条 30 km 高速磁悬浮列车试验线，完成具有自主知识产权的定型化工业试验。该项目的实施标志着我国磁浮交通的发展进入了一个新的时期。

拓展知识

磁悬浮系统的商业运营

1984 年，英国伯明翰开通了速度为 54 km/h、路线长度为 620 m 的磁悬浮商业运营线。

2003 年，中国上海开通了速度为 430 km/h、路线长度 31.17 km 的商业运营示范线。上海磁悬浮列车示范线西起上海地铁 2 号线龙阳路车站南侧，东到浦东国际机场一期航站楼东侧，设计时速和运行时速分别为 505 km 和 430 km，总投资 89 亿元。

2005 年 3 月，日本名古屋东部丘陵线开始商业运营，大量世博会期间的宾客通过干线铁路经由名古屋东部丘陵线到达世博园区。

虽然磁浮交通的发展取得了很大成绩，但目前还属于新生的交通系统，在原理、结构、系统配置、运营组织及商业运作方面还有很多不完善的地方。

任务2.8 了解新交通系统

2.8.1 新交通系统概述

新交通系统（automated guideway transit，AGT）是一个模糊的概念，不同国家和城市对此都有不同的理解，目前还没有统一和严格的定义。

广义上认为，AGT是那些所有现代化新型公共交通方式的总称。狭义上将新交通系统定义为由电气牵引，具有特殊导向、操作和转向方式的胶轮车辆，单车或数辆编组运行在专用轨道梁上的中小运量轨道运输系统。

在新交通系统中，车辆在线路上可无人驾驶自动运行，车站无人管理，完全由中央控制室的计算机集中控制，自动化水平较高。新交通系统与独轨交通有许多相同之处，但也有不同之处，其中最大的区别在于该系统除有走行轨外，还设有导向轨，故新交通系统也称为自动导轨交通。

新交通系统的导向系统可分为中央导向方式和侧面导向方式，每种方式又可分为单用型和两用型。所谓单用型是指车辆只能在导轨上运行，两用型则指车辆既可在导轨上运行，又可以在一般道路上行驶。

随堂测试

新交通系统最早出现在美国，当初多为一种穿梭式往返运输乘客的短距离交通工具，曾被称为“水平电梯”或“空中巴士”“快速交通”。新交通系统在逐渐发展成为一种城市客运交通工具后，一般被称为“客运系统（people mover system)”。后来日本和法国又做了进一步的技术改进及发展，并使其成为城市中的一种中运量客运交通系统。日本称为新交通系统（意指含有高度自动化新技术的交通系统），以区别于其他各种交通运输工具。法国称为VAL系统，该名称来源于轻型自动化车辆（vehicle automatique leger）的法文字母字头的缩写，也有一种说法是VAL一词是由线路起始地名的字头缩写而成。

2.8.2 新交通系统的适用范围

新交通系统之所以在日本能够得到较快发展，是基于它明显的优势。首先，新交通系统的客运能力为5 000～15 000人/小时，高于公共电（汽）车，而且建设成本与地铁、轻轨相比又低得多，所以比较容易吸引人们的注意力；其次，新交通系统与独轨系统相似，运行在专用的高架轨道上，与其他车辆构不成干扰，运输效率较高；第三，新交通系统的车辆除采用橡胶轮胎外，其他设备与有轨车辆相差不多，并可利用现有的轨道交通运行规程，在技术上容易实现；第四，新交通系统既可采用车辆无人驾驶、车站无人管理的方式，也可省却自动运行系统，由人工操作，因而机动灵活，使用方便；第五，新交通系统节约能源，基本没有噪声污染，对保护环境有利。当然，新交通系统也有一个无法克服的缺点，就是它采用了独特的导向方式，车辆及轨道结构有别于其他轨道系统，因而兼容性不强，不能适应轨道交通一体化的发展趋势。

对于新交通系统的适用范围，目前日本较统一的看法是如果城市人口超过 100 万，采用地铁或轻轨交通系统比较适宜，而对于城市人口在 20 万～100 万的中等城市，新交通系统则更容易发挥其运量大、速度快、安全、准时的优点，是取代公共汽电车的主要交通方式。

拓展知识

新交通系统的应用

新交通系统自 1963 年由美国西尼电气公司研发面世后，已经在世界上的许多地方被推广采用，尤其是日本和法国，他们的新交通系统无论是在技术上还是在规模上都处于领先地位。

截至 2015 年，世界各地已有几十条规模不等、用途不同、具体构造也有所不同的新交通系统线路。日本有 10 条线路，日本将高架独轨和新交通系统看作是现代化的象征，故从 1976 年起做出规定，新交通系统可使用国家的财政资助，因而促进了新交通系统的发展。

目前，我国内地尚无新交通系统。我国台湾省的台北市于 1994 年建成、1996 年 3 月投入运营的木栅线（中山中学—木栅动物园），线路全长 10.8 km，其中，高架线 10 km，地下线 0.8 km，采用 VAL 制式，属中运量新交通系统。

我国香港在 20 世纪 90 年代，为接运乘客方便也从后期建设的新机场的登机厅到机场主楼修建了一条长约 1 km、采用 VAL 制式的新交通系统。

实践活动

活动描述

（1）自主查询关于各类型轨道交通系统的技术特性，并据此说明我国在建设城市轨道交通系统时如何进行选择。

（2）自主查询世界各国不同的城市轨道交通系统的类型。

（3）自主查询我国城市轨道交通的不同类型，并说明其选择的依据。

（4）自主查询自己所在城市轨道交通的建设现状。

具体要求

（1）以小组为单位进行查询活动，各组人员数量在 6 人以下，并推选小组长一人，负责组织活动的开展并督促完成。

（2）要求制作成 PPT，并在课堂上进行讲解。

思考与练习

（1）轨道交通的主要技术特性有哪些？

（2）轨道交通的类型有哪些？

（3）地铁与轻轨有何相同？有何不同？

（4）什么是市郊铁路？有何特点？

（5）什么是独轨系统？有何特点？

（6）什么是磁悬浮系统？有何特点？

（7）什么是新交通系统？有何特点？

（8）简述你对各种轨道交通类型适用性的看法，并说明我国应如何选择轨道交通的类型。

项目3 城市轨道交通规划与线网设计

城市轨道交通规划与线网设计是一项涉及城市规划、交通工程、建筑工程及社会经济等多种学科理论的系统工程。城市轨道交通项目期长、投资大，在城市规划中，轨道交通网络的规划与设计非常重要，直接影响城市的基本布局和功能定位，对城市发展有极强的引导作用，对促进城市结构调整、城市布局整合，对整个城市的土地开发、交通结构及城市和交通运输系统的可持续发展都有巨大影响。

城市轨道交通具有大运量、高速度、独立专用轨道的特点，可以作为大城市公共交通系统的骨干运输方式。要真正成为城市客运骨干系统，城市轨道交通就要承担较大比例的城市客运周转量。单一的城市轨道交通线因其客流吸引范围和线路走向的限制，一般很难达到这种骨干要求。因此，城市轨道交通必须形成网络。

资料表明，过去西方一些城市对线网的规划与设计研究并不系统，主要利用市场经济杠杆来决定城市轨道交通网的建设方案。例如，不少早期形成城市轨道交通网络的城市往往在中心区局部有多条城市轨道交通线集中在一条交通走廊内，重合很长的距离。这种情况造成了工程难度增加，致使投资增加和线网结构不合理，甚至造成城市中心区土地畸形发展。

我国作为发展中国家，各大城市正处于快速发展期，不同于西方发达国家的城市，做好城市轨道交通系统的规划与设计工作更具有独特的意义，保障空间预留，避免今后高昂的工程建设成本是基本前提。

任务3.1 了解城市轨道交通规划与设计的主要内容及原则

3.1.1 城市轨道交通规划的意义

对于发展中国家来说，城市轨道交通系统的规划工作具有特殊意义，主要包括以下几方面。

1. 科学制订城市经济发展计划的需要

城市轨道交通耗资巨大，一条线的建设投入少则数十亿元人民币，多则上百亿元人民币，往往成为最大规模的基础设施建设项目。此外，城市轨道交通线网建设一般都是持续数十年甚至上百年的浩大工程，因此无论在强度还是时间方面都会对城市经济发展产生巨大的影响，没有一个稳定、合理的线网规划和修建计划，城市就无法科学地制订经济发展计划，合理地安排财政支出。

2. 制订城市各项设施建设计划的需要

城市轨道交通系统规划将解决在城市哪些地方修建城市轨道交通的问题，从而为城市各项设施，尤其是城市基础设施的建设奠定基础。凡在城市轨道交通沿线兴建城市建筑、道路立交桥及大型地下管线，只要与城市轨道交通工程在规划设计上协调配合，做到统一规划、综合设计、分步建设，就可起到事半功倍的作用。

(1) 某市大型体育馆东北侧的溜冰训练馆要建在地铁规划控制走廊一侧，经设计配合，采取了必要的措施后既保留了地铁走廊，又使溜冰训练馆建立了起来。

(2) 某市大型体育馆附近的两座特大型立交桥都要建在地铁车站的隧道上，经同步设计、同步施工后地铁与立交桥同时建成。

(3) 某市在建设主干道时，为配合城市轨道交通线的规划设计，在道路中央预留了12～16 m宽的城市轨道交通线规划用地走廊。

(4) 某市在建设长江公路桥时，结合轻轨线规划，在设计大桥时预留出轻轨走廊，为未来的轻轨交通工程建设创造了条件。

(5) 许多城市将城市轨道交通工程的车站土建工程交付给房地产开发商进行开发，将来根据使用年限和投资回收情况，采用不同的方式进行收回。

总之，有了城市轨道交通线网规划，城市与城市轨道交通的建设就可以相互协调、有机配合、各得其利。

3. 控制城市轨道交通建设用地、降低工程造价的需要

城市轨道交通是系统的、大型的城市基础设施工程，对其用地范围有严格的技术要求，因此在实施过程中，最大的问题是工程用地困难，造成大量的拆迁工程。在工程总投资中，拆迁工程一般占10%～15%，其数额十分可观。

在拆迁工程中，属于拓宽道路、城市改造规划中必拆的危旧房屋，尚属合理。但因城市轨道交通用地未得到配合和控制，因而对建在城市轨道交通用地范围内的房子、桥梁、大型管道等建筑物，进行搬迁改移，这样不但增加拆改费用，而且影响也不好；若采取各种措施来保留现有建筑物不拆，又会增加工程造价，有时代价比重建还大。某城市曾遇到过类似的情况，因未对用范围严格控制，造成地铁隧道必须从几栋楼下通过。为此采用了楼基础托换技术，工程费用因此增加约1 000万元。如果当时能控制用地或对楼房基础位置进行必要的改移和配合，就可能减小施工难度，节约费用。由此可见，做好线网及其用地控制规划是一项十分重要的基础工作。其经济效益是无法估量的。

有了线网规划，才能知道对哪些路段及地块进行控制，因此线网研究的另一个目的就是为城市规划部门控制城市轨道交通工程建设用地提供依据。

4. 城市轨道交通工程立项建设的依据

一条城市轨道交通线路的合理性和必要性要从其在整个线网中的作用及地位来看。各线之间的关系、换乘站的分布、联络线的分布、车辆段的共用关系、线路的走向是否合理、线路大概是何种规模等级、应该修建哪一条或哪一段，都必须以线网规划为依据。

城市轨道交通工程的立项报告应当阐明立项的目的和依据，其中线网规划就是最重要的依据。因此，线网规划就是为城市轨道交通提出分期建设顺序，为工程立项做好必要的前期准备，也为各阶段设计研究工作提供最基础的依据。

以上分析说明，城市轨道交通系统规划是促进城市总体规划整体实施和城市环境改善的重要保证，与城市规划相辅相成。因此，城市轨道交通系统规划是城市总体规划中不可缺少的组成部分，对城市总体规划的实施具有重要的影响。

3.1.2 城市轨道交通系统规划与设计的主要内容

切合实际的、科学的规划与设计是未来城市轨道交通良好运营的基础。一般认为，城市轨道交通系统规划与设计的主要内容包括以下几方面。

1. 特定城市社会与经济环境下城市轨道交通系统的功能定位

特定城市社会与经济环境下城市轨道交通系统的功能定位主要包括城市经济地理特征分析、城市规划总体目标及城市交通结构的协调性分析、城市轨道交通的功能评估等。

2. 城市轨道交通线网规划

城市轨道交通线网规划主要包括线网规模的确定、线网构架方案的选择和方案的评估等。线网规划是城市轨道交通线路设计和建设的基础。

3. 城市轨道交通系统客流预测

城市轨道交通系统客流预测是在城市规划与综合交通规划的基础上进行的客流预测，是确定城市轨道交通网络及线路建设规模、能力水平的依据。

4. 城市轨道交通工程可实施规划

城市轨道交通工程可实施规划主要包括车站、车辆段、换乘点的选址与规模，线路敷设方式规划，线网建设顺序与运营及城市轨道交通与地面交通的衔接设计等内容。

5. 城市轨道交通系统的线路和车站设计

城市轨道交通系统的线路和车站设计包括线路的走向、线路平纵断面的设计、车站的数量及分布、车站的站型设计及换乘站的设计等。

6. 城市轨道交通的枢纽设计与规划

城市轨道交通的枢纽设计与规划主要包括城市地区枢纽点的规划、枢纽客流的分析、枢纽换乘的设计、枢纽用地的分析、枢纽不同方式间的协调等。

7. 城市轨道交通系统与其他交通方式的衔接设计

城市轨道交通系统与其他交通方式的衔接设计主要包括地面交通的设计、城市间交通的设计等，具体包括车站周边其他交通方式的站点布局及设计。

8. 城市轨道交通系统的安全防护设计

安全防护的内容包括地震防护、火灾防护、水灾防护及杂散电流防护等设施的设计，需要考虑城市轨道交通运营中的安全对策与应急措施。

9. 城市轨道交通运营规划

从规划与设计阶段开始考虑运营问题不仅是一条城市轨道交通线路建设成功的重要前提条件，也直接关系到城市轨道交通系统建设目标的实现。这些内容也可以作为工程可实施规划的内容。

3.1.3 城市轨道交通规划的原则

城市轨道交通规划应遵循以下原则：

（1）符合城市发展总体规划。城市轨道交通规划在传统的城市规划理论中是城市交通规划的一部分。新的认识观念，将城市轨道交通作为城市发展的主要构架来设计，具有较强的导向性特征。

根据城市轨道交通规划（类似的还有城市交通规划、综合运输规划、区域交通规划等）与城市交通发展的趋势相关性分析，对制定时机和实施效果两方面进行综合评价，城市轨道交通规划可粗分为追随型、满足型、导向型三种类型。

① 追随型。城市轨道交通规划始终落后于城市交通发展的需求，且供需矛盾比较突出，建设轨道交通的必要性十分迫切。这类情况往往存在于一些经济欠发达国家和地区的城市。当然，也不排除因交通政策的导向问题，而发生在经济发达国家与地区的城市发展的某一时期。

追随型轨道交通规划使城市交通发展进入一个恶性循环，迫使轨道交通建设仓促上马，带来不良后遗症。一般而言，追随型轨道交通规划容易受制于满足近期客运需求的急迫要求，而带来线路走向、设备取向、制式选择、产业发展等方面不尽理想的缺憾，与城市发展所需要的布局科学合理的趋势难以协调配合。

这类供给与需求严重脱节的规划被称为追随型规划。

② 满足型。城市轨道交通规划基本满足城市发展对大运量客运公共交通体系的需求，使轨道交通的建设与发展对城市道路交通、市民出行的便捷性均有较强的骨干支持作用，并能通过不断调整，与城市布局发展的趋势基本协调匹配，起到相当好的支持保障作用。

满足型轨道交通规划已成为各个城市发展轨道交通的基本规划目标。一些城市轨道交通发展较为成熟的城市，经过长期的努力，其城市轨道交通规划已基本达到满足型的境界，成为城市生存发展不可缺少的主要保障体系，是城市赖以高速、健康、有效运转的关键因素。

③ 导向型。城市轨道交通规划已具有较强的超前性，并能对城市的可持续发展起到较明显的导向作用。如前所述，城市轨道交通对城市长远发展的布局结构有很强的导向作用，城市轨道交通的系统特征又决定了其规划必须具有超前性。因此，导向性规划又称为理想规划，其难度也是显而易见的。

由于城市发展是一个在较广的空间范围和较长的时间跨度内、包含可变因素众多的动态变化系统。因此，导向型规划既要有超前意识与较准确的战略发展预测，又要有较强的可调整性。除了在传统的规划过程中融入更新的预测与规划方法之外，寻求新的技术手段，加强规划的超前导向性，是城市轨道交通规划从满足型（已属不易）走向导向型（更为困难）的努力方向。

（2）符合城市交通规划。作为城市交通大系统中的一个主要子系统、一个骨干交通网，轨道交通规划必然是城市交通规划的一部分，它既要符合城市交通规划的整体要求，又要与其他交通方式（包括城市对外交通、城市地面交通、城市静态交通等子系统）取得良好的协调配置关系。

（3）符合城市轨道交通建设的充分必要条件。

随堂测试

（4）符合城市轨道交通系统经营管理与产业发展的基本条件。城市轨道交通系统既是一项重视社会经济效益，带有公益性质的公共交通事业，又必须注重企业经济效益，培养较强偿还盈利发展能力。因此，在规划时，不仅要根据城市总体发展需求，追求轨道交通系统的科学合理的超前理想，也要确保轨道交通系统高效低耗运营所必需的基本条件，如较理想的客流量（除了线路直接吸引客流外，可通过各方面协调配合产生较多的诱发吸引客流）、较好的线路走向与线路条件等，还需在政策支持、开发经营、产业构筑等方面形成较超前的策划保障。

拓展知识

规划的理念

1. 城市轨道交通对城市格局的引导作用

城市轨道交通引导城市结构发展（the rail transit oriented development，TOD）就是通过大幅度提高交通供给，引导周边土地高强度利用，如图 3-1 所示。一般整个过程分四个阶段：团状开发、波浪状开发、带状开发、面状开发。

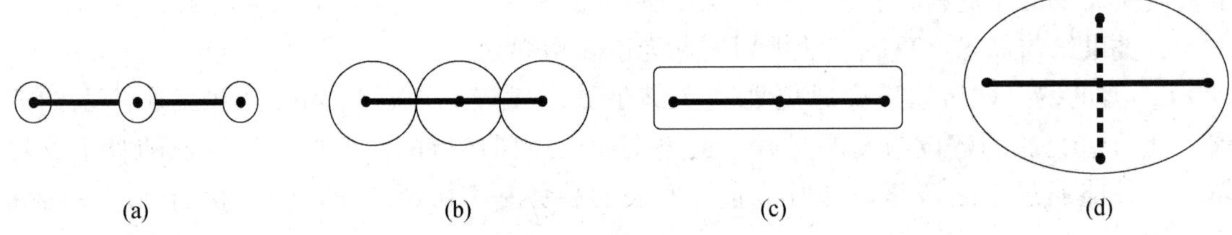

图 3-1　城市轨道交通对沿线土地发展影响范围的一般规律

不当的规划可能造成城市发展的恶性循环：由于城市轨道交通大大提高了交通供给水平，反而会刺激土地的更高强度的利用，从而诱发大量交通需求的增长，这对大型圈层城市发展将产生相当大的负面影响。城市轨道交通可以利用自身优势通过城市轨道交通与高等级道路，为中心城与外围组团之间建立多方式、不同服务目标、不同服务水平、全天候、多行为的复合交通走廊，从而引导和支撑分散组团或中心-卫星城的城市结构，控制其向圈层城市演变。城市轨道交通 TOD 的原理是引导沿线土地高密度带状发展，因此其 TOD 功能是一把双刃剑，不同的线网形态会引发不同的城市格局，这种格局可能是城市

结构的优化，也可能是不良格局的扩张。

城市轨道交通TOD作用发挥的关键是确定建设时机。建设过早将形成巨大的浪费和运营负担，建设过晚也会影响沿线土地发展目标的实现。

2. 城市轨道交通的可持续性

可持续发展的城市轨道交通建立在可持续发展的理念基础之上，以可持续发展的观念分析、解决城市轨道交通中的各种问题，建立既有利于城市交通的发展与需要，又能保护环境和资源及人类繁衍的城市轨道交通发展模式。

从可持续发展的角度出发，城市交通的各种运输方式都应当向高效节能型转变。纵观国内外城市交通发展史，最好的解决途径是优先发展以城市轨道交通为代表的中、大容量公共交通，限制私人机动交通的发展。这有利于提高单位交通流量和流速，节省土地使用和减少能源消耗，减轻环境污染。我国大城市当前交通条件严重恶化，人均道路面积每年以10%～15%的速度下降，私人拥有小汽车的数量急剧增多，由此产生的各种污染严重超标。要制止这种情况继续下去，就必须合理制定并不断完善城市轨道交通规划，走可持续发展交通的道路。

3. 兼顾交通疏堵的发展引导

城市的有机疏散取决于快捷交通的支持。但道路交通只能解决一部分人口的疏散，同时会加重中心城区的道路交通压力。城市轨道交通作为一种面向大众的捷运工具，既能进一步促进多组团的网络式城市发展，又能有效制衡小汽车交通的过度膨胀。以公交为向导的发展模式无论在香港还是在日本都有许多成功的经验。在密集区修建地铁、疏导交通仍是发展城市轨道交通的重要任务之一。轨道交通发展成熟的地区拥有较好的客流基础，既能有效地缓解道路交通阻塞，又能为日后营运提供财务保障。

4. 规划的滚动性

鉴于经济的迅速发展、城市空间布局规划的调整优化、城市建设重点和时序的调整，以及对城市轨道交通认识和技术水平的不断提高，城市轨道交通线网的规划工作不可能毕其功于一役，有必要每隔四五年进行一次修正。事实上新的规划或多或少地会吸纳上一轮规划的内容和成果，并根据新的发展情况加以充实和提高。

5. 线路功能分级和服务一体化

随着城市轨道交通的发展，城市轨道交通网络将需要由不同功能分级的线路组成，基本上包含以下层次：

(1) 地铁。地铁服务主城区发展密度大和客流量高的走廊。

(2) 轻轨。轻轨服务主城区中等发展密度和客流量的走廊，或主要服务新城区。

(3) 市郊铁路。市郊铁路是主城区和主要发展组团的联络线，服务市区及其市郊地区之间的交通。

(4) 城际铁路。城际铁路服务较大规模城市间的直通交通。

随着城市轨道交通线路的增多服务一体化，包括票制的协同、换乘的衔接将变得越来越重要。尤其是客运枢纽站的设计，需要从以人为本和方便转乘的角度给予更多的考虑。

设计的理念

1. 改变车站设计理念

传统的车站较多地强调设施的完备性。实际上在城市中，车站仅仅是为乘客乘降用的，车站设备布置要简单。一些中间车站可以按无职工车站设计，不鼓励乘客停留，乘客可以在列车上购票、验票。这样可以大幅度降低交通建设与运营的费用。

2. 合理设置车站出入口

车站出入口的工程量和造价对于整个城市轨道交通，尤其是地铁工程来看，虽然是微不足道的，但从运营方面来说，由于它们是乘客进出城市轨道交通的门户，因此是十分重要的。新建城市轨道交通，应根据各自的具体情况，因地制宜地进行车站出入口的设置。考虑到车站出入口为乘客出入城市轨道交通的门户，因此其设置的位置和数量要按照“实用、经济、在可能条件下适当照顾美观”的方针，以乘客能方便出入为主，城市景观可适当照顾，但不能本末倒置。设置的位置应位于较突出且不被遮挡处，一般应设于人行道边或其他较为开阔的地点，并应采用统一的造型和色彩及明显的标志，使乘客一望便知，便于寻找。设置的数量应根据进出站的乘客数量及其分布决定。可与其他建筑物结合修建。

原则上在客流较多的建筑物中均应设置出入口，如铁路车站、机场、大型公园、公交枢纽等处。特别是大型商场和超市，与车站出入口相结合，既有利于商场增加营业收入，又便于乘客直接进入商场购物。合建口处应设置明显的标志，以利于广大乘客的出入。

3. 以人为本

客运交通就是运用交通工具来组织乘客安全、有序、快捷地流动，其服务对象是人，因此城市轨道交通从规划开始，包括科研、设计、施工及运营后组织乘客流动的全过程中都要贯彻以人为本这一服务宗旨。

1）方便、快捷

在规划设计时应考虑使城市轨道交通与其他公交和自行车转乘方便，车站应设置系统、醒目的导向和服务标志。

2）舒适

弯道采用限速和外轨加高技术，保证车辆在弯道上行驶时，乘客感觉平稳舒适。车站设自动扶梯，使乘客能舒适省力地到达站厅和站台。无障碍设计确保残疾人能乘坐城市轨道交通，车站各通道地面应安装盲人走道，楼梯应设置残疾人升降机。候车的站台可考虑设置求助按钮，当乘客需要特殊帮助时，只需按下该按钮，点亮红色求助指示灯，车站值班员便可根据红灯指示帮助乘客解决困难。

3）安全

在设计时考虑设置火灾自动报警系统，车站装修材料选用防火材料，车站内加设消防水泵，车站内设防灾广播等；确保车站乘客在 6 min 内疏散完毕；在相应位置设置防雷击、防触电、防渍水、防雪、防风、防震等设施；确保候车安全，车站地面选用防滑材料，在车站上的所有危险处所都设置安全标志；车站站台敷设安全线，在车站醒目处设置引导乘客紧急疏散的出口、紧急出口、指向等提示标志，夜间有紧急照明灯；加强站台绝缘，安装城市轨道电位限制器等。

任务3.2 掌握城市轨道交通线网规划的基本内容

城市轨道交通规划可分为网络规划与线路规划两部分，两者是整体与个体、系统与子系统间的关系。前者更注重与城市发展的协调关系，强调理论性、科学性、前瞻性；后者则注重线路走向的优化及沿线土地开发、地面交通的协调，强调项目实施的合理性、实用性与可操作性。

对城市轨道交通的需求处于迫切状态的发展中国家，更重视具体线路的规划建设，而往往将整体网络的优化规划放在次要的位置或比较粗略的位置。但是从城市轨道交通对城市的影响度来看，理当先有较完善的网络规划，然后再进行具体线路的规划设计，这样才能有效连续地完成整个轨道交通系统的建设，显示整体效应。

3.2.1 城市轨道交通网络的规模

如何确定合理的城市轨道交通线网规模是城市规划部门、政府部门及城市轨道交通运营公司共同关心的问题。合理的城市轨道交通规模不仅是线网规划的宏观控制量，也是一个至关重要的投资依据，更是为决策者提供决策的辅助依据。由于诸多不确定因素的影响，在实践工作中推算合理的规模往往缺乏指导，多依赖经验性总结，且具体情况的差异性较大，带有较强的主观随意性，从而影响后续工作（确定线路布局、网络结构及优化、估算总投资量、总设备需求量、总经营成本、总体效益等）的开展，影响规划的准确性和可靠性，因此有必要采用科学的线网规模确定方法，以提高城市轨道交通规划的稳定性。

规模是从交通系统供给的角度来说的，从一个侧面体现系统所能提供的服务水平。它主要用线网密度和系统能力来反映，其中系统能力又与系统的运营管理密切相关。从系统能力和线网密度来看有四种性质的规模度量，如图 3-2 所示。规模的合理性既关系到建设投资、客流强度，又关系到理想的服务水平的设定、建设用地的长远控制等。

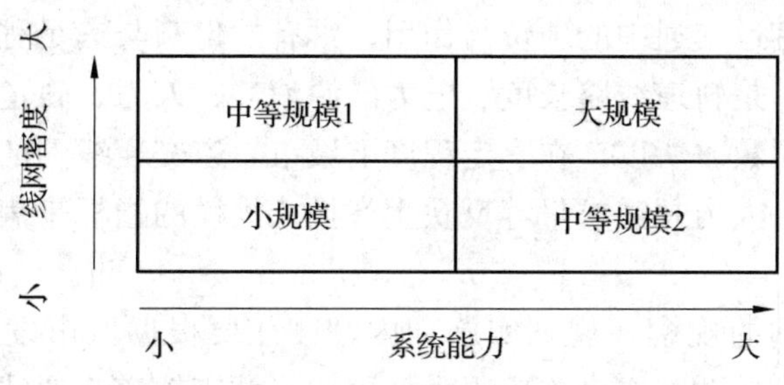

图 3-2 城市轨道交通线网的规模度量

城市轨道交通线网规模的指标有以下三种：

1. 轨道交通线网总长度

轨道交通线网总长度的计算公式为

$$L = \sum_{i=1}^{n} l_i \tag{3-1}$$

式中，L 为轨道交通线网总长度（km）；l_i 为城市轨道交通线网第 i 条线路的长度（km）。

L 反映了线网的规模，由此可以估算总投资量、总输送能力、总设备需求量、总经营成本、总体效益等，并可据此决定相应的管理体制与运作机制。

2. 轨道交通线网密度

轨道交通线网密度的计算公式为

$$\sigma = L/S \text{ 或 } \sigma = L/Q \tag{3-2}$$

式中，σ 为一个总的城市轨道交通线网密度（km/km^2 或千米/万人），S 为城市轨道交通线网规划区面积（km^2）；Q 为城市轨道交通线网规划区的总人口（万人）。

城市轨道交通线网密度是指单位人口拥有的线路规模或单位面积上分布的线路规模，它是衡量城市快速轨道交通服务水平的一个主要因素，同时对形成城市轨道交通车站合理交通区的接运交通组织有影响。实际上由于城市区域开发强度的不同，对交通的需求也不是相对均等的，往往是由市中心区向外围区呈现需求强度的逐步递减，因此线网密度也应相应递减。评价城市轨道交通线网的合理程度需按不同区域（城市中心区、城市边缘区、城市郊区）分别求取密度。

3. 轨道交通线网日客运周转量

轨道交通线网日客运周转量的计算公式为

$$P = \sum_{i=1}^{n} p_i l_i \tag{3-3}$$

式中，P 为轨道交通线网日客运周转量；p_i 为第 i 条城市轨道交通线路的日客运量（人/日）；l_i 为城市轨道交通线网第 i 条线路的长度（km）。

城市轨道交通线网日客运周转量是评估城市轨道交通系统能力输出的指标。P 表达了城市轨道交通在城市客运交通中的地位与作用、占有的份额与满足程度。它涉及城市轨道交通企业的经营管理，是轨道线路长度、电力能源消耗、人力、轨道和车站设备维修及投资等生产投入因子的函数。所以，在一定程度上城市轨道交通线网的规模还可用能源总消耗量、产业总需求量、人力总需求量等反映生产投入规模的指标来表示，可根据需要选择使用。

城市轨道交通线网的规模在规划实施期内，往往要根据城市发展的需求进行适当调整。相对而言，总长度的调整幅度不应很大。因此，城市轨道交通线网的总长度是一个确定的基础数据。

3.2.2 线网规模的影响因素

线网规模的影响因素很多，如城市交通需求、城市规模及形态和土地使用布局、国家

政策等。

1. 城市交通需求

城市交通需求是居民对交通基础设施的需要程度。交通需求的大小，尤其是城市居民公共交通需求的大小，是决定城市轨道交通线网规模最直接和最具决定意义的因素。表征城市交通需求的指标有城市居民的出行强度、城市公共交通总出行量等。

2. 城市规模、形态及土地使用布局

城市规模包括城市人口规模、城市用地规模、城市经济规模、城市基础设施规模四个方面。城市人口规模决定了城市交通出行的总量，城市用地规模（面积）影响了居民出行的时间和距离，即城市规模决定了城市的交通需求，也就影响到城市轨道交通的规模。仅以城市人口和面积规模为拟合因子建立回归模型是缺乏说服力的，城市的社会经济发展水平是实现城市轨道交通建设的经济基础。城市轨道交通建设资金的需求量很大，因此城市轨道交通造价和城市市政府的财政承受能力也是制约城市轨道交通规模的关键要素，对城市轨道交通系统的选择、建设速度等都有重大影响。建设快轨交通系统一定要和城市自身的经济实力相符合，不能盲目按照国外城市的规模进行规划建设。

城市形态和土地使用布局也是影响城市轨道交通规模的因素。城市的形态有多种形式，分为带状、分散组团式、中心组团式等。不同的城市形态和用地布局决定了居民出行的空间分布，也就决定了城市轨道交通的几何空间形态、长度及规模。带状城市的主客流方向比较单一，主要沿着狭长带的方向，因此城市轨道交通也主要沿着城市狭长带的方向布设。分散组团式城市要求城市轨道交通将其各个组团紧密连接，以缩短组团之间的出行时间，使其成为一个整体；中心组团式城市的轨道交通多为放射状，如莫斯科就是典型的中心组团式城市，其城市轨道交通的形式为环形加放射状。

3. 国家政策

我国人多地少，资源短缺，大规模的基础设施建设项目都是由国家和当地政府共同出资兴建的，因此国家的政策导向对可兴建的城市轨道交通的规模有着直接的影响。西方国家以小汽车为主的交通发展模式不适合我国国情。限制私人小汽车的使用，大力发展公共交通是我国的基本政策。

除此之外，城市轨道交通线网规模还受到城市人口、城市面积、城市国民生产总值、城市基础设施投资比例、城市交通发展战略及政策的直接影响。这些影响因素之间有可能相互影响制约，如城市人口、城市面积、城市规模及形态和土地使用布局对城市交通需求有决定性作用，国家政策、城市交通发展战略及政策、城市国民生产总值又对城市基础设施投资比例造成影响，城市交通发展战略及政策又受国家政策大环境的影响。这种相互影响和关联的复杂关系构成了一个大系统。据此建立一个有向连接图（见图 3-3），反映系统内各要素的相互连接关系。

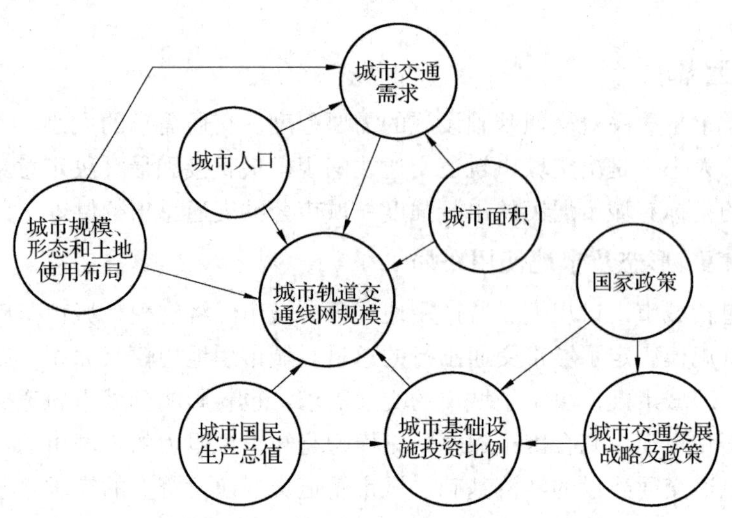

图 3-3 线网规模与其影响因素的有向连接图

3.2.3 线网合理规模的计算方法

线网合理规模的主要指标是线网长度和线网密度，目前确定这两方面指标的方法有四类：服务水平法、吸引范围几何分析法、回归分析法和出行需求分析法。下面简要介绍出行需求分析法。

规模体为实现交通供给，从供给满足需求的角度自然产生了出行需求分析法。因此，客运需求预测不仅成为布置站场及布设路线的依据，也成为确定城市轨道交通发展规模的重要依据。

出行需求分析法是先预测规划年限的全方式出行总量，然后根据拟订的线路客运密度确定所需的城市轨道交通线网规模。这种方法是按城市轨道交通承担出行的比例来确定的，故通常又称之为分担率法。它遵从图 3-4 所示的技术路线。

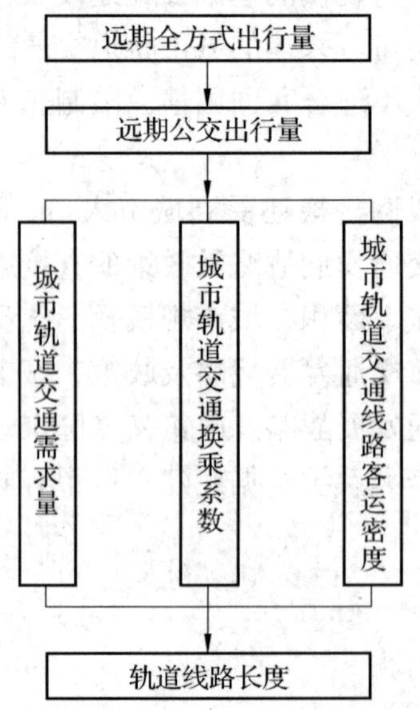

图 3-4 出行需求分析法的技术路线

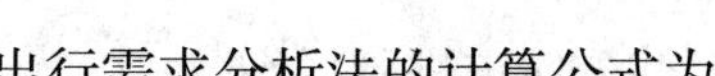

出行需求分析法的计算公式为

$$L=Q\alpha\beta/\gamma \tag{3-4}$$

式中，L为线网长度（km）；Q为城市出行总量；α为公交出行占城市出行总量的比例；β为城市轨道交通出行占公交出行的比例；γ为城市轨道交通线路负荷强度[万人次/(千米·日)]。

1. 未来居民出行总量分析

由于线网规划的远景年限往往超越城市综合交通规划的远景年限，因此线网规划往往无法得到所需远景年限的出行总量，但能从远景人口和出行强度的关系进行推算，即

$$Q=m\tau \tag{3-5}$$

式中，m为城市远景人口规模（含常住人口和流动人口）；τ为人口出行强度［次/(人·日)］。

（1）城市人口规模。根据我国的人口政策和人口发展现状，城市人口规模是政策控制影响下的规模，各城市往往有对于城市远景人口的控制目标。如果缺乏这一数据，也可由当地权威部门根据城市特点和人口发展规律进行确定（我国这方面的技术比较成熟）。

（2）出行强度的分析预测。居民出行强度的影响因素主要是城市的结构、经济发展水平、交通设施的完善程度等方面。在一般情况下，居民出行强度相对比较稳定。

2. 交通方式结构分析

交通方式结构的影响因素主要是居民出行的特征、未来交通发展战略及可能提供的交通方式。目前特大城市的交通发展战略基本都是逐步建立以公共交通为主体、城市轨道交通为骨干、各种交通方式相结合的多层次、多功能、多类型的城市综合交通运输体系。

（1）公交方式出行占全方式出行的比例。从国外的情况看，在世界上大城市客运交通中，因为公共交通客运效率比私人交通高得多，所以使得公共交通在城市综合交通运输中占有明显的优势。例如，纽约公共交通年客运量占全市总客运量的86.0%，东京公共交通年客运量占城市总客运量的70.6%，莫斯科公共交通年客运量占城市总客运量的91.6%。

城市远景公交方式的出行比例应根据城市未来出行的需求与供给之间的平衡关系，通过适合城市特点的数学模型预测得来。但如果无法事先给出一个公交的供给能力，那么科学预测就失去了基础。所以，比较可行的办法是从分析城市居民的出行特征入手，结合类比其他城市的情况，根据城市未来交通发展政策，以定性分析的手段进行估计。

我国的大城市与国外的城市相比，道路面积率低、人口密度大，因此必须鼓励高效的交通结构，即鼓励公交。目前我国多数城市交通结构不尽合理，最主要的反映就是公交比例过低。类比国外的情况，公交优先的要求就是大力发展以城市轨道交通为骨干、常规公交为主体的公共交通系统，远景公共交通的出行比例应在50%以上。

（2）城市轨道交通方式占城市公交方式出行量的比例。城市轨道交通占城市公交客运量的比例与城市道路网状况、常规公交网密度、常规公交服务水平、城市轨道交通线网密度、运送速度及车站分布等有关。从国外一些大城市的城市轨道交通运行情况看，巴黎的城市轨道交通所承担的客运量占城市公交客运总量的65%，纽约的城市轨道交通所承担的客运量占城市公交客运总量的54.9%，墨西哥城的城市轨道交通所承担的客运量占城市公交客运总量的42.9%，莫斯科的城市轨道交通所承担的客运量占城市公交客运总量的

40%（在 20 世纪 80 年代初，曾达到 45%）。下面对以上部分城市进行详细分析。

① 巴黎的城市轨道交通线网密度大，服务水平非常高，吸引了大量的客流，其中也包括许多短途的乘客，平均运距只有 5.3 km。线路平均负荷强度较低，约为 1.64 万人次/(千米·日)。

② 莫斯科城市轨道交通的运量基本上已经达到饱和，近几年随着其他地面交通客运方式的发展，城市轨道交通所承担的客运量占城市公交总客运量的比例呈下降趋势，这说明莫斯科的线网能力已不能满足城市日益增长的客运需求。

经过以上分析可知，远景年城市轨道交通所承担的客运量占全市公交总客运量的比例为 50%～55%比较合适。假设城市轨道交通的换乘系数和公共交通的换乘系数没有明显差别，那么远景年城市轨道交通方式占公共交通方式的出行比例同样应为 50%～55%。若近期因线网不能全部完成，则远景年城市轨道交通所承担的客运量占公交客运量的比例可根据实际情况调整。

3. 线网负荷强度

线网负荷强度的影响因素有社会的经济发展水平、城市结构和线路布局。例如，表 3-1 显示了某年世界部分城市的线网负荷强度。

表 3-1　某年世界部分城市的线网负荷强度

城　　市	地铁线总长/km	年客运量/亿人次	负荷强度 /[万人次·(千米·日)$^{-1}$]
莫斯科	239	29	3.32
巴黎	199	11.94	1.64
墨西哥城	175	15.9	2.50
伦敦	423	8.03	0.52
北京	42	5.63	3.67
香港	43.2	7.19	4.56

随堂测试

从统计资料来看，城市轨道交通建设有两种模式：一种是采用高运量、低密度的线网，负荷强度高；另一种是采用低运量、高密度的线网，负荷强度低。像巴黎、伦敦这样的城市着重于提高城市轨道交通的舒适和方便程度，以吸引采用私人交通工具的市民，减少私人交通工具泛滥带来的城市交通阻塞，所以采用的是低运量、高密度的线网，城市轨道交通的服务水平很高，但效率较低。而莫斯科、墨西哥城、香港、北京采用的是高运量、低密度的线网，它注重的是提高城市轨道交通的运输能力和运输效率，以缓解客运需求与公共交通运力严重不足的矛盾。

经验表明，只有建设高运量、低密度的线网，提高负荷强度，城市轨道交通才有可能取得较好的经济效益。从统计资料来看，香港、莫斯科的地铁取得了较好的经济效益。

我国各大城市刚刚开始建设城市轨道交通，城市轨道交通的建设投资还很有限，在这种情况下，要求用最少的投资来最有效地解决城市交通问题，同时要求城市轨道交通能取得较好的经济效益，使得运营和建设能达到一个良性的循环。所以，我国的城市轨道交通适宜选择高运量、低密度的模式。

由此可见，一个城市线网负荷强度往往不会有很大的变化，这个规律在采用低密度、高线网负荷强度的城市反映尤其明显。

拓展知识

线网的类型

城市轨道交通线网的形式主要由城市地理形态（河流、山川等）、规划年城市用地布局、人口流向分布决定，当然主观决策因素也发挥着重要作用。任何城市都具有其独特的自然地质条件、地理形态，这在一定程度上决定了世界各国各城市的城市轨道交通网络具有千差万别的结构形态。

日本学者曾总结了 18 种不同类型的城市轨道交通线网模式，如图 3-5 所示。

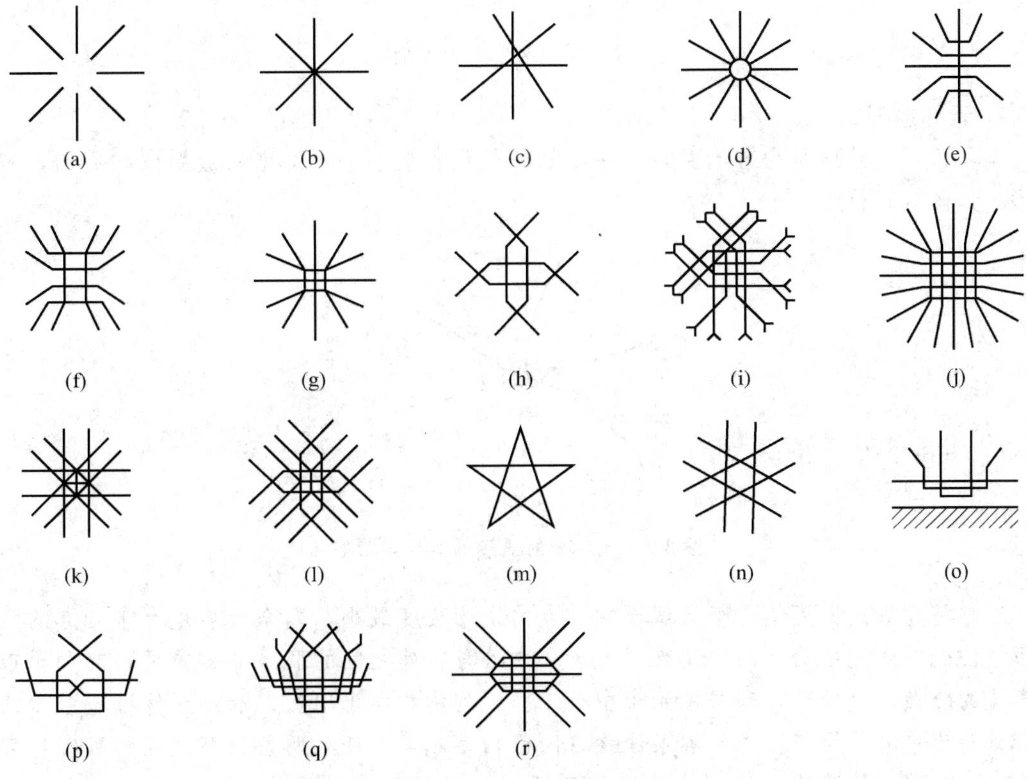

图 3-5　城市轨道交通线网模式

尽管每座城市线网的构架都各有特色，但最常见、最基本的线网形态结构是网格式、无环放射式及有环放射式三种。下面对这三种类型的线网结构特征加以分析。

1. 网格式

网格式线网的各条线路纵横交叉形成方格网，呈格栅状或棋盘状，如图 3-6 所示。网格式线网中的线路走向比较单一，其基本线路关系多为平行与“十”字形交叉两种，如大阪及墨西哥的地铁线网就属这种类型。

这种结构的线网线路分布比较均匀，客流吸引范围比例较高；线路按纵、横两个走向，多为相互平行或垂直的线路，乘客容易辨识方向；换乘站较多，纵横线路间的换乘方便，路网连通性好。此类路网的缺点是：线路走向比较单一，对角线方向的出行需要绕行，市中心区与郊区之间的出行常需换乘，有时可能要换乘多次；平行线路间的换乘比较麻烦，一般要换乘2次或2次以上，当路网密度较小、平行线之间的间距较大时，平行线间的换乘比较浪费时间。

这种线网结构适合于人口分布比较均匀、没有明显市中心或不希望形成强大市中心的城市。网格式线网在当前世界上建有轨道交通路网的城市中并不多见。

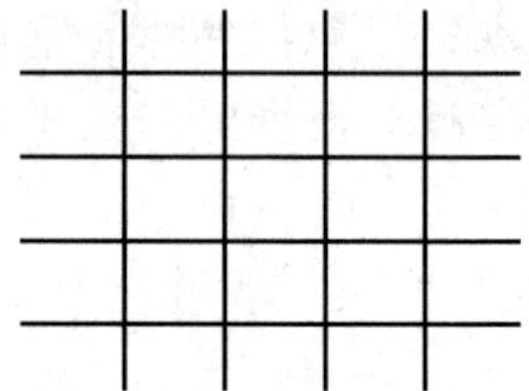

图3-6　网格式线网的结构

2. 无环放射式

无环放射式线网是由若干穿过市中心的直径线或从市中心发出的放射线构成的，其原始形态如图3-7所示。

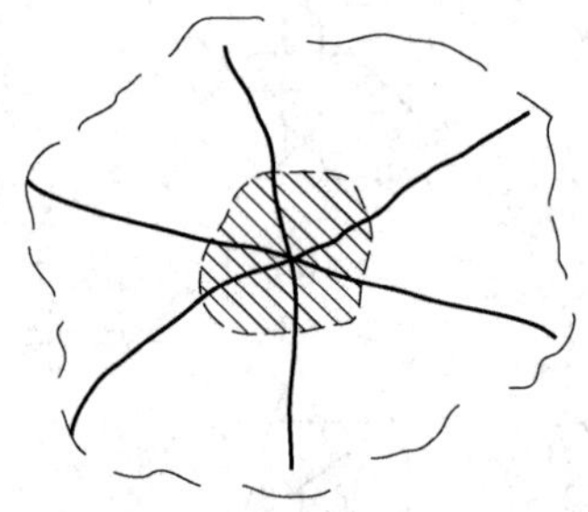

图3-7　无环放射式线网的原始形态

这种类型的线网可使整个区域至中心点的绕弯程度最小，即全市各地至中心点的距离较短，因此其线网中心点的可达性很好，市中心与市郊之间的联系非常方便，有利于市中心客流的疏散，也便于市郊居民到市中心工作、购物和娱乐出行，有助于保证市中心的活力，维持市中心的繁华。由于各条线路之间都相互交叉，任意两条线路之间均可实现直接换乘，因此路网的连通性很好，路网任意两车站之间最多只需换乘1次。由于没有环行线，圆周方向的市郊之间缺少直接的轨道交通联系，市郊之间的居民出行需要经过市中心区的换乘站中转，绕行很长距离，或者需要通过地面交通方式来实现，交通联系很不方便，这种不便程度随着城市规模的扩大而增大。当3条及以上轨道交通线路在同一点交汇时，其换乘站的设计、施工及运用都很困难，这种车站一般会高于4层，给乘客换乘带来不便，日常费用也高，同时庞大的客流量也难以疏解，因此，一般将市中心的一点交叉改为在市中心区范围内多点交叉，形成若干“X”形、三角形线路关系，这样既有利于换乘站的设计与施工，又有利于乘客的集散，还有利于扩大市中心区的范围。

从市中心伸向市郊的放射线不仅能够有效地将市郊居民的出行引向市中心，还能够促进轨道交通沿线居住密度的提高，形成城市居民的带状分布，这也是由轨道交通速度快、运量大的特点所决定的。这种趋势沿着轨道交通轴线向郊区纵深发展，利用市郊的放射线引导城市形成一条条高密度的带状交通走廊。有些城市利用这种原理进行城市用地规划，如“哥本哈根手指状规划”“日内瓦规划”“汉堡区域规划”，如图 3-8 所示，在城市中形成若干发展轴线，在轴线之间间以绿地，通过轴线来引导城市居住功能和其他功能的迅速发展。

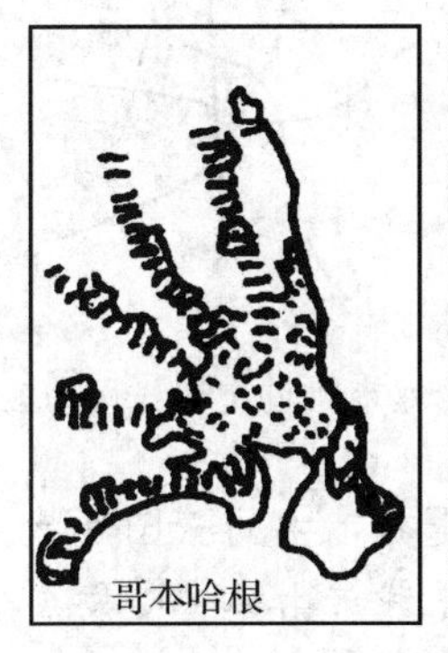

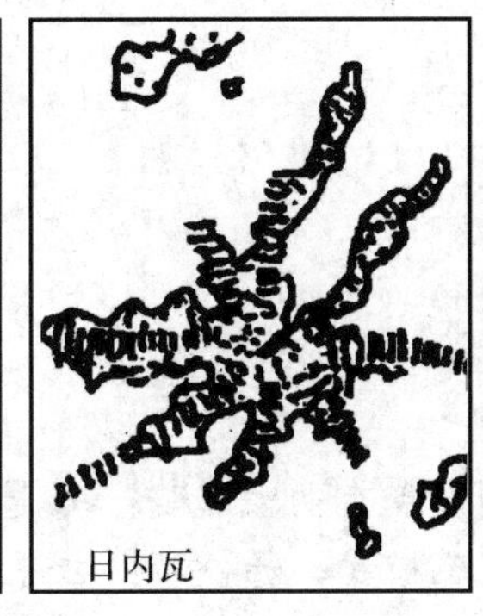

图 3-8　轴向式发展的城市

但是，当城市规模较大，尤其是对特大城市来说，这种城市结构会带来以下一些问题：

(1) 加剧市中心的交通拥挤。

(2) 增大城市居民的平均出行距离。

(3) 造成市中心地价过高，反过来抑制市中心的发展。

(4) 造成市中心人口过分密集、人均居住空间减少及居住环境恶化。

(5) 市郊与市郊之间的交通联系不便。

因此，这种无环放射式线网结构适合于有明显的市中心、城市规模中等且市郊周边方向客流量不大的城市。

3. 有环放射式

有环放射式线网由穿越市中心区的径向线及环绕市区的环行线共同构成，基本图式见图 3-9。径向线的条数较多，走向多样，但都经过市中心区。在一些轨道交通线网规模不是很大或建设时期较短的城市，环线一般只有一条，而在一些轨道交通路网规模较大、轨道交通发展比较成熟的城市，如莫斯科、东京等，会出现两条或两条以上的轨道交通环线。

有环放射式线网结构是在无环放射式线网结构的基础上加上环形线形成的，是对无环放射式的改进，因而其既具有无环放射式线网的优点，又克服了其周边方向交通联系不便的缺点。例如，图 3-9 中周边方向 A、B 间的出行，有环放射式线网可以利用环线便捷地出行，而无环放射式线网则要通过两条径向线绕行。因此，有环放射式线网对城市居民的出行最为便利。当城市因其郊区发展成市区后，这种形式的路网便于线网的有效扩展。莫斯科、巴黎等许多城市的轨道交通线网都采用了有环放射式。与无环放射式线网一样，有环放射式线网在市中心区交汇成一点是不利的，应改进为在市中心区范围内多点交叉。

通过对现代大城市的车流和人流的分析可以看出，城市辐射方向（相对于市中心）的交通量最大。据此提出城市轨道交通线网的最佳图式（见图 3-10）。辐射路线是最基本的，在市中心区相交，为了避免中心站超载，各条辐射线的交叉点不集中于一点，而在若干个车站相交。对于大城市，当城市边缘地区的人口比较稠密时，应考虑用环线路线。

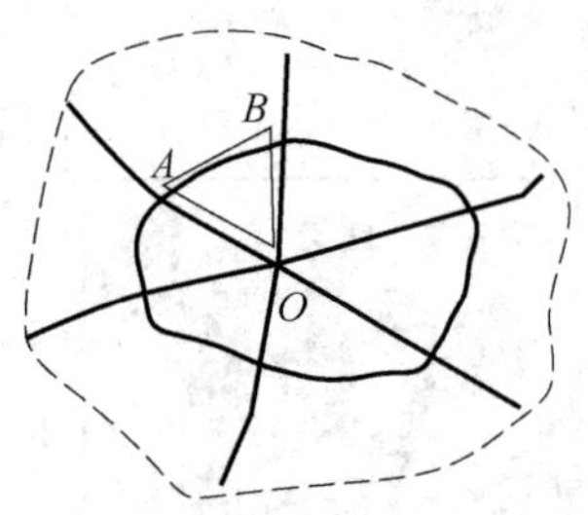

图 3-9 有环放射式线网的基本图式

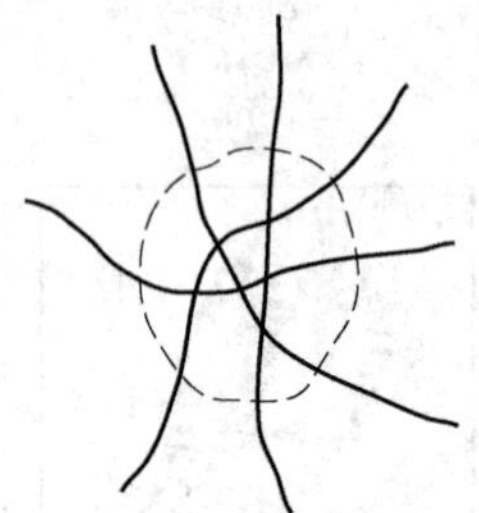

图 3-10 城市轨道交通线网的最佳图式

目前，世界各大城市空间扩展的发展有两大趋势：一是城市由同心圆环状向外扩展模式转变为沿轴向发展模式或称为发展走廊模式，如伦敦；二是城市由单中心发展模式转向多中心发展模式，如莫斯科在意识到其过去几十年中一直发展单中心给城市带来的不利后开始转向发展多个副中心。形成这两种趋势的原因是千差万别的，但其主导思想是相同的，即居住环境的改善与城市集约化用地的并重和统一。交通走廊之间间以绿地，交通走廊内、副中心及市中心内开发密度高，相互之间交通联系便捷。与这一趋势相一致，世界各大城市的轨道交通网大多采用放射结构或放射-环形结构。放射结构有利于引导城市沿轴线发展，形成发展走廊模式；而放射-环形结构既可以引导城市形成发展走廊，又可以引导其向多中心发展，实现两种趋势的统一。放射-环形结构的土地利用模式如图 3-11 所示。

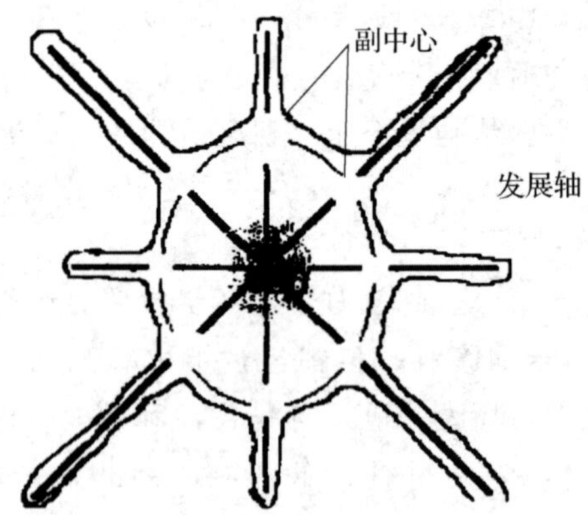

图 3-11 放射-环形结构的土地利用模式

由于放射-环状路网中最主要的线路是径向线，它能够保证郊区与市中心间便捷地联系，方便市民到市中心区的出行，也有利于市中心区客流的迅速疏散，因此这种结构有利于维持强大的市中心。由于有了环线，它还能使得城市边缘各区之间能够便捷地联系，克服了星形结构最严重的缺点，同时又方便了各个不同方向线路之间的换乘，使得任意一条线路上的乘客最多只需换乘两次就可以到达其他轨道交通线，减少了市中心的换乘客流，有利于维持市中心的稳定，减少过境客流对其造成的干扰与交通压力，因此这种结构特别适合于有强大市中心的城市。

实践活动

活动描述

（1）自主查询世界各国城市轨道交通系统的线网图，并分析其类型。

（2）自主查询我国不同城市轨道交通的线网规划图，并分析其类型。

（3）自主查询自己所在城市轨道交通的规划图及其他相关资料，了解自己所在城市轨道交通的规划现状。

具体要求

（1）以小组为单位进行查询活动，各组人员数量在 6 人以下，并推选小组长一人，负责组织活动的开展并督促完成。

（2）要求制作成 PPT，并在课堂上进行讲解。

思考与练习

（1）为什么要进行城市轨道交通的规划?

（2）城市轨道交通的规划应遵循哪些原则?

（3）简要说明你所在地区中心城市轨道交通的建设与规划。

项目 4 城市轨道交通车辆及车辆基地

城市轨道交通是以列车或单车形式运送相当规模客流量的城市公共交通方式。以电力驱动，动力平均分配在整列车的各节车厢或多节车厢上，实现分散动力牵引，各车厢均可载客的城市轨道交通车辆，称为电动列车。

城市轨道交通车辆作为运送乘客的运输工具，必须具有良好的牵引、制动性能，能快速起动和停止，以保证车辆运行的安全、准点和快捷，同时还要有良好的乘客服务设施，使乘客感到舒适和方便。

任务 4.1 掌握车辆的基本知识及主要技术参数

4.1.1 城市轨道交通车辆概述

城市轨道交通车辆主要是指地铁车辆和轻轨车辆，它们是城市轨道交通工程最重要的设备，也是技术含量较高的机电设备。城市轨道交通车辆应具有先进性、可靠性和实用性，应满足容量大、安全、快速、舒适、美观和节能的要求。

1. 车辆的特点

车辆是轨道交通系统中完成乘客运输任务的直接工具，它具有以下特点：

(1) 载客能力强。大型地铁车辆可达 350 人/辆。

(2) 动力性能好。速度快，加速能力强，制动效果好。

(3) 安全可靠性强。设备先进，故障率低，稳定性、可靠性强，突发情况下适应性强。

(4) 环境条件好。提供照明、空调、座椅、扶手等。

(5) 灵活的牵引特征。根据不同的线路特征，可采用不同的牵引方式，即动力集中牵引和动力分散牵引。

(6) 节能环保。车辆牵引动力常用电力牵引。

2. 车辆选型的基本原则

(1) 车辆选型应以工程的主要技术条件（线路条件、供电电压等）为依据，其技术指

标应满足客运量及行车组织（行车密度）的要求。

（2）车辆选型和技术条件应能适应当地的环境及气候。以地面和高架为主的线路，应考虑车辆的降噪措施。

（3）车辆的主要部件和设备，应采用先进、成熟、安全、经济、可靠且检修方便的产品。

（4）车辆的选型应考虑与城市景观相协调，在外形与色彩方面应力求与城市环境统一和谐。

（5）车辆的引进和生产要严格坚持车辆国产化的原则及有关政策。

3. 列车的编组

车辆在运营时一般采用动拖结合，固定编组，形成电动列车组（动车组）。编组形式可采用全动车形式或动拖车有机结合的固定编组形式。无论采用何种编组形式，每列车的首车和尾车都必须带有驾驶室。列车的编组数，可按下列公式计算决定。

$$N=\frac{Q_{\max}T}{60D}$$

式中，N 为每列车编组辆数（辆）；$Q_{\max}$ 为高峰小时单向最大客流量（人/时）；T 为最小行车间隔（min）；D 为每辆车的定员数（人）。

列车编组主要考虑车辆形式（按大、中、小，分为 A、B、C 三种形式）、编组辆数（2～10 的 9 个整数）、编组车辆动车与拖车比例，简称车型、辆数、动拖比三个要素。城市轨道交通的规模取决于高峰时刻小时客运量，而小时客运量取决于编组列车的载客量及行车间隔。目前，城市轨道交通系统大多采用加大行车间隔来调节运量，而较少采用分解列车编组由大变小的方法。

上海城市轨道交通 3 号线的 AC-3 型列车有带驾驶室的拖车（Tc 车）、无驾驶室带受电弓的动车（Mp 车）和无驾驶室不带受电弓的动车（M 车）三种车型，采用贯通式车厢，以 Tc-Mp-M 三节车厢为一个单元。当采用 6 节编组时，排列为 Tc-Mp-M-M-Mp-Tc；当采用 8 节车厢编组时，排列为 Tc-MP-M-MP-M-M-MP-Tc。这样就能保证列车两端均带有驾驶室，中间各车以缓冲装置进行连接，客室内以贯通道贯通，乘客可以任意走动。北京地铁按全动车进行设计，两车为一个单元，使用时按 2、4、6 辆进行编组。

随着车辆技术的不断发展，牵引电机单位体积的功率愈来愈大，车体宽度及车长也在加大，相对来说，列车编组的最大辆数也相对减少。采用全动车编组，理论上的好处是摘编方便、编组灵活，但现在城轨列车大多采用动拖结合的混编方式。

图 4-1～图 4-4 分别表示了几种城轨列车的编组情况。

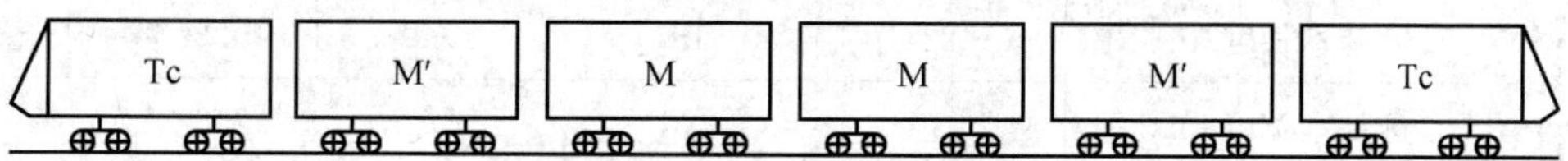

图 4-1 广州地铁 2 号线、上海地铁 1 号线和南京地铁列车编组

Tc—带驾驶室的拖车；M′—动车（带受电弓）；M—动车

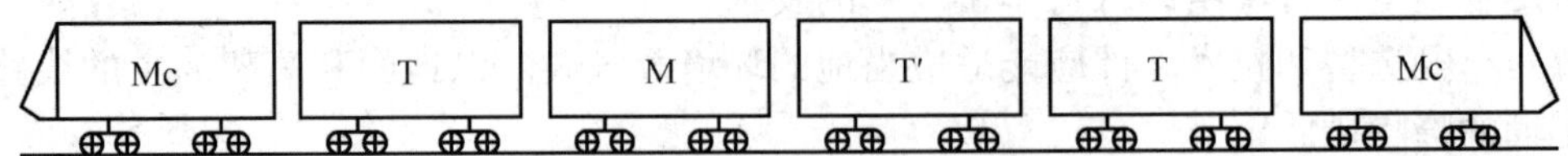

图 4-2 北京地铁复八线列车编组

T、T′—不同的车下设备布置

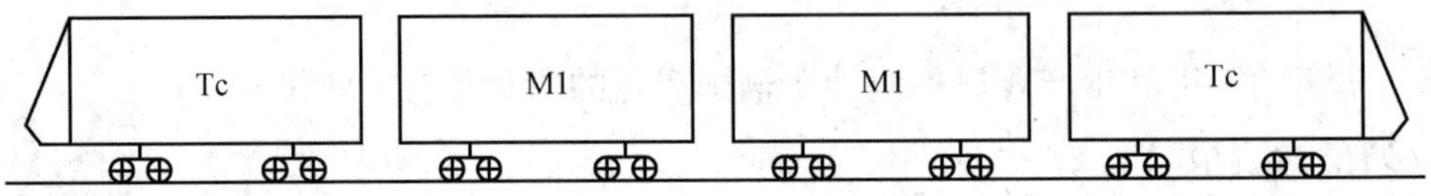

图 4-3 武汉轻轨列车编组

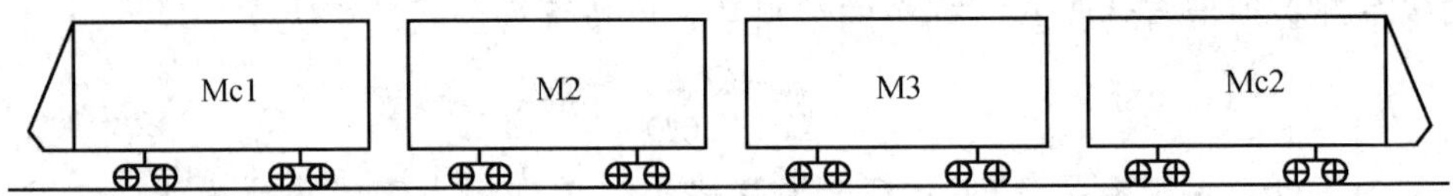

图 4-4 重庆单轨列车编组

4.1.2 车辆的分类

1. 按车辆牵引动力配置分类

（1）动车（motor，用 M 表示）。车辆自身具有动力装置（动轴上装有牵引电机），具有牵引与载客双重功能。动车又可分为带有受电弓的动车（M′）和不带受电弓的动车（M）。

（2）拖车（train，用 T 表示）。车辆不装备动力装置，需动车牵引拖带的车辆，仅有载客功能。拖车可设置驾驶室（首位车辆，用 Tc 表示），也可带受电弓（用 T′表示）。

2. 按车辆规格（车体宽度）分类

按车辆规格（车体宽度）分类，车辆可分为 A、B、C 三类车型。各类车型的主要技术规格如表 4-1 所示。

表 4-1 各类车型的主要技术规格

<table>
<tr><th rowspan="2">序号</th><th rowspan="2" colspan="2">项目名称</th><th>A 型 车</th><th>B 型 车</th><th colspan="3">C 型 车</th></tr>
<tr><th colspan="2">四 轴 车</th><th>四 轴 车</th><th>六 轴 车</th><th>八 轴 车</th></tr>
<tr><td>1</td><td colspan="2">车辆基本长度/m</td><td>22</td><td>19</td><td>18.9</td><td>22.3</td><td>29.5</td></tr>
<tr><td>2</td><td colspan="2">车辆基本宽度/m</td><td>3</td><td>2.8</td><td colspan="3">2.6</td></tr>
<tr><td rowspan="3">3</td><td rowspan="3">车辆
高度/m</td><td>受流器车
（加空调/无空调）</td><td>3.8/3.6</td><td>3.8/3.6</td><td colspan="3">3.7/3.25</td></tr>
<tr><td>受电弓车
（落弓高度）</td><td>3.8</td><td>3.8</td><td colspan="3">3.7</td></tr>
<tr><td>受电弓
工作高度</td><td colspan="5">3.9～5.6</td></tr>
</table>

（续表）

<table>
<tr><th rowspan="2">序号</th><th rowspan="2" colspan="2">项目名称</th><th>A 型 车</th><th>B 型 车</th><th colspan="3">C 型 车</th></tr>
<tr><th colspan="2">四 轴 车</th><th>四 轴 车</th><th>六 轴 车</th><th>八 轴 车</th></tr>
<tr><td>4</td><td colspan="2">车内净高/m</td><td colspan="5">2.10～2.15</td></tr>
<tr><td>5</td><td colspan="2">地板面高/m</td><td>1.1</td><td colspan="4">0.95</td></tr>
<tr><td>6</td><td colspan="2">车辆定距</td><td>15.7</td><td>12.6</td><td>11</td><td colspan="2">7.2</td></tr>
<tr><td>7</td><td colspan="2">固定轴距</td><td>2.2～2.5</td><td>2.1～2.2</td><td colspan="3">1.8～1.9</td></tr>
<tr><td>8</td><td colspan="2">车轮直径/mm</td><td colspan="2">ϕ840</td><td colspan="3">ϕ760</td></tr>
<tr><td>9</td><td colspan="2">车门数（每侧）/个</td><td>5</td><td>4</td><td>4</td><td>4</td><td>5</td></tr>
<tr><td>10</td><td colspan="2">车门宽度/m</td><td colspan="5">≥1.3</td></tr>
<tr><td>11</td><td colspan="2">车门高度/m</td><td colspan="5">≥1.8</td></tr>
<tr><td>12</td><td rowspan="2">定员人数/人</td><td>单驾驶室车</td><td>295</td><td>230</td><td>200</td><td>240</td><td>315</td></tr>
<tr><td>13</td><td>无驾驶室车</td><td>310</td><td>245</td><td>210</td><td>250</td><td>325</td></tr>
<tr><td>14</td><td colspan="2">车辆轴重/t</td><td>≤16</td><td>≤14</td><td colspan="3">≤11</td></tr>
<tr><td>15</td><td rowspan="2">站立人员标准</td><td>定员/（人·米$^{-2}$）</td><td colspan="5">6</td></tr>
<tr><td>16</td><td>超员/（人·米$^{-2}$）</td><td colspan="5">9</td></tr>
<tr><td>17</td><td colspan="2">最高运行速度/（km·h^{-1}）</td><td colspan="2">80</td><td colspan="3">70</td></tr>
<tr><td>18</td><td colspan="2">启动平均加速度/（m·s^{-2}）</td><td colspan="2">≥0.9</td><td colspan="3">≥0.85</td></tr>
<tr><td>19</td><td colspan="2">常用制动减速度/（m·s^{-2}）</td><td colspan="2">1.0</td><td colspan="3">1.1</td></tr>
<tr><td>20</td><td colspan="2">紧急制动减速度/（m·s^{-2}）</td><td colspan="2">1.2</td><td colspan="3">1.3</td></tr>
<tr><td>21</td><td rowspan="3">噪声[dB(A)]</td><td>驾驶室内</td><td colspan="2">≤80</td><td colspan="3">≤70</td></tr>
<tr><td>22</td><td>客室内</td><td colspan="2">≤83</td><td colspan="3">≤75</td></tr>
<tr><td>23</td><td>车外</td><td colspan="2">80～85（站台）</td><td colspan="3">≤82</td></tr>
</table>

3. 按车体制作材料分类

按车体制作材料分类，车辆可分为耐候钢车、铝合金车、不锈钢车。

4. 按受电方式分类

按受电方式分类，车辆可分为受电弓和受流器受电的车。

5. 按电压等级分类

按电压等级分类，车辆可分为直流 750 V 和直流 1 500 V 两种。

4.1.3 城市轨道交通车辆的基本组成

城市轨道交通车辆尽管形式不同，但一般均由车体，转向架，制动系统，牵引缓冲连接装置，受流装置，车辆电气系统，辅助电源，通风、采暖及空调，车辆内部设备，照明，自控、监控系统等组成。

1. 车体

车体分有驾驶室车体和无驾驶室车体两种。车体是容纳乘客和乘务员驾驶的地方，车体一般分为底架、端墙和车顶等几部分。

车体是城市轨道交通车辆重要的组成部件之一，坐落在转向架上。它除了用于载客之外，还是安装与连接其他设备的基础，所有的机械、电气、电子等设备都安装在车体的上部、内部及下部，驾驶室也设置在车体中。车体一般由底架、侧墙、车顶、前端、后端等组成。现代城市轨道交通车辆的车体均采用整体承载的钢结构或轻金属结构一次挤压成型材，以达到在最轻的自重下满足强度的要求。车体最初由普通碳素钢制造。为了减少腐蚀，延长使用寿命，由耐候钢制造的车体得到了广泛应用。为实现车体的轻量化，现代城市轨道交通车辆多由不锈钢、铝合金制造。车体的个别部位（如前端等）也可采用有机合成材料制造。

车体要有隔音、减震、隔热、防火及在事故状态下尽可能保证乘客安全的措施。

图片
转向架

2. 转向架

转向架一般分为动车转向架和拖车转向架两种，置于车体与轨道之间，用来牵引和引导车辆沿轨道方向行驶，以及承受与传递来自车体及线路的各种载荷并缓冲其动力作用，是保证车辆运行平稳的关键部件。转向架一般由构架、弹簧悬挂装置、轮对轴箱和制动装置组成。动车转向架还设有牵引电动机及传动装置。

转向架的结构及各部位参数是否合理，直接影响到车辆的运行品质、动力性能和行车安全。

3. 制动系统

城市轨道交通车辆必须安装制动系统。制动系统的作用就是根据需要使车辆按规定减速、停车。制动系统由制动控制系统和制动执行系统组成。其中，制动执行系统分为摩擦制动、电气制动和磁轨制动等形式。

摩擦制动又称为机械制动，分为闸瓦制动和盘型制动。闸瓦制动又称为踏面制动，它由闸瓦压紧车轮的踏面产生阻力而实现制动。盘型制动就是在车轴上安装制动盘，闸片夹紧制动盘产生阻力而实现制动。

电气制动分为能耗制动和再生制动。能耗制动也称为电阻制动，它是通过控制牵引电机将列车的动能转换为电能消耗在电阻上。再生制动就是通过控制牵引电机将列车的动能转换为电能反馈到供电线路上。电气制动必须与机械制动相配合。

磁轨制动是利用电磁铁与钢轨间的作用力实施制动的。

4. 牵引缓冲连接装置

城市轨道车辆多辆编组，车辆之间设有连接装置。连接装置由车钩、缓冲器、电气连接及风挡、渡板等部分组成。为了改善车辆的纵向平稳性，一般在车钩的后部装设缓冲装置，以缓和列车的冲动及撞击。另外，城市轨道交通车辆车钩上还设有电路及气路自动连接设备。

车钩和缓冲器的作用是连接车辆及减少车辆间的纵向冲撞。为便于相邻车辆间乘客的流动，调节客室乘客的疏密，现代车辆之间采用全贯通式，故设有风挡及渡板。

5. 受流装置

受流装置就是接受供电的装置，又称为受流器。受流装置的作用是从接触网或导电轨将电流引入动车。一般城市轨道交通车辆采用直流供电。直流 750 V 供电采用第三轨供电，在车辆的转向架上装有受流器。接触方式分为上部受流和下部受流。上部受流就是受流器的滑块与第三供电轨上部接触滑行。下部受流就是受流器滑块与第三供电轨的下部接触。直流 1 500 V 供电采用架空线接触网式供电，有的轨道交通系统采用直流 1 500 V 供电，第三轨受流。

受流装置按其受流方式可分为以下四种形式：

(1) 杆形受流器。杆形受流器的外形为两根平行杆，上部有两个受电轨（导线），广泛用于城市无轨电车。

(2) 弓形受流器。弓形受流器的形状为梯形结构，属上部受流，弓可以升降，接触一根导线，下面由导轨构成电路，用于城市有轨电车。

随堂测试

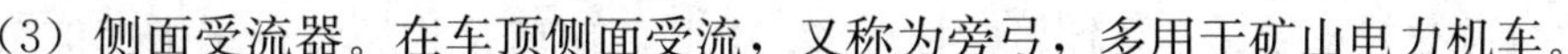
(3) 侧面受流器。在车顶侧面受流，又称为旁弓，多用于矿山电力机车。

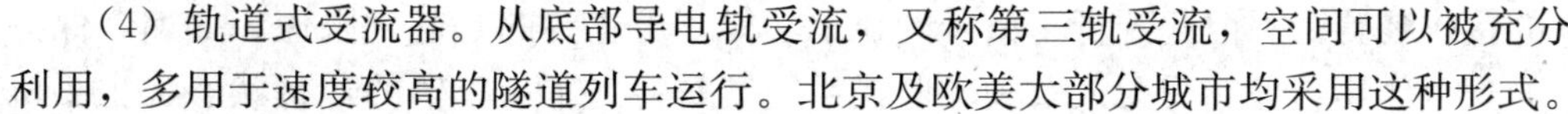
(4) 轨道式受流器。从底部导电轨受流，又称第三轨受流，空间可以被充分利用，多用于速度较高的隧道列车运行。北京及欧美大部分城市均采用这种形式。

6. 车辆电气系统

车辆电气系统包括车辆上的各种电气设备及其控制电路，控制电路按其功能可分为以下四种：

(1) 主电路。主电路指的是供车辆牵引动力的电路，主要由受流器、牵引箱、牵引电机、电阻、电抗器及电气开关等设备组成。

(2) 控制与信息监控电路。控制与信息监控电路用于对列车实施牵引、制动等操作，以及对设备的状况进行监控、记录和预报。

(3) 辅助电路。辅助电路通常由逆变器或发电机输出中级电压供车辆除牵引外的其他动力设备使用，应急情况下由蓄电池维持供电。

(4) 门控电路。门控电路是对车门进行开、关控制的电路。

7. 辅助电源

城市轨道交通车辆上的直流、交流，如照明、通风、空调、控制等用电均由辅助电源供给。辅助电源早期为电动发电机组，现多采用逆变电源。电动发电机组就是将供电线路的直流电源经过电动发动机组变成三相交流电源，供交流用电使用，经过整流装置供直流电源使用。逆变电源就是将供电线路的直流电源经过逆变器控制变成三相交流电源，供交流电源使用，经整流装置供直流电源使用。

城市轨道交通车辆装有蓄电池，作为控制电源和辅助电源停止工作后的应急电源。

8. 通风、采暖及空调

城市轨道交通车辆因乘客拥挤、空气污浊，必须设有通风装置，一般采用机械通风。在地面高架且运行在较冷地区的车辆均设有电热器，一般由供电线路直接供电。为改善乘客的舒适度，现代城市轨道交通车辆一般都设有空调装置。

9. 车辆内部设备

车辆内部设备包括服务于乘客的固定附属装置和服务于车辆运行的设备装置。属于前者的有座椅、扶手、照明、空调、通风、取暖等。服务于乘客的固定附属装置的内部装饰及设备是城市轨道交通车辆必不可少的，对其要求是美观、舒适、实用、隔音、减震、坚固、防火。内部装饰包括客室内部的墙板、顶板、地板及驾驶室布置等。设备包括车窗、车门及机构、座椅、扶手、吊环、擎天柱及乘客信息装置等。服务于车辆运行的设备大多安装在车辆底部，包括蓄电池、继电器箱、主控制器箱、电动空压机单元、牵引箱、电阻箱及各类电气开关等。

10. 照明

城市轨道交通车辆的照明由前照灯驾驶室照明及客室照明组成。前照灯要能照射足够的距离，以保证行车安全。

11. 自控、监控系统

现代城市轨道交通车辆设有自控、监控系统。自控系统就是将城轨行车指挥信息传输至车辆上的接收装置，不但起到行车信号的显示功能，更主要的是起到限速、加速、保持行车间隔的安全作用，可实现无人驾驶。监控系统就是将列车及车辆的运行状态、主要机电设备的工作状态进行显示及存储，其主要用途是保证行车安全及进行故障分析。

4.1.4 城市轨道交通车辆的主要技术参数

城市轨道交通车辆的主要技术参数如下：

（1）车辆自重、载重与容积。

（2）车辆构造速度。车辆构造速度是指安全及结构强度所允许的车辆最高行驶速度。

（3）轴重。轴重是指车辆在某运行速度范围内一根轴允许负担的包括轮对自身重量在内的最大总质量。

（4）通过最小曲线半径。通过最小曲线半径与转向架的类型及设计有关。

（5）最大起动加速度。最大起动加速度包括平均起动加速度和最大制动减速度。

（6）制动形式。制动形式包括摩擦制动、再生制动、电阻制动和磁轨制动等形式。

（7）轴配置或轴列数。例如，四轴动车一般设两台动力转向架；六轴单绞轻轨车一般两端为动力转向架，中间为非动力转向架。

（8）供电电压、最大网电流、牵引电机功率。

（9）座席数及每平方米地板面积站立人数或载客量（座位载客量、定员载客量、超员载客量）。

表 4-2～表 4-6 分别列出了几个城市轨道交通车辆的技术参数。

表 4-2 深圳地下铁道电动客车的主要技术参数

项目名称	参　数	项目名称	参　数
列车编组	六辆车编组、四动两拖	转向架轴距/mm	2 500
轨距/mm	1 435	车轮直径（新轮/磨耗轮）/mm	840/770
供电方式	DC1 500 V 架空接触网	列车构造速度/（km·h^{-1}）	90
座位载客量/人·$列^{-1}$	288	列车最大运行速度/（km·h^{-1}）	80
定员载客量/人·$列^{-1}$	1 896	运行平稳性指标	≤2.5
超员载客量/人·$列^{-1}$	2 692	冲击极限/（m·s^{-2}）	0.75
车辆长度/m	A 型车：24.34； B 型、C 型车：22.8	平均初始加速度 （0～35 km/h）/（m·s^{-2}）	≥1.0
车辆高度 （含静排气口）/mm	3 855	常用制动平均减速度 （80 km/h～0）/（m·s^{-2}）	1.0
车辆内部宽度/mm	2 720	紧急制动平均减速度 （80 km/h～0）/（m·s^{-2}）	≥1.3
车辆最大宽度/mm	3 100	单元制冷能力/kW	40
地板面到轨面高度/mm	1 130	车内温度/℃	27
车钩类型	全、半自动车车钩， 半永久牵引杆	车内相对湿度	<65%
转向架中心距/mm	15 700	电气控制方式	VVVF
轴重/t	≤16		

表 4-3 上海地铁 1 号线四种车型的主要技术参数

车　型	第 1 车型	第 2 车型	第 3 车型	第 4 车型
供 货 商	德沪地铁集团	德沪地铁集团	长客庞巴迪	南京浦镇车辆厂 阿尔斯通
车辆类型	A	A	A	A
制造年限/年	1992—1995	1998—2000	2003—2004	2006—2007
编组形式	6 节 4 动 2 拖	6 节 4 动 2 拖	6 节 4 动 2 拖	8 节 6 动 2 拖
列车宽度/m	3	3	3.07	3
额定载客量/人	1 860	1 860	1 860	2 476
侧门形式	气动内藏式移门	气动内藏式移门	电动外挂门	电动外挂门
贯通道（宽/高）/m	0.9/1.8	1.5/1.9	1.5/1.9	1.5/1.9
车辆定距/mm	15 700	15 700	15 700	15 700

（续表）

轴距/mm	2 500	2 500	2 500	2 500
制动方式	再生/电阻/气制动混合	再生/电阻/气制动混合	再生/电阻/气制动混合	再生/电阻/气制动混合
初始加速度/（$m\cdot s^{-2}$）	0.9	0.9	1.11	1.0
平均常用制动减速度/（$m\cdot s^{-2}$）	1.0	1.0	1.0	1.0
供电电压/V	DC1 500	DC1 500	DC1 500	DC1 500
列车长度/m	139.4	139.4	140	186.5
列车高度/m	3.8	3.8	3.8	3.8
座位总数/个	372	320	288	396
每侧门数/个	5	5	5	5
逃生方式	列车端部坡道式	列车端部坡道式	列车端部梯子式	列车端部梯子式
最大轴重/t	16	16	16	16
地板面距轨面高度/mm	1 130	1 130	1 130	1 130
车轮直径/mm	770～840	770～840	770～840	770～840
传动制式	直流传动系统	交流传动系统	交流传动系统	交流传动系统
最高运行速度/（$km\cdot h^{-1}$）	80	80	80	80
平均紧急制动减速度/（$m\cdot s^{-2}$）	1.3	1.3	1.3	1.3
牵引电机功率/kW	207	190	220	185
空调形式	集中式单冷	集中式单冷	集中式单冷	集中式单冷

表 4-4　DKZ8 武汉轨道交通 1 号线电动客车的主要技术参数

项　目	参　数	项　目	参　数
轨距/mm	1 435	客室门有效开度/mm	1 300
供电电压/V	DC750	转向架形式	无摇枕转向架
受流方式	第三轨受电	轴距/mm	2 200
允许通过最小曲线半径/m	110	传动形式及传动化	平行万向节式，传动比为 7.69
自重/t	M 车 35.5；Tc 车 31.5	电气控制方式	矢量控制 VVVF
定员	M 车 240 人；Tc 车 215 人；910 人/列	牵引电机功率/kW	180

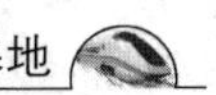

（续表）

项　　目	参　　数	项　　目	参　　数
编组	Tc+M+M+Tc	列车总功率/kW	1 440
构造速度/（km·h^{-1}）	80	制动装置	模拟式电气制动装置
启动加速度/（m·s^{-2}）	0.83	空气压缩机及净化装置	活塞式空压机，中空丝模式空气干燥器
制动减速度/（m·s^{-2}）	1.2（紧急）；1.0（常用）	辅助电源的形式及功率	IGBT 静止逆变器，40 KV·A
车辆尺寸（长×宽×高）/mm	M：19 000×2 800×3 800 Tc：19 300×2 800×3 800	风动门形式	电动塞拉门（客室） 手动塞拉门（驾驶室）
车体材料	铝合金	通信方式	FSK 列车总线
客室地板至轨面高/mm	1 100	信号及自动控制形式	ATO 及 ATP 自动驾驶
客室门对数/对	4	广播装置	工业控制及 VOBC 控制广播系统

表 4-5　广州地铁直线电机电动客车的主要技术参数

项　　目	参数说明
编组	4～6 节
受电方式	DC1 500 V，三轨接触轨
曲线半径/m	正线最小曲线半径：150；车辆段最小曲线半径：60
运动速度/（km·h^{-1}）	90
制动	常用制动以电气再生制动为主，弹簧盘型制动为辅；紧急制动采用弹簧盘型制动
车辆尺寸/m	长 17，宽 2.8，高 3.64
加、减速度/（m·s^{-2}）	正常加、减速度为 1.0；紧急制动减速度为 1.3
最大坡度/‰	50
最大载客量/（人·辆$^{-1}$）	230（4 辆编组载客 918 人）

表 4-6 QKZ2（QK6－QK9）重庆跨座式单轨车的主要技术参数

项　　目	参数说明
轨道尺寸/mm	8 500（长）×1 500（宽）
供电电压/V	DC1 500
受流方式	轨道梁两侧刚性接触网
允许通过最小曲线半径/m	50
自重/t	Mc：28.6；T：27.6
定员/人	Mc：151；T：165
编组	Mc1 ＋M2＋M3＋Mc2
构造速度/（km·h^{-1}）	80
启动加速度/（m·s^{-2}）	0.833
制动减速度/（m·s^{-2}）	1.1
车辆尺寸（长×宽×高）/mm	Mc：15 500×2 980×5 300 M：14 600×2 980×5 300
车体材料	铝合金
客室地板至轨面高/mm	1 130
客室门对数	2 对
客室门有效开度/mm	1 300
转向架形式	跨座式无摇枕转向架
轴距/mm	走行轮：1 500；稳定轮：2 500
传动形式及传动化	两级减速直角传动，TD 挠性板联轴节；齿轮传动
电气控制方式	矢量控制 VVVF
牵引电机功率/kW	105
列车总功率/kW	1 260
制动装置	模拟式电空制动装置
空气压缩机及净化装置	活塞式空压机、真空丝模式空气干燥器
辅助电源形式及功率	静止逆变器，85 kV·A
侧门形式	气动内藏拉门
通信方式	无线电台
信号及自动控制形式	ATP
广播装置	MP3 数字音频压缩技术广播

任务4.2 了解车体及走行装置

4.2.1 车体

车体除供乘客乘坐外，同时也是司机驾驶列车的场所，属车辆的上部结构。车体底架下部及车顶上部要安装大量机电设备，构成车辆主体，故车体是车辆的重要部件之一。

车体要承受各种动静载荷和震动，适合以100 km/h左右的速度运行。

按车体使用的主要材料，车体有碳钢（高耐候结构钢）、不锈钢、铝合金三大类。在这三类车体中，为了满足头部（驾驶室前端）造型和功能的要求，有的车体前端采用玻璃钢整体糊制，再与车体的底架、侧墙、车顶固定，构成坚固的车体。

1. 车体的主要组成

城市轨道交通系统各类车辆均由车底架，车顶，侧墙（左右侧各1个），前、后端墙，车门，车窗等组成。各组成部件间的连接方式主要是手弧焊接、接触点焊、螺栓、铆钉连接等。各部件连接成车辆壳体，形成一个完整的承载结构。

（1）车底架由侧梁、端梁、牵引梁、枕梁、横梁等组成。车底架的作用是承受车底上部载荷并传递给整个车体，承受因各种原因而引起的横向力和走行部传来的各种震动及冲击。牵引梁用于安装车辆的车钩缓冲装置，将车辆连接组成列车，并在车辆间传递牵引力和制动力。

（2）车顶由弯梁和圆弧形顶板组成。

（3）侧墙由上墙板、下墙板、窗间墙板组成。

（4）端墙由弯梁、车厢贯通道、立柱、墙板组成。

（5）车体内部设置照明、通信、空调、车门开闭装置，座椅、扶手或拉杆、拉手等。

（6）车门既有采用集中电气自动控制的风动拉门，也有采用电气驱动的车门。整列车的车门由司机或列车自动控制系统控制，车门的数量与开度大小由运营条件决定，应满足停站时间内上下乘客的时间保障。

车辆在编组成列时，可采用贯通式和非贯通式的连接方式。由于贯通式方式使得全列车载客部分贯通，能有效地调节各个车辆的载客拥挤度，便于疏散乘客，因此得到广泛应用。

2. 车体的主要技术参数

（1）几何尺寸。车体的几何尺寸除长×宽×高（车顶部距轨面高）三个尺寸以外，还包括车辆定距（两个转向架之间的距离）。

三种车辆的几何尺寸分别为：

① A型车：22 000 mm×3 000 mm×3 800 mm。

② B型车：19 000 mm×2 800 mm×3 515 mm。

③ C型车：车宽为2 600 mm。长度和高度均不大于B型车。

（2）车体自重。

（3）车体载重。除转向架以外的车辆设备、内装饰、最大载客重量。

（4）动荷系数。动荷系数一般取 0.1。

（5）纵向压缩载荷。纵向压缩载荷取值为 250～800 kN。

（6）纵向拉伸载荷。纵向拉伸载荷取值为 150～600 kN。

（7）扭转载荷。扭转载荷一般为 40 kN·m。

（8）构造速度。构造速度一般为 80～120 km/h。

（9）车体弯曲刚度。垂直弯曲刚度 $EJ>5.5\times10^{14}$ N·mm^2（参照日本地铁车辆标准）。

（10）车体扭转刚度 GJp。$GJp\geqslant2.0\times10^{14}$ N·mm^2/rad（参照日本地铁车辆标准）。

（11）车体自振频率。车体自振频率一般在 8 Hz 以上。

4.2.2　走行装置

车辆走行装置（走行部）是车辆导向、运行、荷重及减震的关键部件。走行装置还应具有使列车制动减速或停车的作用。对于动车来讲，走行装置还可以通过齿轮传动将转动轮对牵引电动机的转矩转化为列车前进的牵引力。

走行装置一般由轮对、轴箱、弹性悬挂装置、转向架构架、转向架与车体连接装置、基础制动装置等组成。

随堂测试

1. 轮对

轮对由两个车轮和一个车轴经压装而成，地铁和轻轨车辆一般采用铸钢式整体车轮。轮对的基本组成如图 4-5 所示。

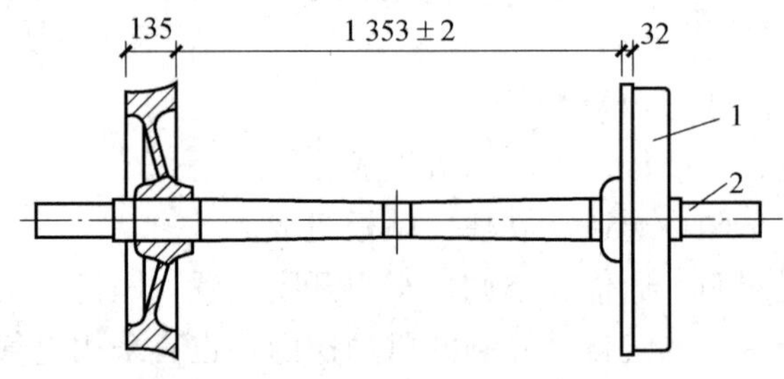

图 4-5　轮对的基本组成（单位：mm）

1—车轮；2—车轴

车轮由踏面和轮缘组成。踏面是与钢轨接触滚动摩擦的部分，为防止蛇行，采用 1∶20 的斜面；轮缘是防止车轮脱离钢轨的突起部分。车轴由轴颈、轮座和轴身组成。轴颈是用来安装轴承的，轮座是用来安装车轮的，轴身是车轴整体。

单轨交通及新交通系统均采用充气橡胶轮胎，该轮胎有走行轮、导向轮、稳定轮之分（走行轮充氮气，其他充空气）。车辆上常安装有轮胎检测装置和备用轮胎，可及时更换。

2. 轴箱

轴箱是套在轴颈上的部件，采用滚动轴承（滚柱或滚珠）。轴承按规定的修程时间检测及更换，平时应具有较强的可靠性。轴箱内装油润装置，通过油润减小摩擦阻力，降低摩擦升温。轴箱外侧是轴箱盖，轴箱盖不仅可使轴承免受雨水、灰尘的侵害，而且还用于安装传感器和接地装置。

3. 弹性悬挂装置

为了减少线路不平顺和轮对运动对车体造成的各种动态影响，转向架在轮对与构架之间以及构架与车体之间均设有弹性悬挂装置，该装置也可称为一系悬挂装置和二系悬挂装置。一系悬挂装置大多采用金属圆簧或圆锥叠层橡胶弹簧（兼用作轴箱定位），二系悬挂装置采用空气弹簧、横向油压减震器及叠层缓冲橡胶弹簧。

4. 转向架构架

构架是转向架的基础，其主要作用是传递重量、安装设备（如轴箱、弹簧、电动机等）。构架由横梁和侧梁组成，目前大多采用无摇枕结构。

5. 转向架与车体连接装置

转向架与车体连接装置的结构应能安全可靠地支承车体，并传递各种载荷和作用力；同时车体与转向架之间应能绕不变的旋转中心相对转动，以使车辆顺利通过曲线。一般转向架支承车体的方式有心盘集中承载、非心盘承载（或旁承承载）和心盘部分承载三种。

6. 基础制动装置

空气制动机的制动缸的制动作用力经过基础制动装置均衡地作用于每个车轮的闸瓦。基础制动装置由制动杠杆、拉杆、制动梁、闸瓦等组成。

基础制动装置除了传递制动缸的制动力外，还有放大制动力的作用。

对于城市轨道交通的动车而言，走行装置还应包括传动装置。传动装置应包括驱动装置（齿轮减速箱）和电机悬挂装置（一般采用抱轴式半悬挂）。

任务 4.3 了解车辆的连接装置和制动系统

4.3.1 车辆的连接装置

车辆的连接装置包括车钩缓冲装置、电气连接装置及车辆贯通装置。

1. 车钩缓冲装置

（1）车钩缓冲装置的作用。车钩缓冲装置的作用是供车辆编组连接成列，同时传递牵引力，缓和纵向冲击力（如起动、制动等）。在车钩连接的同时，两车的风路（制动及开关车门用高压空气通路）、电路一并连接。

当车辆连挂时，两车的制动主管和总风缸连通管自动接通，并将制动主管上的塞门自动打开。同时各车之间的控制线路自动接通（也有手动接通控制线路的）。

列车分解时拨动驾驶室内的解钩阀或人工扳动解钩杆，钩舌即处于开锁位置，同时将制动主管上的塞门关闭。两车分离，电路断开，电气连接器的防尘罩自动合上。

（2）车钩缓冲装置的组成。车钩缓冲装置主要由密接式车钩、缓冲器、风管连接器等部分组成。

① 密接式车钩的基本结构及工作原理。密接式车钩由钩头（钩体）、钩舌、解钩杆、解钩风缸、弹簧（顶杆弹簧）等组成，如图 4-6 所示。

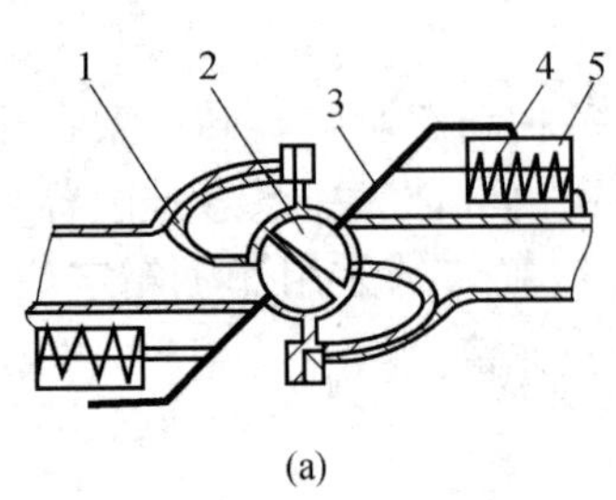

(a)

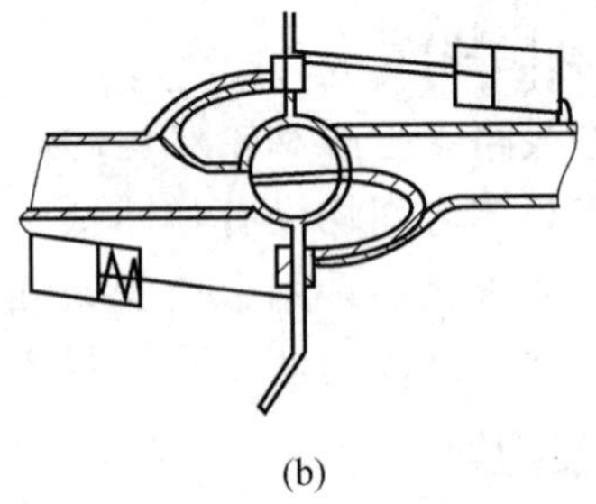
(b)

图 4-6 密接式车钩的组成

（a）连挂 （b）解钩

1—钩头；2—钩舌；3—解钩杆；4—弹簧；5—解钩风缸

密接式车钩的工作原理为：当两钩连接时，凸锥插入对方的凹锥孔中，这时凸锥的内侧面在前进中压迫对方的钩舌转动，使解钩风缸中的弹簧受压，钩舌沿逆时针方向旋转40°。当两钩的连接面接触后，凸锥的内侧面不再压迫对方的钩舌，此时，在弹簧的作用下钩舌恢复到原来的状态，即处于闭锁位置。

要使两钩分解，需由司机操纵解钩杆使压缩空气由总风管进入前车（或后车）的解钩风缸，同时经解钩风管连接器送入相连接的后车（或前车）的解钩风缸，活塞杆向前推并带动解钩杆，使钩舌转动至开锁位置，此时两钩即可解开。两钩解开后，解钩风缸中的压缩空气被迅速排出，解钩弹簧得以复原，带动钩舌顺时针转动40°，恢复到原始状态，为下次连挂做好准备。如果采用手动解钩，那么通过人力扳动解钩杆也能使钩舌转动至开锁位置，实现两钩的分解。在我国城轨车辆中应用的密接式车钩有自动车钩、半自动车钩、半永久性车钩三种。

② 缓冲器。缓冲器装在钩身后部，起到缓解车辆之间相互冲撞的作用。缓冲器由牵引杆、缓冲弹簧片、前从板、后从板、缓冲器体、后盖等组成。

缓冲器有圆形橡胶金属片式缓冲器、双作用橡胶片式缓冲器、长方钢板硫化橡胶缓冲器、弹性胶泥缓冲器、环弹簧缓冲器等。

③ 风管连接器。风管连接器由总风管连接器、解钩风管连接器、制动风管连接器组成，分别装设于钩头锥体的上、下侧，如图 4-7 所示。

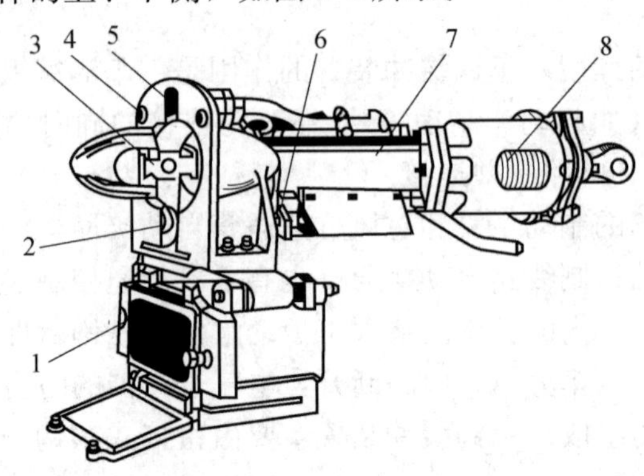

图 4-7 风管连接器

1—自动电气连接器；2—制动风管连接器；3—钩舌；4—解钩风管连接器；

5—总风管连接器；6—截断塞门；7—钩身；8—缓冲器

2. 电气连接装置

电气连接装置有自动电气连接器和插头插座式连接器。自动电气连接器一般安装在车钩上（见图 4-7），插头插座式连接器安装在车体后端墙上。

3. 车辆贯通装置

贯通装置位于两节车厢的连接处，是连接两车辆通道的重要组成部分。贯通装置由风挡、内饰板和渡板组成。它具有良好的防雨、防尘和隔音功能。

贯通装置分为宽通道和窄通道两种。

4.3.2 车辆的制动系统

车辆制动系统的作用是产生制动力，使列车减速或及时停车。该系统不仅对保证城市轨道交通列车的安全和正点运行具有极其重要的作用，而且也是提高载客量和运行速度的前提条件。

1. 制动的类型

城轨车辆所采用的制动，按制动时列车动能的转换方式或制动力获得的方式分类，可分为三大类，即摩擦制动、电气制动和电磁制动。

1）摩擦制动

摩擦制动就是利用两物体之间的摩擦把列车的动能转换为热能，散发到周围大气中去，从而产生制动作用。轨道交通车辆一般常用的摩擦制动是闸瓦制动（踏面制动），另外还有盘形制动。

（1）闸瓦制动。闸瓦制动是利用铸铁或合金材料制成的闸瓦压紧车轮的踏面，使两者摩擦产生制动作用。目前采用较多的是合成闸瓦，也有采用半金属闸瓦或粉末冶金闸瓦的。但应注意的是，采用闸瓦制动时，制动功率不易过大。

（2）盘形制动。盘形制动是将合成材料制成的闸片紧固地装于车轴上（轴盘制动），或紧固地装于车轮辐板上的制动圆盘（轮盘制动）上，使闸片与制动圆盘间产生摩擦实现制动。动车常采用轮盘制动，拖车常采用轴盘制动。

因盘形制动能双向选择摩擦副，所以可以得到比闸瓦制动大得多的制动功率。

2）电气制动

电气制动也称为动力制动，是使电动车中的牵引电机在制动时成为发电机，把车辆运行的动能转化为电能。

对这些电能的不同处理方式形成了不同方式的动力制动。

（1）电阻制动。将电能送到制动电阻上消耗掉，使之变成热能释放到大气中去，称为电阻制动。电阻制动一般能提供较稳定的制动力，但需要在车辆底架下安装体积较大的制动电阻箱，还要强迫通风冷却，故较少采用。

（2）再生制动。将电能重新反锁回电网，称为再生制动。再生制动具有节约能源、制动时不污染环境的优点。对于城市轨道交通车辆，制动减速、停车十分烦琐，再生制动是一种较为理想的制动方式。

由于动力制动的效率随着车辆运行速度的降低而下降，因此一般在高速时施行动力制动，当车辆速度降到一定程度时则采用摩擦制动。另外，在动力制动不足时，需同时施行摩擦制动。

3）电磁制动

（1）磁轨制动。磁轨制动是在车体或转向架的下部设有电磁铁，在制动时将电磁铁放下，与钢轨相吸，利用二者之间的摩擦产生制动作用。磁轨制动能获得较大的制动力，因此常被城轨车辆作为实施紧急制动时的一种补充制动手段。

（2）涡轮制动。将电磁铁落至距轨面 7～10 mm 处，因电磁铁与钢轨间的相对运动引起电涡流作用而形成制动力。

2. 空气制动机

城轨车辆最常用的摩擦制动装置为空气制动机。空气制动机是以压力（压缩）空气作为制动的动力和操纵制动的介质。通过压力空气的变化来操纵制动力的大小。

空气制动机有自动制动机、直通制动机和直通自动制动机三种。目前，直通制动机已被淘汰，自动制动机较为常用。

自动制动机可以在司机或其他控制装置（如 ATP、ATC 等）的控制下产生各种制动作用。城轨车辆用的制动机一般均选用电空制动机。电空制动机的特点是：实施制动时，空气制动和电气控制作用同时产生。电空制动机比单纯的空气制动机反应灵敏，易于实现自动控制，且当电气控制失效时，空气制动仍能发挥作用，保证了列车运行的安全。

我国城轨车辆一般选用自行研制的 DK 型电空制动机、SD 数字式电空制动机及目前国内外大量使用的数字模拟式电空制动机和模拟式电空制动机。

任务 4.4 了解城市轨道交通的车辆基地

图片
车辆基地的组成

4.4.1 车辆基地的组成

车辆停放及维修基地（车辆基地）是车辆停放、保养、修理的专门场所。车辆基地以车辆运用、检修为主，但考虑到地铁系统管理的需要及方便组织城市轨道交通地铁各专业的维修工作，可以将工务所、电务所、机电所、材料仓库、教育培训中心、行车控制中心等设施全部或部分与车辆基地建在一起，这样有利于协调各专业接口，对各专业维修工作进行有效的协调管理，可以合理规划、统一使用场地和设备，节约土地和投资，同时也有利于实现计算机网络的现代化管理。

车辆基地根据功能和规模的大小可划分为停车场（库）、车辆段、列检所。

1. 停车场（库）

停车场是车辆停放的场所，承担的任务有车辆的停放、洗刷、清扫及车辆列检和乘务工作，停车场所在正线运营列车的故障处理和救援工作，车辆定修（年检）以下车辆的各级日常检查维修的修程。遇到车辆的重大临修则采用部件互换的修理方式。每条地铁线路按其线路长度和配属车辆的多少，设置停车场或根据需要再增加设置辅助停车场，辅助停车场仅设置停车、列检设施，只承担车辆的停放、清洁、列检工作。

停车场应配备车辆运用、整备和日常检查维修及配套设施，主要有停车列检库、调机库、临修库和车辆自动洗刷库及出入段线、洗车线、试车线、各种车库线，以及牵出线、车线、走行线等各种辅助线路；主要设备有调机车（内燃机）、不落轮旋床、自动洗车机和车救援设备，以及为车辆重大临修服务的架车机、起重机等。

停车场（库）不仅要有足够的轨道停车位，同时还要设置管理人员、乘务员工作和活动休息的场所。

2. 车辆段

车辆段是城市轨道交通系统中对车辆进行运用管理、停放及维修保养的场所。车辆段除具有停车场的功能外，还是对城市轨道交通车辆进行较大修程的场所。车辆段主要拥有以下功能：

（1）承担所属线路的车辆停放、清洁、列检工作。

（2）承担所在线路车辆的定修（年检）及以下车辆检查维修和临修工作。

（3）承担所属线路和由多条联络线互相沟通的线路架修、大修工作。

（4）承担车辆部件的检测、修理工作，满足车辆各修程对互换部件的需求。其维修能力的设置也可使其成为地铁网络的车辆部件维修点，为其他车辆段服务。

随堂测试

车辆段要在停车场的基础上增加架修、大修的设施设备。车辆的主要检修方式采用部件互修。同时，根据工艺要求，车辆段应具备车辆零部件的检修能力。

车辆段配备的车辆检修设施主要有架修、大修库、静调库和部件检修间，以及油漆间、机加工间、熔焊间和必要的辅助间等。架修、大修库的主要设备有架车机、移车台或车体吊装设备、公铁两用牵引车、转向架、车钩、电机等各种部件的试验和修理设备、车辆油漆设备、列车静态调和动态调试设备。承担列车转向任务的车辆段还应设置列车的回转线。

车辆段内无物资总库时还要设置材料库，并配备必要的运输和起重设备。

车辆段主要划分为检修区和运营区，所有的检修工作均集中在检修区进行，运营区主要负责段属车辆的停放、列检和乘务工作。

车辆段一般还兼有综合检修基地的功能，是保障线路各系统正常运行的保障基地和管理部。在停车场一般设置各系统的维修工区，属综合检修基地管辖。

3. 列检所

列检所的任务是利用列车停放时间和停放场地对车辆的重要部件进行例行技术检查，对危害行车安全的一般故障进行重点修理。因此，列检所一般设在停车场（库）或列车折返段（列车折返时停留和准备的场所）的停车线上。

4.4.2 车辆基地的主要线路

1. 停车库线

停车库线要满足线路所有运用车辆的停放需要，线路长度根据车辆编组的需求进行设计，一般为列车长加 8 m，可设计为一线一列位或一线二列位，线路间隔通常为 3.8 m，通常设检修坑道。

2. 出入段（场）线

出入段（场）线位于车辆段或停车场与正线的结合部，是段（场）与正线的过渡线路，供车辆出入停车场或车辆段，除特殊条件限制外都要设置为双线，并避免切割正线，根据行车和信号的要求留有必要的段（场）线路与运营正线的转换长度。其有效长度至少保证一列车的停放。

3. 牵出线

牵出线适应段（场）内调车的需要，牵出线的长度和数量根据列车的编组长度、调车作业的方式及工作量确定。

4. 静调线

静调线设在静调库内，在列车检修完毕要到试车线试车之前，要在静调库内对列车进行静态调试，检查列车各部分的技术状态，对各种电气设备、控制回路的逻辑动作及整定值进行测试和调整。静调线全长设置地沟，地沟内设置照明光带。静调线为平直线路，静调库内还要设置车间牵引电力电源和有关的测试设备。车辆段在车辆检修后进行车辆的尺寸检查，其中要对车辆的水平度进行检查，对于轨道高差精度等标准较高的线路（称为零轨），宜设在静调线。

5. 试车线

试车线供定、架、大修后列车在验收前的动态调试。试车线的有效长度应保证列车最高时速和全制动的需求，一般为平直线路，线路中间要设置不小于一单元列车长度的检查坑，供列车临时检查用。为进行列车车载信号装置的试验，试验线还应设置信号的地面装置，试车线旁应设置试车工作间，内设信号控制和试车必备的有关设备、设施和仪器。试车线应采取隔离措施。

6. 洗车线

洗车线供列车停运时洗刷车辆用，中部设有洗车库。洗车线一般为贯通式，尽量和停车线相近，这样可以减少列车行走时间，并减少对车场咽喉地区通过能力的压力。洗车库前后要设置不小于一列车长度的直线段，以保证列车平顺地进出洗车库。

7. 检修线

检修线是指用于车辆各种不同修程的专用线路。检修线为平直线路，布置在检修、定修、架修、大修库内，包括架大修线、定修线、临修线、静调线等。这些线路均设有1.4～1.6 m深的检修坑道，中间设维修平台，根据需求配有架车机、悬挂式起重机、转向架、转向盘等设备。

8. 临修线

当列车发生临时故障和破损时，需在临修线上完成车辆的临修工作。临修线的长度应能停放一趟列车，并考虑列车解编的需要。

以上是保证列车运行和检修的主要线路，除此之外，在维修基地内还必须按需要设置临时存车线、检修前对列车清洗的吹扫线、材料装卸专用线、内燃调机车和特种车辆（如轨道车、触网架线试验车、磨轨车、隧道冲洗车等）停车线、联络线和与铁路连通的地铁专用线等。

4.4.3 车辆运用、检修库房和车间及其主要设备

1. 停车列检库及其附属车间

停车库兼有停车、整备、清扫、日常检查、司机出乘等多种功能，为了实现这些功能，停车库除设有停车线外，还设有运用车间、运转值班室、司机待班室等司机出乘用房，还设有列车及列车车载信号检修用房。

由于列车本身价格昂贵，在地铁运行中占据着重要地位，因此在停车库中都设置有自动防灾报警设备，该设备和整个消防系统联系在一起。架空触网或接触轨应进库，接触轨应加防护装置，在每条库线两端和库外线之间及停车台位之间设置的隔离开关可以对每条停车线的接触网（接触轨）独立停、送电，每条停车线还应有接触网（接触轨）送电的信号显示和列车出、入库的音响报警装置。停车线兼作车辆列检线，应设检查地沟。

地铁车辆除了由自动洗刷机洗刷外，对自动洗刷不到的部件还应进行人工辅助洗刷，此外，还要对列车室进行每日的清扫、洗刷和定期消毒。这些工作都在清扫库中进行，清扫库一般毗邻停车库，库内应设置上、下水及洗刷平台。

在停车库两端应有一段平直硬化地面作为消防、运输通道，在通道上应该设置可动防护栏杆，平时封锁，仅在必要的情况下才会使用。

2. 检修库及其辅助车间

检修库及其辅助车间的平面布置主要取决于车辆的配属量、车辆的修程、检修方式及其工艺流程，同时要综合考虑自然地形条件、工件运输线路及安全、防火和环保要求等因素。

1）双周、双月检库

双周、双月检都要在库内对列车的走行部、车体及车顶设备进行检查，为便于作业和保证安全，线路采用架空形式，除线路中间设置地沟外，在检修线两侧分别设有三层立体检修场地，底层地坪低于库内地坪（若轨面标高为±0.000 m，则底层地坪标高约为−1.000 m）。底层场地可以对走行部及车体下布置的电气箱、制动单元、蓄电池进行检查，中间为标高+1.100 m左右的平台，可对车体、车门进行检查作业，车顶平台的标高为+3.500 m，主要对车辆顶部的受电弓、空调设备进行检修，车顶平台设有安全栏杆。双周、双月检库立体检修平台如图4-8所示。

图4-8 双周、双月检库立体检修平台

双周、双月检库根据作业的要求可设有悬臂吊，可以对需要进行拆、装作业的受电弓和空调设备进行吊装。双周、双月检库还配置了液压升降车、蓄电池等电气箱搬运车等运输车辆。

为了对车辆进行双周、双月检，定修（年检），还应设置受电弓、空调装置、车载信号、试验设备等辅助工间及备品工具间。

2）定修库

定修库和双周、双月检一样，线路采用架空形式，线路中间设置检修地沟，线路两侧设置 3 层检修场地。车库设 2 t 起重机。车辆的定修和临修有时也可以在一个车库内进行，合并为定修、临修库，这时必须根据列车编组在库内设置架车机组，在列车解钩后可以同步架起一个单元的车辆。车库内设有 10 t 起重机，其起重量可吊装车辆的大部件。其辅助工间应和其他检修库统一考虑。

3）架修、大修库

架修、大修库的布置应根据车辆检修工艺流程来确定。对车辆设备和零部件的检修方式采用互换修为主，作业流程根据实践情况，一般采用流水作业和定位修方式相结合。采用部件互换修可以缩短列车的停库时间，并且可以合理地安排计划，做到均衡生产，避免因某一部件检修周期长而影响整趟列车的检修进度。联合检修厂房内应设置车辆的待修、修竣部件和部件的存放场地。

架修、大修库内的主要设备有地下式架车机、移车台、转向架、桥式起重机、公铁两用牵引车、必要的运输工具、工作平台等。图 4-9 为地下式架车机。

图 4-9　地下式架车机

4）辅助检修车间及其设备

地铁车辆是一种涉及多种专业、极其复杂的设备，在对车辆进行架修、大修时，都要架车、分解，对部件进行检修。这些检修工作都在各自的辅助检修车间内进行。这些辅助检修车间根据列车架、大修的工艺流程，大部分都布置在检修主库的周围。

（1）转向架、轮对间。转向架、轮对间通过轨道和转向架转盘、大修库相连接。转向架、轮对间主要由转向架检修区、轮对检修区和轮对等零部件的存放区组成。

转向架检修区对转向架进行分解，分解后的零部件被送到相应的检修位置进行检修，

恢复技术状态，然后进行组装。

轮对间主要对轮对及轴箱、轴承进行检修。由于轴承检修工作的专业性较强，需要大量的设备和占地，但是每年的工作量又很小，因此一般都将该工作委托给社会专业单位。有条件的地方，也可以将探伤工作委托给社会专业单位。

转向架、轮对间要有足够的转向架、轮对及其他零部件的存放场地，还应配备相应的起重设备。

（2）电机间。电机间是对车辆牵引电机、空气压缩机电机及其他车辆设备（如制动电阻冷却风机等）的动力电机进行检修的辅助车间。电机大修的专业性较强，检修量较少，并且需要绕线、浸漆、烘干等设备，因此一般都委托给专业工厂。

（3）电器、电子间。电器间承担对车辆电气组件的检修作业，对列车的主控制器、主逆变器、辅助逆变器、各类高速开关、直流接触器等各种电器进行试验、检修、检验。电子间主要对列车牵引、制动、空调等计算机控制系统的各类电子控制板进行检修作业。

辅助车间还有车门、制动、车钩、受电弓左调检修间。

上述辅助车间一般都布置在架修、大修主库的周围，可以使检修工序和流程合理、紧凑、简洁，缩短运输路程，提高工作效率。

3. 其他库房及车间

维修场地内的有些库房及车间由于环境保护和劳动保护的要求、检修的特殊要求等因素，或是由于设施和维修基地的检修共同使用，要单独设置。

1）不落轮旋床库

地铁车辆转向架的轮对在运行中有时会发生踏面的擦伤、剥离和轮缘磨耗达不到运行技术要求的问题，需要及时旋削。使用不落轮旋床可以在不拆卸轮的条件下直接对车辆的轮对踏面和车缘即时地进行旋削。运行的实践说明，不落轮旋床是保证地铁车辆正常运行不可缺少的重要设备，开始建设时就要对其进行充分考虑。

不落轮旋床需要在温度、湿度得到控制的环境中使用，为减少投资，在库内为旋床单独设置隔离的环境空间。

不落轮旋床库及其前后一辆车辆范围的线路为平直线路。作业线的长度要满足列车所有车辆轮对旋削的要求，列车出入库和轮对的就位一般由专门的牵引设备承担。

2）列车洗刷库

列车洗刷库建在洗刷线的中部，库内设有自动洗刷机，可对列车端部和侧面进行化学洗涤和清水洗刷。在洗刷过程中，列车以低于 5 km/h 的速度通过洗车设备，完成车体清洗作业，也可用专设的小车带动，目前较高级洗车设备有喷淋、去污、上蜡、吹干等功能，减少了人工作业。列车自动洗刷机如图 4-10 所示。为避免列车洗刷作业影响对其他线路的进路，洗刷机前后线路的长度都不应小于一列的长度。

图 4-10　列车自动洗刷机

3）蓄电池间

蓄电池间主要对地铁车辆的碱性蓄电池进行充电和检修，另外，也对各种运输车辆的酸性蓄电池进行充电和检修。蓄电池间要配置相应的试验、充电设备和通风、给排水及防腐设施。碱性蓄电池操作间和酸性蓄电池操作间应分开设置，防止酸气进入碱性蓄电池，酸、碱发生中和作用，影响电池的质量。蓄电池间要单独设置，并布置在长年主导风向下风侧，还要有防爆措施。

4）中心仓库

中心仓库承担城市轨道交通全线各系统所需机电设备、机具、工具、材料、备品备件的供应工作。其主要工作环节有采购、入库、仓储、发放。仓库中应有仓储起重、运输等设备和设施，还应附有露天存放场和材料专用轨道线，同时要设置专门的环控库房，存放对环境要求高的精度配件。

对于易燃、易爆物品要单独设立危险品仓库，危险品仓库应单独设置在对周围建筑影响最小的位置，并与外界隔离，根据易爆、易燃物品的性质要分不同房间存放，建筑物的通风、消防等要符合有关规定。有时为了减小与邻近建筑物之间的防火距离，易燃品库也可采用半地下式或地下式的形式。

城市轨道交通设备配件种类繁多（仅车辆配件就有数千种），价格昂贵。仓库对物流的管理涉及社会流通领域和城市轨道交通的内部生产流域。它既是各专业检修生产工艺的组成部分，与检修生产密不可分，要保证供应；又有着非常强的“成本中心”的作用，材料、备件的消耗管理，物流本身对资源的占用和消耗都与检修成本有着直接关系。

随着现代物流技术、计算机信息管理技术和电子商务的发展，中心仓库采用自动化立体仓库仓储技术，使建设城市轨道交通自动化综合物流系统成为可能。

除此之外，根据需要还有调机（内燃机车）库、消防间、污水处理站、配电站、变电站、机加工中心、汽车库等库房，它们的车间也需要单独设置。

4.4.4 综合维修基地

综合维修基地承担全线各种设备、设施的定期维修、维护和故障维修。综合维修基地

一般都和车辆维修场地设置在一起，也可以单独设置，但必须与车辆维修基地毗邻。

当城市轨道交通运营线路较长或者要承担两条以上运营线路的设备、设施的维修任务时，因为维修任务大，可以设立综合维修中心，在综合维修中心下可设各专业段（或车间）。在维修量不大，也就是在运营线路不长或在地铁运营的初、近期阶段，可设立综合维修段（所），下设各专业维修工区。

按照专业的不同，综合维修基地一般可分为下述几个段（工区），这些段根据专业特点需要有相应的检修间，并配备必要的检修设备。

（1）通（信）、（信）号段（工区）承担全线通信（包括有线通信、无线通信、车站和车载广播、电视监控系统）和信号（包括 ATC 设备、地面和车载设备及车场折返线的道岔电气集中联锁控制系统）设备、设施的维修、维护工作，为了满足工作需要，要设立通信维修间和信号维修间。

（2）机电段（机电工区、接触网工区）承担全线主变电站、牵引变电站、降压变电站的运行及设备维护、维修和接触网、车站通风、空调等环控设备，以及自动扶梯、电梯、照明、防灾报警等辅助设备的维护和维修工作。机电段需设置机电维修间和接触网架线、实验车和相关的机械加工设备。

（3）修建段（工区）承担全线地下隧道及建筑、高架桥梁及建筑、线路、道岔等设备、设施的巡检、维护、维修工作。在综合维修中心设有工务维修间，并配备有轨道探伤与检测设备、磨轨机、隧道清洗车等必要的生产设施。

随堂测试

在综合维修基地还要配备相应的生产设施、特种车辆存放线和车库及办公、生活设施。

综合维修基地的功能和任务如下：

（1）承担所辖线路沿线隧道、线路和桥梁等设施的检查、保养和维修工作。

（2）承担所辖线路车站建筑、地面建筑的保养和维修工作。

（3）承担所辖线路变电所、接触网、供电线路和设备的运行管理、检查、保养及维修工作。

（4）承担所辖线路各机电系统及设备的运行管理、检查、保养和维修工作。

（5）承担所辖线路通信、信号系统的运行管理、检查、保养和维修工作。

（6）承担所辖线路自动售检票系统及设备的运行管理、检查、保养和维修工作。

（7）承担所辖线路防灾报警系统、设备监控系统的检查、保养和维修工作，基地各系统和设备的大、中修等工作。

（8）承担所辖线路运营、检修所需的各类材料、设备、备品配件的采购、储备、保管和发放工作。

综合检修基地的主要设施包括综合检修基地检修车间、材料总库、特种车辆库、办公楼等。

拓展知识

车辆的检修

车辆经过一段时间的运用后，各部件会产生磨耗、变形或损坏，为了保证车辆质量、延长使用寿命，除了应加强日常检查和保养、维护外，还需要定期进行各种修程的检修。

1. 车辆检修制式

目前各国地铁车辆检修采用两种制式：一种是厂修、段修分修制，另一种是厂修、段修合修制。

1）分修制

分修制是指修建专门的车辆大修厂（不限于1个）来承担全线路网各线车辆的大修任务。车辆的架修、定修及其以下的修理工作，由各线的车辆段承担。采用分修制的地铁如莫斯科地铁、北京地铁。

2）合修制

合修制就是不设专门的车辆大修厂，车辆的大修在车辆段内进行。世界上的大多数城市都采用合修制。

分修制适用于地铁线网规模较大的城市，具有一定的经济性，对于线网规模不大的城市，采用合修制较经济。从国内外情况来看，只有莫斯科和北京采用分修制，其他城市均采用合修制。国内正在修建和计划修建地铁的城市，如上海、广州、南京、青岛和香港等城市也都采用合修制。

采用分修制的优点是实行专业化生产，易于形成规模效益，有利于提高修车质量。其缺点是在工程建设起始阶段须同时修建车辆大修厂和车辆段，由于形成有一定规模的轨道交通线网需要经过几十年的时间，因此大修厂在建成后的相当时间内，因系统规模小，大修车任务量不足而使投资效益难以发挥。

采用合修制可以避免上述问题。另外，因车辆做大修所用的大部分机械设备与车辆架修所用的机械设备基本相同，所以将厂修与段修合并可以减少机械设备的重复投资，提高设备的利用率。

2. 车辆修程

国外车辆的修程主要是根据预防性维修的原则，从走行公里与运行时间上考虑，对车辆的各部件进行修理的一种检修制度。例如，日本城轨交通车辆的修程主要有重要部位检查和全面检查（车辆工厂），日检查、月检查（检车区）。

我国主要城市的城轨交通车辆修程分别如下：

1）北京地铁

修程为：厂修、架修、定修和月修（其中架修、定修和月修为段修修程）。

2）上海地铁

修程为：厂修、架修、定修、双月修、双周修和列检（日检）。

3）广州地铁

修程为：厂修、架修、三年检、二年检、一年检、半年检、三月检、双周检和日检。

3. 检修内容

国内主要城市轨道交通车辆的修程大致分为列检（日检）、月检（双月检）、定修、架修和厂修（大修）。各种修程的主要检修内容和范围如下：

(1) 列检。对容易出现危及行车安全的各主要部件（如轮对、弹簧、转向架、受流器、控制装置、空气制动装置、车钩及缓冲装置、蓄电池、车门风动开关装置、车体、车灯等）进行外观检查，对危及行车安全的故障及时进行重点修理。

(2) 月检。对车辆外观和一般功能进行检查，即对车辆主要部件的技术状态进行外观检查和必要试验，对危及行车安全的故障进行全面修理。

(3) 定修。主要是预防性的修理，需要架车。对各大部件的技术状态和作用进行较仔细的检查，对检查发现的故障进行针对性修理，对车上的仪器和仪表进行校验，车辆组装后要经过静调和试车。

(4) 架修。主要目标是检测和修理大型部件（如走行部、牵引电动机、传动装置等），同时，经架车对车辆各部件进行解体和全面检查、修理、试验，对计量的仪器、仪表进行校验，车体要重新油漆标记，组装后进行静调和试车。

(5) 厂修。全面恢复性修理。要求对车辆全面解体、检查、整行、修理和试验，要求完全恢复其功能。组装后要重新油漆、标记、静调和试车。总之，厂修后的车辆基本上要达到新车出厂要求。

车辆段的形式

车辆段的线路要根据车辆段的作业要求，结合用地特点来布置。车辆段的设计原则有以下三点：

(1) 收发车顺畅。车辆段是列车运营的起始与终止场所，设计时要根据线路特点保证列车出入的流畅，满足能力要求。

(2) 停车检修分区合理。在部分线路较长的场合，车辆段与停车场的确定需要考虑位置分布，以保证运营组织与管理的方便性。

(3) 用地布置紧凑。城市轨道交通系统一般建设在市区，因市区的土地资源稀缺且价格昂贵，所以车辆段与停车场的设计要紧凑，以降低建设费用。

车辆段一般可布置成贯通式或尽端式。贯通式车辆段的两端均可以收发列车，能力较强。停车列检库的一股道可以停三列车。图 4-11 所示为某贯通式车辆段布置图。图 4-12 所示为某尽端式车辆段布置图。

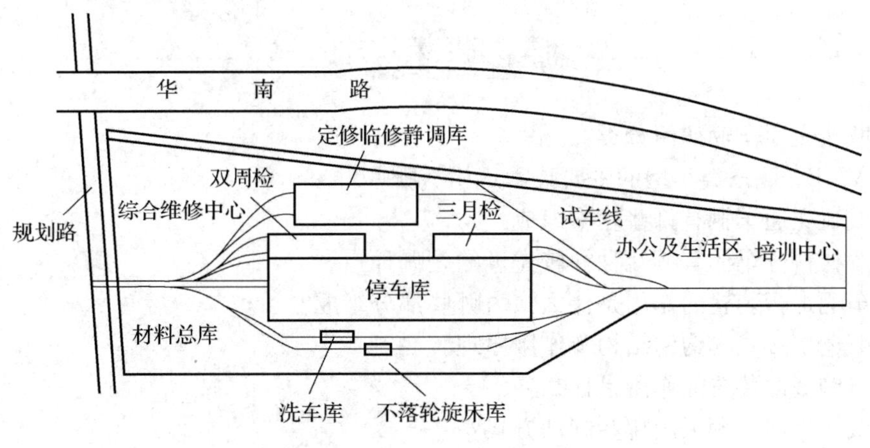

图 4-11 某贯通式车辆段布置图

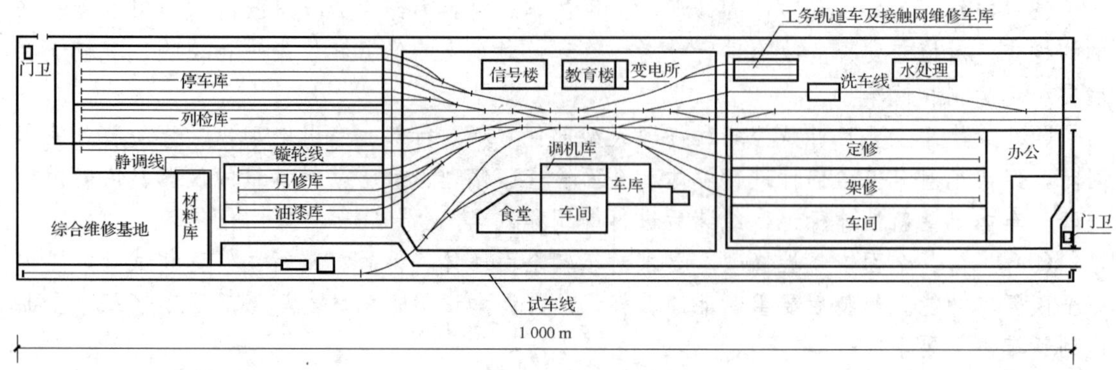

图 4-12 某尽端式车辆段布置图

实践活动

活动描述

（1）组织学生观看有关城市轨道交通车辆检修基地方面的视频。

（2）组织学生参观城市轨道交通车辆检修基地，了解具体情况。

具体要求

（1）教师负责组织学生观看视频或参观活动。

（2）以小组为单位进行活动后续总结，各组人员数量在 6 人以下，并推选小组长一人，负责组织总结工作的开展并督促完成。要求制作成 PPT，并在课堂上进行总结讲解。

思考与练习

（1）城轨交通车辆如何分类？

（2）A、B、C 三类车型的主要技术规格有哪些？

（3）城轨交通车辆有哪些基本组成？

（4）按材料分车体有哪几种？较先进的是哪种？

（5）车辆走行装置的作用是什么？由哪些部分组成？

（6）简述密接式车钩的结构及作用原理。

（7）车钩缓冲装置的作用是什么？

（8）城轨交通车辆采用哪些制动方式？

（9）检修基地的主要线路有哪些？综合检修基地的功能和任务具体指什么？

（10）车辆段的布置形式有哪几种？试分析不同布置方式的优缺点。

项目 5 城市轨道交通线路与车站

城市轨道交通系统的线路和车站是轨道交通系统中重要的组成部分。城市轨道交通系统的线路按其在运营中的作用，可分为正线、辅助线和车场线。辅助线包括折返线、联络线、渡线、停车线、检修线、试验线、出入库线等。城市轨道交通车站是供列车停靠、乘客乘降、客流集散的重要场所，是出行的出发、换乘与终止点。

任务 5.1 了解城市轨道交通线路

5.1.1 城市轨道交通线路的分类

1. 正线

正线是贯穿所有车站、区间，供列车日常运行的线路。

城市轨道交通系统的正线均采用上、下行分行，一般实施右侧行车惯例，以便与城市地面交通的行车规则相吻合（世界上除了英国、日本等部分国家外，绝大部分国家的城市道路交通均实行右侧行车规则）。

2. 折返线

折返线是在线路两端终点站（对于环线，也需要设两个终点站）或者准备开行折返列车的区间站设置的专供列车折返调头的线路。

折返线视不同的折返方法可分以下几种类型：

1）环形折返线

环形折返线俗称灯泡线，如图 5-1 所示。环形折返线是将端点折返作业转化为沿一个环形单线区段运行的作业，实质上取消了折返过程，变为区间运行，有利于列车运行速度的发挥，消除了因折返作业而形成的线路通过能力限制条件，是一种对提高运营效率有利的折返方法。

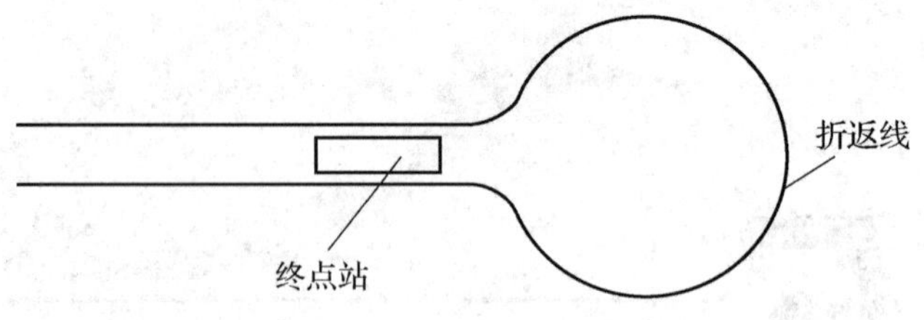

图 5-1　环形折返线

环线折返的问题在于：环线占地面积较大，尤其是在地下修建难度更大，投资较高；环线折返丧失了一端停车维护保养检查的机动线路，对车辆的技术要求、运行组织要求更高。线路机动性下降，线路延伸可能性甚微，一般只适用于线路较短、线路延伸可能较小且该端点站又往往在地面上的情况。

2）尽端折返线

尽端折返线有单线折返、双线折返与多线折返等不同的布置形式，如图 5-2 所示。利用尽端线折返的办法，可以弥补环线折返的不足，使端点站既可有效组织折返（如双折返线可明显降低折返时间），又可备有停车线供故障停车、检修、夜间停车等作业使用。同时，尽端折返线对于线路延伸也十分方便，比较适合于地下结构的端点站、线路较长或有延伸可能、土地不宜多占用的情况。

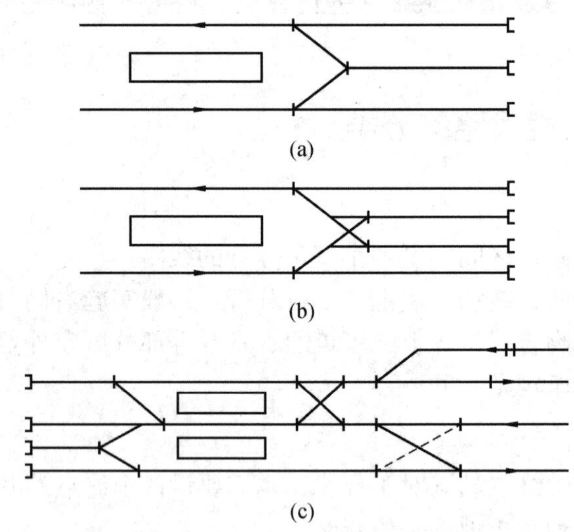

图 5-2　尽端折返线

（a）单线折返　（b）双线折返　（c）多线折返

3）利用渡线折返

利用渡线折返是在车站前或车站后设置渡线，用以完成折返作业的布置方式，如图 5-3 所示。很明显，利用渡线折返需要修建的线路最少，投资降低，但列车进出车站与折返作业有严重的干扰，尤其是在区间站利用渡线进行区间列车折返时需占用正线进行作业，故对运营管理要求十分严格。此外，列车运行间隔时间受渡线折返的制约需要延长，导致线路通行能力下降，安全可靠性存在隐患。所以，对于列车运行速度较高、运行间隔时间较

短（发车频率较高）、运量较大的线路不宜采用此类布置形式。

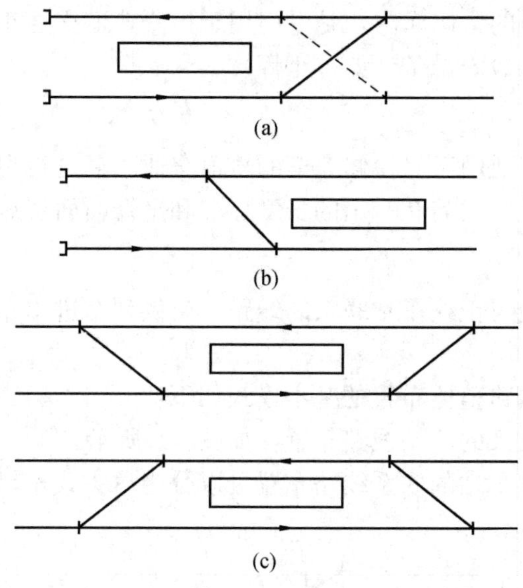

图 5-3 渡线折返

（a）站前渡线折返 （b）站后渡线折返 （c）区段站渡线折返

3. 联络线

联络线是轨道交通线路之间为调动列车等作业方便而设置的连接线路，如图 5-4 所示。联络线因连接的轨道交通线往往不在一个平面上，因此有较大的坡道与较小的曲线半径，列车的运行速度不可能很高。如果在地下建设，则施工难度较大，投资也会随之加大。

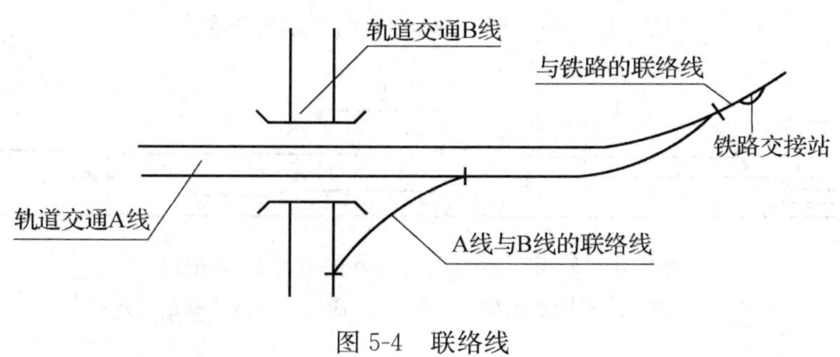

图 5-4 联络线

4. 渡线

渡线是在上下行正线之间（或其他平行线路之间）设置的连接线，通过一组联动道岔达到转线的目的，如前述的站前、站后折返用渡线及车库内线路之间的渡线。

随堂测试

5. 停车线

停车线一般设置在端点站，是专门用于停车和进行少量检修作业的尽端线。车辆基地设有众多的专用停车线，以供夜间停止运营后的列车停放。对于需要进行检修作业的停车线应设有地沟。

6. 检修线

检修线设在车辆基地的检修库内，是专门用于检修轨道交通车辆作业线的，检修线设有地沟，配有架车设备和检修设备（如行车等）。

7. 试验线

试验线是设在车辆基地用于对检修完毕的轨道交通车辆进行运行状态检测的线路。为达到必要的运行速度，试验线需有一定的长度标准和平纵断面特点。

8. 出入库线

出入库线是车辆基地与正线车站联系的线路，专供列车进出车辆基地。出入库线一般分为入库线和出库线。

城市轨道交通系统线路整体布置的基本模式如下：

（1）两条线路立体交叉的车站线路布置，如图 5-5 所示。

（2）车辆基地与正线车站的联系线路布置可以分为尽头式车辆基地和通过式车辆基地两种方式，如图 5-6 所示。

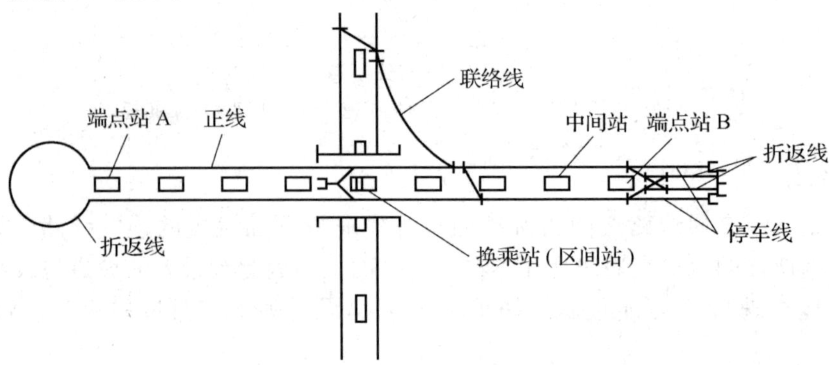

图 5-5　两条线路立体交叉的车站线路布置

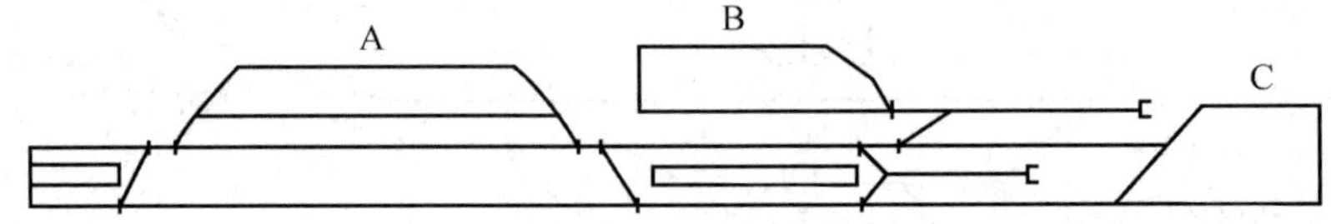

图 5-6　车辆基地与正线车站的联系线路布置

A、B—尽头式车辆基地布置方案；C—通过式车辆基地布置方案

9. 车场线

车场线即车辆段停车场里的线，这里不做介绍。

5.1.2　城市轨道交通线路的组成

1. 下部基础

下部基础沿用传统铁路方式，由路基、道床等组成。

（1）路基。路堤式路基采用取土填筑的方法，按规定断面尺寸夯实形成。它一般适用于地下铁道、轻轨等轨道交通系统，并采用独立路基施工方式。

（2）道床。在土质路基上一般采用碎石道床。碎石道床结构简单，施工容易，减震、减噪性能较好，造价较低；不足之处是轨道建筑高度较高，轨道维修量较大，所以从目前国内外城市快速轨道交通建设的发展趋势看，不太适合用于地下隧道及市区高架结构线路，一般只在地面线上使用有渣轨道。

拓展知识

混凝土整体道床

一般新建的城市轨道交通系统采用无渣轨道结构的较多，采用最普遍的结构为混凝土整体道床。这种无渣轨道通过钢轨扣件把钢轨直接与混凝土基础联结起来。

1. 扣件

整体道床上宜采用全弹性分开式扣件，此种扣件的垂向和横向均应具有良好的弹性，以适应刚性道床，并应有适量的轨距水平调整量。

2. 道床

整体道床的整体性能较好，坚固、稳定、耐久；轨道建筑高度小，减少隧道净空，节省投资；轨道维修量小，满足城市轨道交通运营时间长、维修时间短的要求。

整体道床的类型较多，下面介绍几种常用的道床形式。

（1）无枕式整体道床，亦称整体灌注式。无枕式轨道的建筑高度较小，主要采用就地连续灌注混凝土基床或纵向承轨台。一些国家修建铁路隧道时常采用这种形式，我国香港地铁和新建的轻轨交通也采用了这种形式，简称PACT型轨道。这种形式结构简单，减震性能较好，但施工时需要采用刚度较大的模架，施工较为复杂。

（2）轨枕式整体道床。这种形式的道床可分为短枕式和长枕式两种。

① 短枕式整体道床。这种道床轨道的建筑高度一般为550 mm左右，轨枕下道床的厚度一般不小于160 mm，一般设中心排水沟，如图5-7所示。

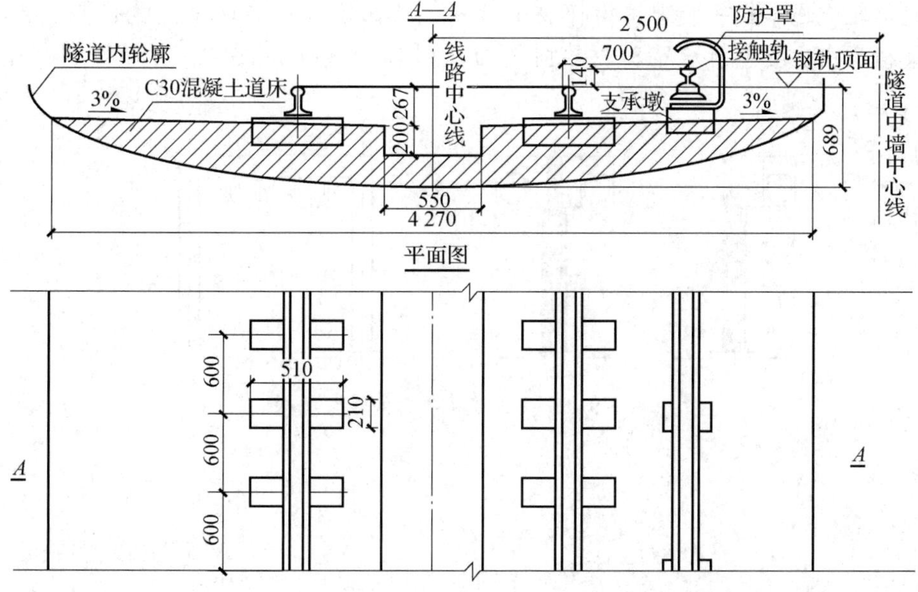

图5-7　短枕式整体道床（单位：mm）

这种道床稳定、耐久，结构比较简单，施工方法简便，进度较快。北京地铁一期、二期工程大多敷设这种道床，经过 30 多年运营，使用状态良好。天津地铁也敷设了这种道床。

② 长枕式整体道床，如图 5-8 所示。这种道床设侧向水沟。一般长轨枕预留圆孔，让道床纵筋穿过，加强与道床的联结。长枕式整体道床适用于软土地基隧道，可采用排轨法施工，速度较快。上海和新加坡地铁都敷设了这种轨道，使用状况良好。

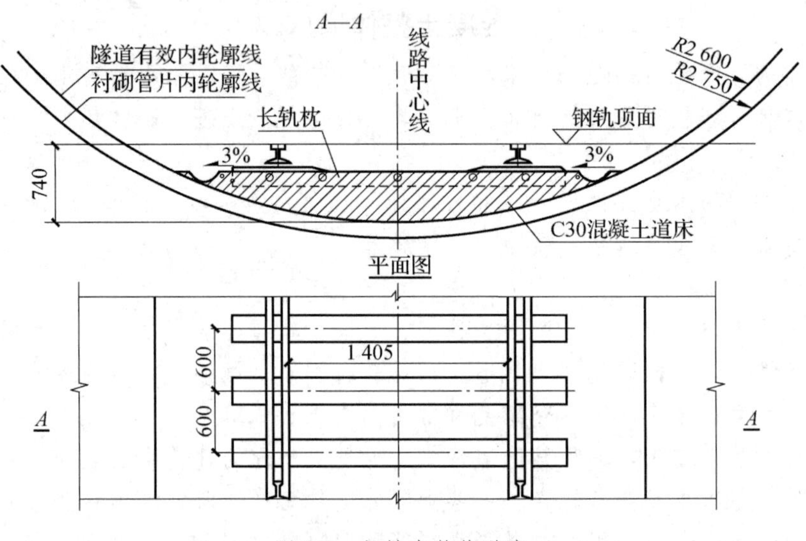

图 5-8　长枕式整体道床

单轨交通的线路结构

单轨交通分为悬挂式（悬吊式）和跨座式（骑跨式）两类，其线路结构如图 5-9、图 5-10 所示。单轨交通的线路结构比较简单，由轨道梁、支柱、基础组成。

由于单轨交通车辆一般采用由橡胶走行轮、导向轮（稳定轮）构成的走行部，因此，其轨道梁结构中主要包括承重面、导向侧面及附属设施（如供电、自动控制、通信等设备）等。

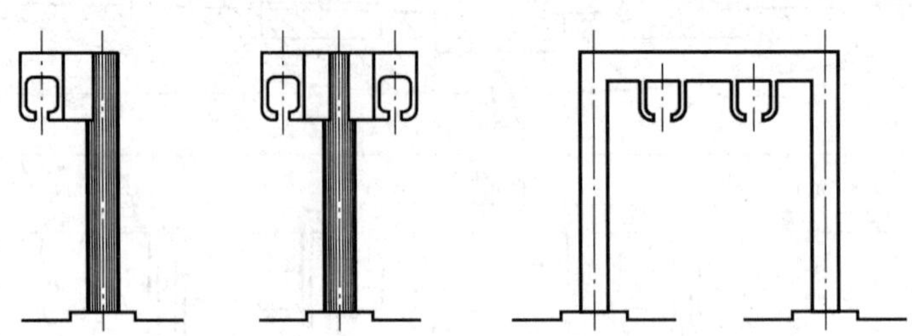

图 5-9　悬挂式单轨交通的线路结构

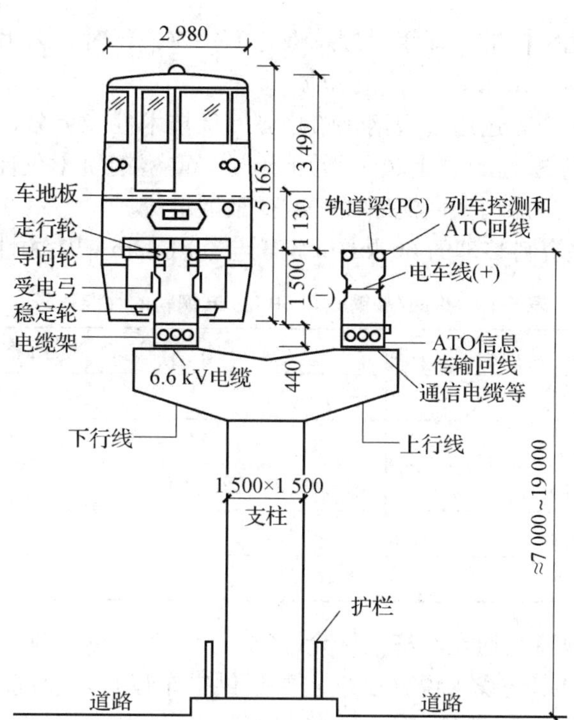

图 5-10　跨座式单轨交通线路结构（单位：mm）

2. 上部建筑

上部建筑沿用传统铁路方式，由钢轨、轨枕、扣件、连接零件等组成，如图 5-11 所示，图中画出了多种类型的扣件是为示图之用，并非现场线路中的实际使用情况。

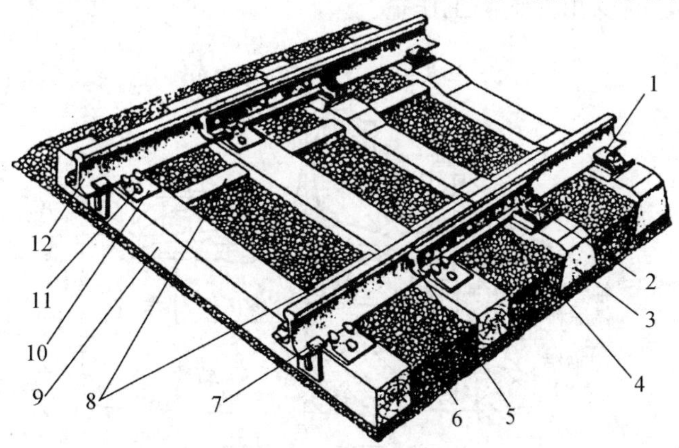

图 5-11　传统铁路轨道组成

1—弹片式中间连接零件；2—螺栓；3—钢筋混凝土轨枕；4—扣板式中间连接零件；5—鱼尾板；6—道床；7—防爬撑；8—防爬器；9—木枕；10—垫板；11—普通道钉；12—钢轨

（1）钢轨。钢轨是轨道结构的主要组成部分，采用“工”字形宽底座断面，由轨头、轨腰、轨底组成。在列车动荷载作用下，钢轨产生弹性挠曲和横向弹性变形，因此钢轨应有足够的承载能力、抗弯强度、断裂韧性及稳定性、耐磨性、耐腐蚀性。

目前，在国内尚无城市轨道交通的钢轨选型标准，因此现行城市轨道交通系统的设计可参考国家铁路钢轨选型标准，即年通过总重为 15～30 Mt 时，采用 50 kg/m 钢轨；年通过总重为 30～60 Mt 时，采用 60 kg/m 钢轨。

国内外城市轨道交通有选用重型钢轨的趋势。从技术性能上分析，60 kg/m 钢轨重量只增加 17.7%，而允许通过的总重量可增加 50%。重型钢轨不仅能增加轨道的稳定性，减少养护维修工作量，还能增大回流断面，减少杂散电流。

表 5-1 是根据有关资料整理的 60 kg/m 钢轨与 50 kg/m 钢轨的性能比较。

表 5-1　60 kg/m 钢轨与 50 kg/m 钢轨的性能比较

性能指标	比 50 kg/m 钢轨
钢轨抗弯强度	＋34%
弯曲应力	－28%
使用年限	＋50%～＋200%
疲劳破坏造成的更换率	－83.3%
列车冲击震动	－10%

综上所述，城市轨道交通在经济条件允许时，无论地面线、地下线或高架线，运营正线宜选用重型钢轨。对车场线来说，由于主要是供空车运行，速度又低，考虑到经济性，选用 50 kg/m 或 43 kg/m 钢轨均是可行的。

随堂测试

（2）轨枕及扣件。碎石道床的轨枕一般情况下应尽可能采用常规铁路所使用的预应力混凝土枕。对于采用三轨供电方式的系统，在安装三轨托架的地方还需要使用特殊加长的混凝土枕。

有渣轨道的钢轨扣件可采用弹条Ⅰ型扣件，如图 5-12 所示。弹条Ⅰ型扣件可增加轨道弹性，减少扣件维修工作量。

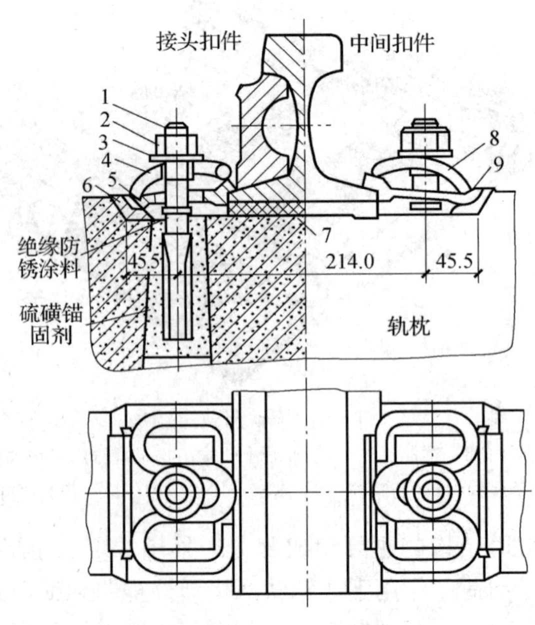

图 5-12　弹条Ⅰ型扣件（尺寸单位：mm）

1—螺纹道钉；2—螺母；3—平垫圈；4、8—弹条；5、9—轨距挡板；6—挡板座；7—弹性橡胶垫板

（3）道岔。轨道交通列车车辆由一条线路转向或越过另一条线路时的设备称为道岔。地铁与轻轨采用双线线路，线路中间站通常不设配线，两个方向的线路之间很少有交叉、连接存在，但在折返地段，要利用道岔实现线路的转换。地铁与轻轨线路上常用的是普通单开道岔（见图 5-13），它通过尖轨的平移形成不同的开通方向，实现列车安全转线的目的。道岔由转辙器、连接部分、辙叉及护轨等组成。地铁与轻轨线路的道岔主要有正线道岔和车场线道岔。正线道岔用于设有渡线和折返线的车站，通过设置道岔来实现车辆转线。车场线的道岔设在停车场，通过道岔与走行线连接。

图片
道岔的分类

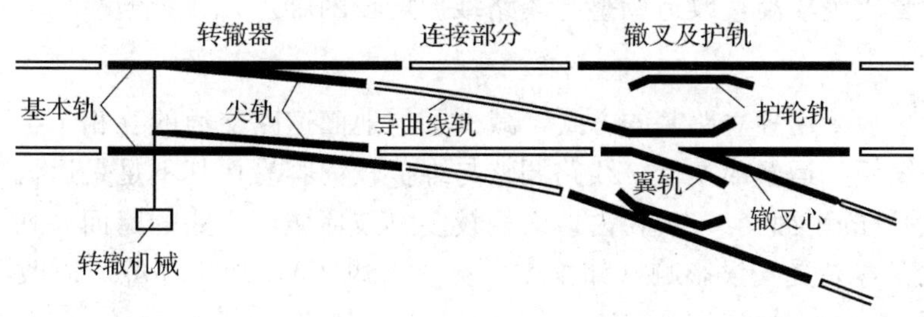

图 5-13 普通单开道岔

转辙器由两根尖轨、两根基本轨及转辙机械等组成。尖轨是转辙器的主要部件，通过连接杆与转辙机械相连，操纵转辙机械可以改变尖轨的位置，以确定道岔的开通方向。连接部分由直线轨、曲线轨连接而成。辙叉及护轨包括辙叉心、翼轨及护轮轨、基本轨等。其作用是保证车轮安全通过两条钢轨的相互交叉处。

常见的道岔类型有四种，如图 5-14 所示。

① 单开道岔。将一条线路分岔成两条线路，一条直线（主线），一条曲线（侧线）。

② 双开道岔。将一条线路分岔成两条不同方向的曲线线路。

③ 三开道岔。沿一股直线钢轨（主线）对称分支，同时衔接的有三条线路，即一股直线钢轨、两股曲线钢轨。

④ 复式交分道岔。两条线路平面交叉，引渡列车由一条线路跨越另一条线路的设备称为交叉。在菱形交叉的两侧，各增添两副转辙器和一股连接曲线，即复式交分道岔。当车辆通过交叉设备时，只能沿原线路继续运行，不能转线。

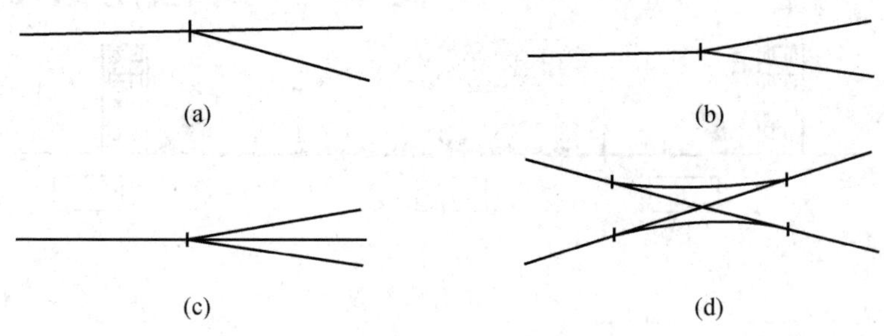

图 5-14 常见的道岔类型

（a）单开道岔 （b）双开道岔 （c）三开道岔 （d）复式交分道岔

5.1.3 城市轨道交通线路的敷设方式

城市轨道交通线路的敷设方式可分为地下、地面（含路堑、路堤）和高架三种方式。

1. 地下

地下敷设常用于地下铁道系统，线路置于地下隧道中，其优点是与地面交通完全分离，且不占城市地面与空间，基本不受气候影响；其不足之处在于需要较大的投资，较高的施工技术，较先进的管理，完善的环控、防灾措施与设备，且建设过程仍会对地面交通产生影响，运营成本较高，改造调整与线路维护均较困难。

2. 地面

地面敷设一般采用独立路基的方式，减少了与地面道路交通的互相干扰。其优点是造价最低，施工简便，运营成本低，线路调整与维护较为容易；其不足是运营速度难以提高（有部分信号控制的平面交叉点），占地面积较多，破坏城市道路的路面规划，使城市道路交叉口复杂化，容易受气候影响（如雨水、雾、台风等），乘车环境难以改善，有一定的污染（如噪声）。

3. 高架

高架敷设是将线路设在高架工程结构物上，与地面交通无干扰，造价介于地下敷设与地面敷设之间。高架敷设在施工、维护、管理、环控及防灾等方面都比地下线路方便，但要占用一定的城市用地并有光照、噪声等污染，且受气候变化的影响。

由于我国城市道路交通环境复杂，新建轻轨交通线路如不能全封闭，也应达到65%以上，才能符合快速的要求。在城市中心地区一般宜采用地下线，其他地区条件允许时宜采用高架线或地面线。

三种敷设方式建设费用的大致比例为：地下∶高架∶地面（独立路基）＝10∶5∶3。

拓展知识

线路的平面位置

根据线路敷设方式的不同，线路的平面位置可以有以下几种选择：

(1) 地下线。根据与城市道路的关系，地下线路一般可选择三种位置，如图 5-15 所示。

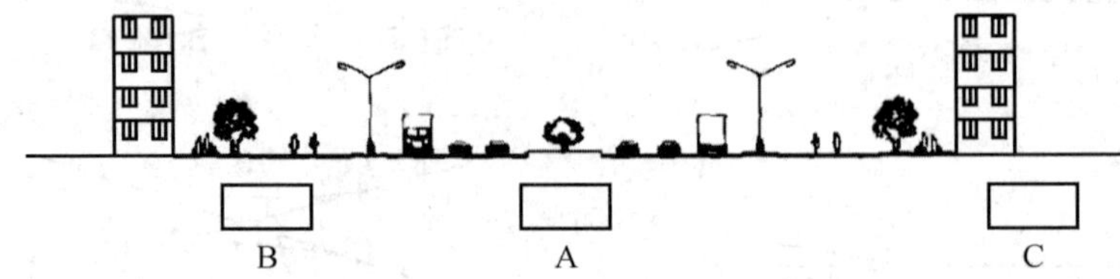

图 5-15 地下线路的位置

① A 位。A 位线路位于道路中心，对周围建筑物的干扰较小，施工相对容易，是较为普遍采用的一种线路位置，但若采用明挖法施工，则对道路交通的干扰较大，不如 B 位。

② B 位。B 位线路位于规划的慢车道和人行道下方，施工时能减少对城市交通的干扰

和对机动车道路面的破坏，但由于它靠近建筑物，市政管线较多且线路不易顺直，因此需结合站位的设置统一考虑。

③ C位。C位线路位于道路规划的红线以外，是在特殊情况下采用的一种线路位置，如果线路上方的建筑物较多，那么施工时需采用特殊的处理方法或带来较大的拆迁量。

（2）高架线。高架线在城市中穿越时一般沿道路设置，一般应结合规划道路的横断面考虑，设于道路中心或快慢车行道的分隔带上，如图5-16所示。

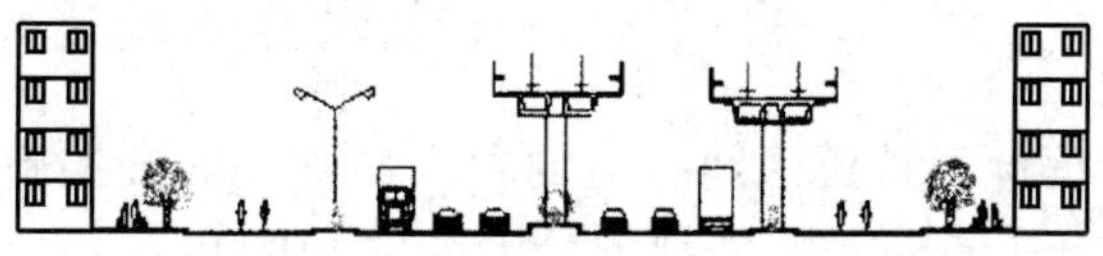

图5-16 高架线路的位置

① 高架线路位于道路中心线上。此位置对道路景观较为有利，噪声对两侧房屋的影响相对较小，路口交叉处对转弯机动车影响较小。但是，在无中间分隔带的道路上敷设时，改建道路工程量较大。

② 高架线路位于快慢车的分隔带上。其充分利用了道路隔离带，减少高架桥柱对道路宽度的占用和改建，一般偏房屋的非主要朝向面，即东西街道的南侧和南北街道的东侧。缺点是噪声对一侧市民的影响较大。

③ 除上述两种位置外，还可以将高架线路置于慢车道、人行道上方及建筑区内。它仅适用于广场、公园、绿地及江、河、湖、海岸滩地等空旷地段或将地铁高架线与旧房改造规划成一体时。

（3）地面线。在城市道路上设地面线，一般有两种位置：位于道路中心带上，如图5-17（a）所示；位于快车道一侧，如图5-17（b）所示。

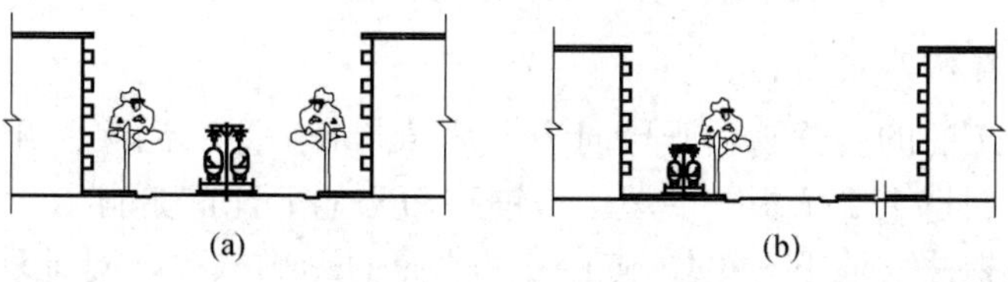

图5-17 地面线路的位置

① 图5-17（a）所示位置。地面线位于道路中心带上，带宽一般为20 m左右。当城市快速路或主干道的中间有分隔带时，地面线设于该分隔带上，不阻隔两侧建筑物内的车辆按右行方向出入，不需设置辅路，有利于城市景观及减少交通噪声的干扰。其缺点是乘客均需通过地道或天桥进入。

② 图5-17（b）所示位置。地面线位于快车道一侧，带宽一般为20 m左右。当城市道路无中间分隔带时，该位置可以减少道路改移量。其缺点是在快车道另一侧需要建辅路，增加道路交通管理的复杂性。

当道路范围之外为江、河、湖、海岸滩地，或不能用于居住建筑的山坡地时，可考虑将地铁设于这些地带上，但要充分考虑路基的稳固与安全。地面线一般应设计成封闭线路，防止行人、车辆进入，与城市道路交叉时一般应采用立交。

5.1.4 城市轨道交通线路施工方法与高架结构

城市轨道交通地下工程的结构类型及施工方法应根据区间隧道及车站的规模、工程地质及水文地质条件和周围环境条件进行技术经济比较来确定。一般常用的地下结构施工方法有明挖法和暗挖法两种，特殊情况下还可采用一些其他方法。

1. 明挖法

1）放坡大开挖法

放坡大开挖法是根据地下铁道区间隧道的埋设位置全面开挖施工的办法。其步骤为：放坡挖去土方—运走渣土—轧钢筋—浇捣混凝土结构—复土。

放坡大开挖法的优点有：施工人员、设备投入方便，施工难度低，费用低；其缺点也十分明显，即施工影响面广、条件限制多（市区不宜）、埋深有限制（深埋式不可能）、地质条件要求高、气候影响施工等。放坡大开挖施工法较适用于地质条件好的市区边缘地带，尤其适用于车站施工，如图 5-18 所示。

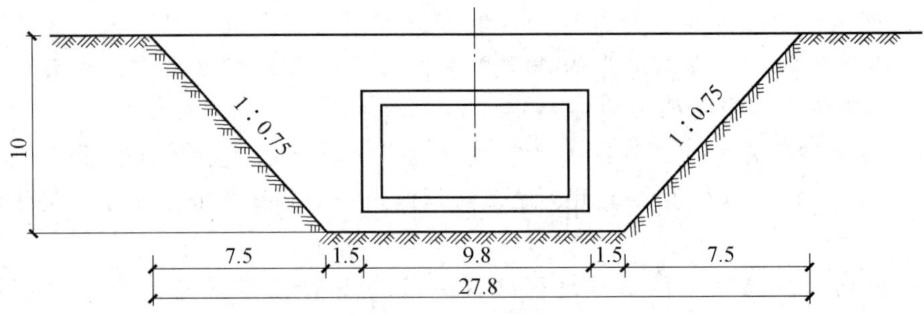

图 5-18　放坡大开挖法放坡分配（尺寸单位：m）

2）地下连续墙施工法

地下连续墙施工法的步骤为：开导向沟—筑导向墙—注入泥浆—开挖边墙沟—放置钢筋—浇灌混凝土—明挖土筑顶板—回填土—铺路面—地下开挖隧洞。

相比放坡大开挖法，地下连续墙施工法对地面的影响减少，对地质条件的限制放宽，技术要求提高，需要专门的施工机械，较适合于城市中心区的施工，包括车站、区间隧道等。图 5-19 为车站地下连续墙施工顺序示意图。

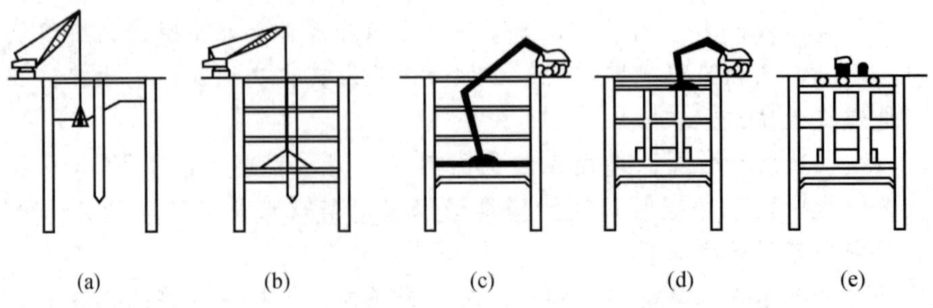

图 5-19　车站地下连续墙施工顺序示意图

（a）第一层开挖、支撑　（b）第 n 层开挖、支撑　（c）浇捣底板混凝土

（d）浇捣中板及顶板混凝土　（e）车站主体结构完成

2. 暗挖法

暗挖法可分为盾构法和矿山法。

1）*盾构法*

盾构法的施工程序如下：

（1）挖掘工作竖井。

（2）安装盾构掘进设备。

（3）盾构掘进，安装内衬砌（由 4 块或 6 块预制衬砌块在地下拼装成圆形断面洞体）。

（4）灌注防水填充材料，保持隧道稳定坚固。

盾构法具有施工速度快、震动小、噪声低、在城市中心区施工基本对地面无影响等优点。在松软含水地层中及城市地下管线密布、施工条件困难的地段采用盾构法施工，其优点尤为明显。盾构法的缺点是对断面尺寸多变的区段适应能力差。此外，新型盾构的购置费用较高，对施工区段短的工程不太经济。

盾构法的施工工序如图 5-20 所示。

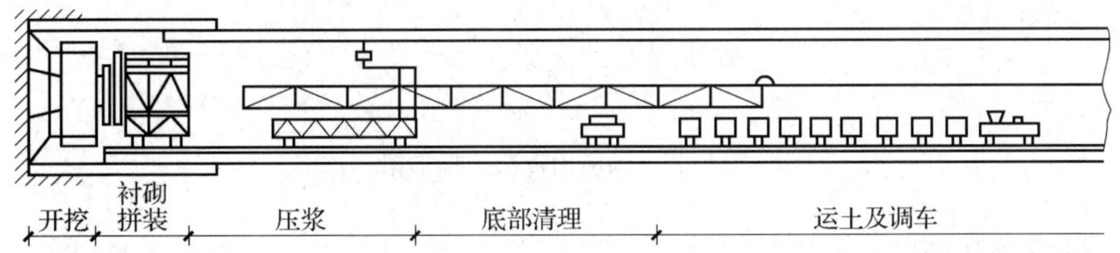

图 5-20　盾构法的施工工序

2）*矿山法*

矿山法的施工程序为：挖掘工作竖井—安装掘进机—掘进隧道—安装衬砌。

矿山法较适用于岩石层地质条件，分传统矿山法和新矿山法两种。传统矿山法的施工工艺落后，安全性较差，近年来有逐步被新矿山法取代的趋势。新矿山法又称为新奥法或浅埋暗挖法。

新奥法的施工程序为：确定线路位置—在隧道预定位置外围钻进灌浆管—灌浆凝固—挖工作竖井—横向掘进。

新奥法较适用于砾石、砂质地质条件。图 5-21 所示为采用新奥法在隧道预定位置外围钻进灌浆管。

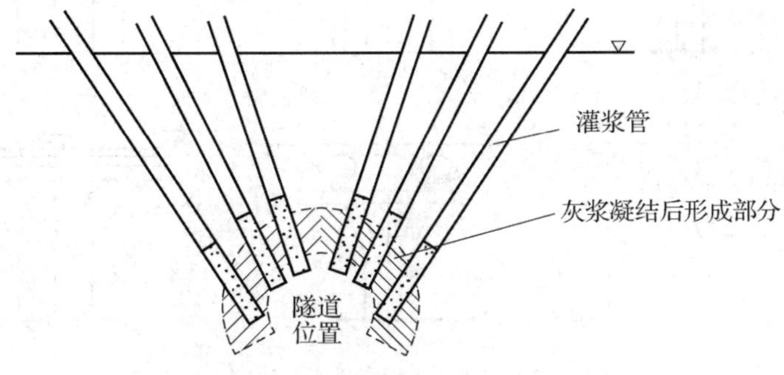

图 5-21　隧道预定位置外围钻进灌浆管

3. 其他方法

除上述施工方法外，对特殊地段可因地制宜地采用特殊的施工方法和结构类型。例如，穿越江、河地段时，可采用沉埋法施工；穿越地面铁路、地下管线时可采用顶进法施工。

4. 高架结构

城市轨道交通结构高架桥梁主要由梁、墩台、基础三部分组成。

1）梁

目前在城市轨道交通高架桥上应用较多的梁的形式有预应力混凝土槽形梁、预应力混凝土板梁和预应力混凝土 T 梁等几种。预应力混凝土槽形梁是一种下承式桥梁，由车道板、主梁和端横梁三部分组成，如图 5-22 所示。

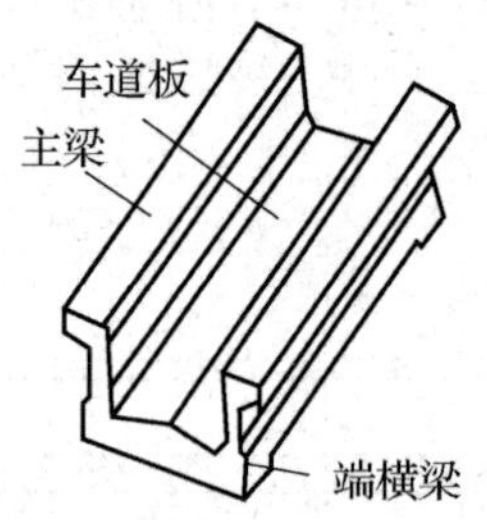

图 5-22　预应力混凝土槽形梁

2）墩台与基础

适用于城市高架桥的桥墩形式有 T 形墩、双柱墩、V 形墩和 Y 形墩。T 形墩美观；双柱墩承载能力和稳定性较强；V 形墩和 Y 形墩重量轻，占地面积小，但构造复杂。图 5-23 是一些桥墩的结构图。

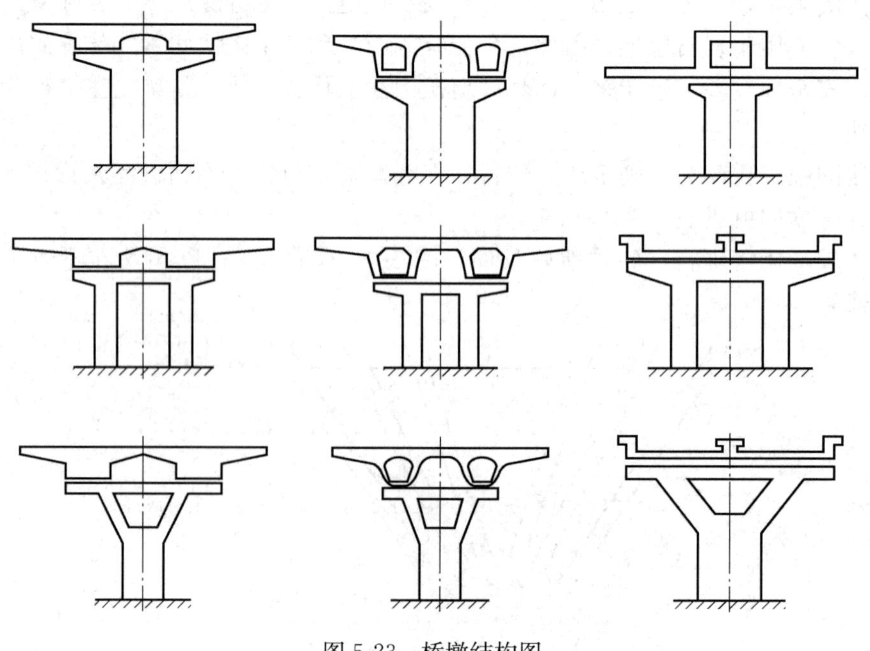

图 5-23　桥墩结构图

桥梁基础形式有扩大基础和桩基础。扩大基础适用于岩石及持力层较浅的地基，桩基础适用于砂质及软土地基。

任务5.2 了解城市轨道交通车站

车站是城市轨道交通线的重要组成部分，又是客流集散的场所，它必须具有供乘客乘降、换乘的功能，某些车站还必须提供折返、停车检修、临时待避功能。因此，要求车站能安全、迅速、方便地组织乘客进出，能全面、可靠、机动地满足运营要求。

车站是城市轨道交通系统中最重要的现代建筑类型，它们除了提供乘客上下车服务以外，还具有一系列其他功能如购物、聚会及作为城市景观等。车站也是空间建筑物与工程结构的结合之处，反映着城市轨道交通系统的特色。

5.2.1 城市轨道交通车站的组成

对城市轨道交通系统来说，车站一般包括车站主体、地面出入口及通道、通风道及风亭（地下）和其他附属建筑，如图5-24所示。

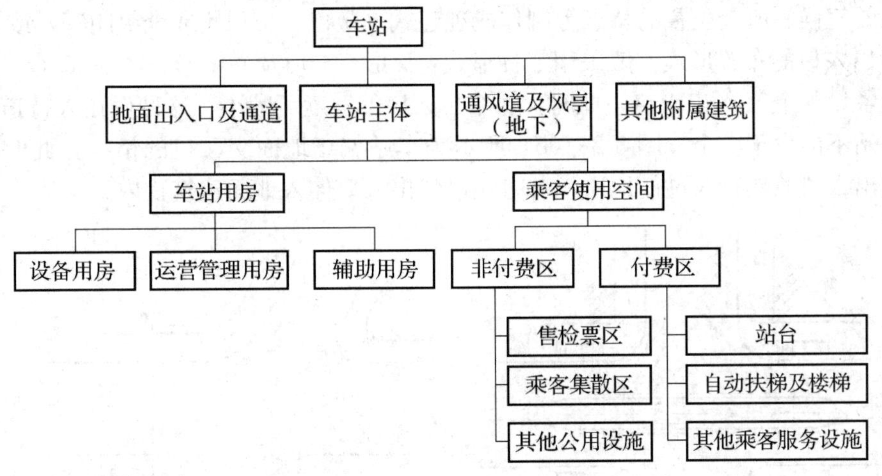

图5-24 一般车站设施组成

1. 车站主体

车站主体是列车的停车点，它不仅要供乘客上下车、集散、候车，一般也是办理运营业务和设置运营设备的地方。根据功能的不同，车站主体可分为以下两大部分：

1）乘客使用空间

（1）站厅。站厅的主要功能是集散客流兼客运服务等，如站厅中部为公用厅，两侧为客运管理区、机电设备区。此外，根据不同地段还安排了商业开发。站厅的规模大小和建筑特征要根据城市规划与交通的要求并与地面建筑相协调，又要各具特色，达到简洁、明快、流畅、富于时代感。

（2）站台。站台主要供乘客上、下车使用，并用于集散客流，做短暂的停留候车。

乘客使用的空间又可分为非付费区和付费区。非付费区是乘客购票并正式进入车站前的活动区域。它一般应有较宽敞的空间、售检票位置，这里根据需要还可设置银行、公用电话、商店等设施。付费区包括站台、楼梯和自动扶梯、导向牌等，它是为乘客提供候车服务的设施。通常非付费区的面积应略大于付费区。

2）车站用房

车站用房包括运营管理用房、设备用房和辅助用房三部分。

(1) 运营管理用房。运营管理用房是车站运营管理人员使用的办公用房，主要包括站长室、行车值班室、业务室、广播室、会议室和公安保卫室等。

(2) 设备用房。设备用房是为保证列车正常运行、保证车站内良好环境条件和在灾害情况下为保证乘客安全所设置的设备用房。设备用房主要包括通风与空调用房、变电所、综合控制室、防灾中心、通信机械室、信号机械室、自动售检票室、冷冻站、配电室、公区用房等。

(3) 辅助用房。辅助用房是为保证车站内部工作人员正常工作生活所设置的用房，主要包括卫生间、更衣室、休息室、茶水间等。

2. 地面出入口及通道

地面出入口是乘客由地面进入车站或由车站上到地面的通道。地面出入口的结构形式应根据当地的气候、所处位置的特点等制作成独建式（敞口、带顶棚或全封闭等）或台建式。

地面出入口的布置形式一般采用三种形式：L 形、T 形及一字形。图 5-25（a）所示在对角线位置各设一个 T 形出入口，此时，每个出入口的宽度可减小，这种设在人行道上的出入口一个车站不能少于 4 个。图 5-25（b）所示为车站偏离地面交叉口的情况，此时可利用地铁车站的出入口兼作行人过街地道，有时还可使出入口伸入地面建筑物内。

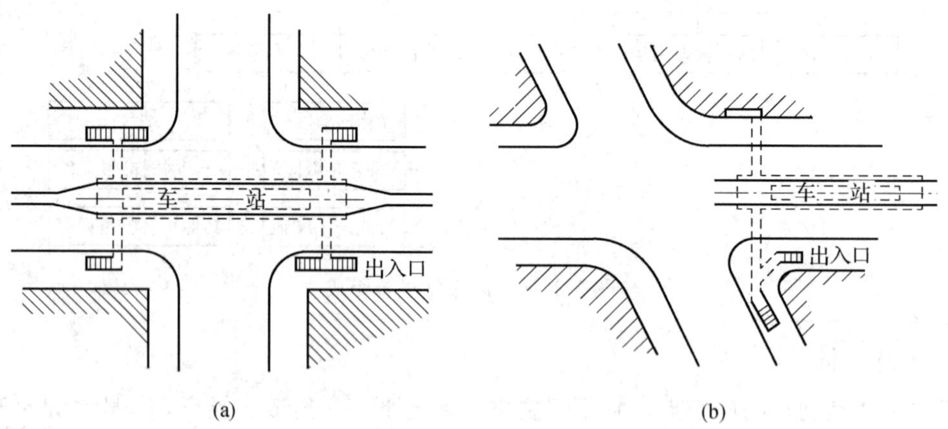

图 5-25 地面出入口的布置形式

地面出入口的通道数量视客运量和地面条件而定，但应使出入口通过能力的总和大于该站远期高峰流量。在一般情况下，每个车站出入口不宜少于 4 处，分期修建及规模小的车站不应少于 2 处。站厅与站台的联络通道也应视情况而定，不得少于 2 处（岛式站台每端各 1 处，侧式站台每侧各 1 处）。出入口及通道的宽度由所需通过的客流量计算确定。单个通道或出入口宽度不应少于 2 m，通道净空高度在 2.5 m 左右。

5.2.2 城市轨道交通车站的分类

1. 按功能分类

城市轨道交通车站按功能的不同，可分为终点站、中间站、换乘站、区间站、通勤停靠站。

1）终点站

终点站是指线路两端端点的车站。其主要功能是乘降（乘客上下车）、服务、列车折返及少量检修作业。

2）中间站

中间站是线路中数量最多的基本站型。其主要功能是乘降、服务。

3）换乘站

换乘站是指两条或两条以上轨道交通线交叉点设置的车站。其主要功能是乘降、服务、换乘。

4）区间站

区间站又被称为折返站、区域站，是设在线路中间可供列车折返、开行区间列车的车站。其主要功能是乘降、服务、部分列车折返。

5）通勤停靠站

通勤停靠站是内部职工通勤乘降点，设在车站与车辆基地的联系线路上。

2. 按车站站台形式分类

城市轨道交通车站按车站站台形式的不同，可分为岛式车站、侧式车站、混合式车站（一岛一侧、一岛两侧等）。

1）岛式车站

岛式车站站台位于上、下行行车线路之间［见图 5-26（a）］，具有站台面积利用率高、能调剂客流、乘客中途改变乘车方向方便、车站管理集中、站台空间宽阔等优点。因此，岛式车站一般用于客流量较大的车站。

2）侧式车站

侧式车站的站台位于上、下行行车线路的两侧［见图 5-26（b）］，侧式站台上下行乘客可避免相互干扰，正线和站线间不设喇叭口，造价低，改建容易，但是，站台面积利用率低，不可调剂客流，中途改变方向须经过地道或天桥，车站管理分散，站台空间不及岛式车站宽阔。因此，侧式车站多用于两个方向客流量较均匀（或流量不大）的车站。

3）混合式车站

混合式车站将岛式站台和侧式站台同设在一个车站内［见图 5-26（c）］，主要用于两侧站台换乘或列车折返。

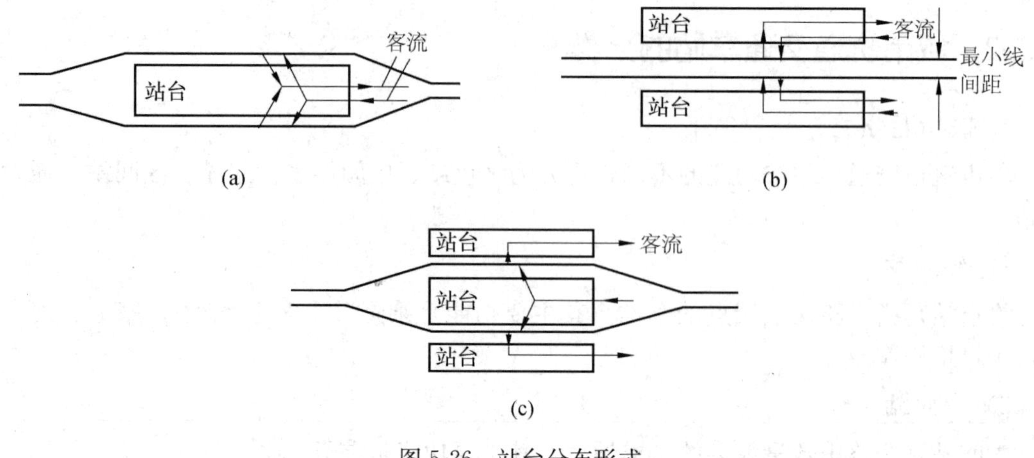

图 5-26　站台分布形式

3. 按位置分类

城市轨道交通车站按位置不同，可分为地面车站、地下车站和高架车站。

5.2.3　城市轨道交通车站的设计原则

城市轨道交通车站的设计原则如下：

（1）车站总体设计要注意与周围环境的协调，如与城市景观、地面建筑规划相协调。

（2）车站的规模及布局设计要满足路网远期规划的要求。

（3）车站应尽可能地靠近人口密集区和商业区，最大限度地方便乘客出行。

随堂测试

（4）车站的设计应尽可能地与物业开发相结合，使土地的使用达到最经济。

（5）车站的设计应简洁、明快、大方，易于识别，并应体现现代交通建筑的特点，同时还应与周围的城市景观相协调。

（6）车站设计应能满足设计远期客流集散量和运营管理的需要，应具有良好的外部环境条件，最大限度地吸引乘客。

（7）车站应在满足使用功能的前提下尽量缩小建筑空间，使其规模、投资达到最合理。

（8）车站公共区应按客流需要设置足够宽度的、直达地面的人行通道，出入口的布置应积极结合城市道路、周围建筑、公交的规划等因素综合考虑，通道和出入口不应有影响乘客紧急疏散的障碍物。车站设计要尽量兼顾过街人行通道的要求。

（9）贯彻以人为本的思想，车站需解决好通风、照明、卫生等问题，以提供给乘客一个安全、快捷和舒适的乘降环境。

（10）车站应考虑防灾设计，以确保车站的安全性。

（11）车站设计要考虑其经济性。城市轨道交通建设投资巨大，根据我国城市轨道交通建设的经验，车站土建工程的造价约占城市轨道交通系统总投资的13%。因此，应尽量压缩车站的长度及控制车站的埋深或车站架空的高度，以降低造价，节约投资。

5.2.4　城市轨道交通车站规模的确定

车站规模主要根据远期高峰客流量来确定。远期高峰客流量选用全线通车交付运营

25年后各站的高峰客流量，为考虑高峰小时进出站客流量的不均匀性，需乘以1.2～1.4的系数。高峰小时客流量一般指早、晚高峰小时客流量。对于所处位置特殊的车站，如大型文体场所、火车站等也可选用其他高峰小时客流量。我国轻轨车站规模分级如表5-2所示。

表5-2　我国轻轨车站规模分级

车站规模	日均乘降量/万人次	高峰小时乘降量/万人次
小型站	<5	<0.5
中型站	≥5～<20	≥0.5～<2.0
大型站	≥20～<100	≥2.0～<10.0
特大型站	≥100	≥10.0

注：特大型站的日均客流乘降量为多条线路合计量。

地铁车站的规模主要根据车站远期预测客流及所处位置确定，一般可分为以下三级：

（1）A级：适用于客流量大、地处大型客流集散点及地理位置十分重要的车站。

（2）B级：适用于客流量较大、地处市中心或较大居住区的车站。

（3）C级：适用于客流量较小、地处郊区的车站。

车站规模直接决定着车站的外形尺寸及整个车站的建筑面积等。表5-3为深圳市城市轨道交通二期11号线车站设计规模表。

表5-3　深圳市城市轨道交通二期11号线车站设计规模表

车站名称	2035年高峰小时站点双向客流乘降量/人	车站规模	站　型	形　式	备　注
深圳西站	28 970	大型站	地面站	岛式	换乘站
建工村站	6 122	小型站	地面站	侧式	预留站
内丽站	4 797	小型站	地面站	侧式	
龙珠站	8 792	小型站	地面站	侧式	
塘朗站	9 251	小型站	地面站	岛式	
龙华站	49 009	大型站	地面站	岛式	换乘站
坂田站	1 375	小型站	地面站	侧式	
雪岗站	14 831	中型站	高架站	侧式	
上李朗站	5 887	小型站	地面站	侧式	
平湖站	14 698	中型站	高架站	侧式	
北通道站			地面站	侧式	预留站
塘坑站	33 761	大型站	高架站	岛式	换乘站

注：车站规模的分类标准：12 000人/高峰小时以下为小型站，12 000～25 000人/高峰小时为中型站，25 000人/高峰小时以上为大型站。

拓展知识

典型车站形式

1. 下岛式（侧式）双层（局部双层）车站

下岛式（侧式）双层（局部双层）车站是我国最常用的一种车站形式。一般采用明挖法施工，必要时也可采用暗挖法施工，埋置深度一般不超过 20 m。图 5-27 为某车站纵剖面示意图。图 5-28 则描述了岛式车站与侧式车站的横剖面。

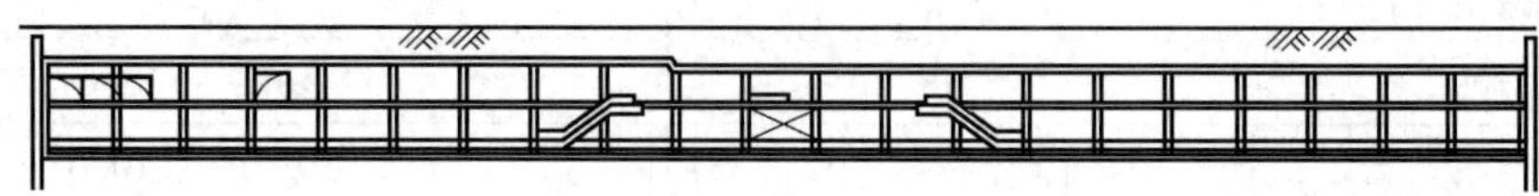

图 5-27　某车站纵剖面示意图

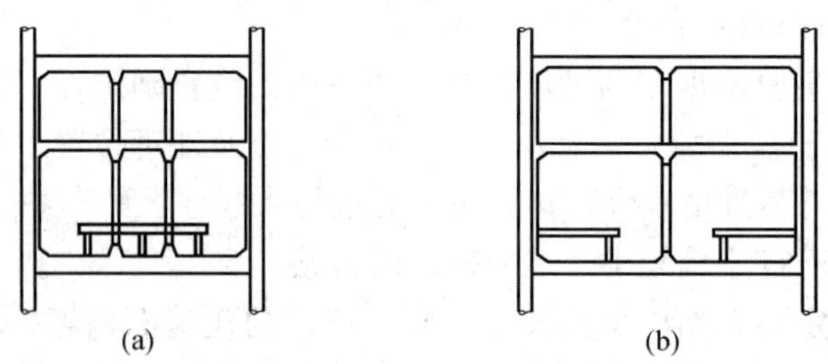

图 5-28　岛式车站与侧式车站的横剖面

(a) 岛式车站　(b) 侧式车站

岛式车站的空间利用率较高，可以有效利用站台面积调剂客流，方便乘客使用，站厅及出入口也可灵活安排，与建筑物结合以满足不同乘客的需要。岛式车站的缺点是车站规模一般较大，不易压缩。

一般来说，侧式车站不如岛式车站的站台利用率高，对乘客换方向乘车造成不便，但由于侧式车站的站台设置在线路两侧，售检票区可以灵活地设置，车站两侧也可结合空间开发统一利用，因此设置单层车站的条件优于岛式车站。

2. 地下双洞（或三洞）岛式车站

地下双洞（或三洞）岛式车站一般采用暗挖法施工，根据地质条件确定车站的埋深，站厅一般根据周围环境条件采用明挖法或结合地面建筑设置。图 5-29 为某双洞岛式车站示意图。

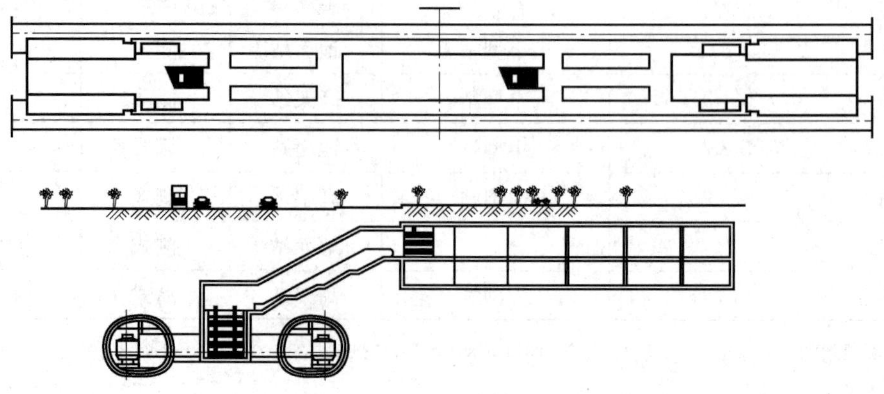

图 5-29　某双洞岛式车站示意图

这种车站一般在地质条件较好、地面不具备敞口明挖条件的地段采用。其优点是施工时可减少对地面环境的干扰，乘客乘降也比较方便；缺点是施工难度相对较大。

车站设计的主要标准

1. 站台的长度及宽度

站台长度 L 为远期列车编组长度加上允许的停车附加距离。对于轻轨列车，停车附加距离一般可取 4 m 左右，即

$$L=ln+4$$

式中，l 为城市轨道交通车辆长度（m，包括挂钩）；n 为车辆联挂节数。

对于远期列车编组在 6～8 辆的城市轨道交通系统，站台长度一般为 130～180 m。

我国目前现行的规范和标准对站台宽度尚无统一的计算方法，一般岛式站台的宽度为 8～10 m，横向并列的立柱越多，站台的宽度越大。

2. 车站大厅

车站大厅（简称站厅）的作用是将进出车站的乘客迅速、安全、方便地引导到站台乘车或使下车乘客迅速离开车站，因而它是一种过渡空间。一般来说，由于站厅内要设置售检票及问讯等设施，在一定程度上会形成乘客聚集，因此站厅可起到分配和组织人流的作用。站厅应有足够的面积，除考虑正常所需购票、检票及通行面积外，还需考虑乘客做短暂停留及特殊情况下紧急疏散的情况。

站厅的面积主要由远期车站预测的客流量大小和车站的重要程度决定，目前还没有固定的计算方法，一般根据经验和类比分析确定。

3. 楼梯及通道尺寸

根据目前的经济条件，楼梯及通道尺寸以向上出站的客流乘自动扶梯、向下进站的客流走步行楼梯的模式而设置。在实际使用中，步行梯也有向上疏散客流的作用。在有条件上、下都使用自动扶梯的情况下，应对步行梯的宽度进行适当调整，因为相当部分的进站客流被自动扶梯分担，因此步行梯的宽度将缩小。

公共区的步行梯的宽度不得小于 1.8 m；为保证一定的通过能力，通道或天桥的最小宽度不应小于 2.5 m，楼梯的宽度不小于 2 m。

4. 站台高度

站台高度是指站台面距轨面的高度。站台按高度可分为低站台和高站台，其选择需要与车型匹配。

当站台与车厢地板的高度相同时，称为高站台，一般适用于流量较大、车站停车时间较短的场合。考虑到车辆满载时弹簧的挠度，高站台的设计高度一般低于车厢地板面 50～100 mm。站台比车厢地板低时，称为低站台，适用于流量不大的场合。

我国湘潭电机厂研制的轻轨样车地板面距轨面高度为 950 mm，车辆第一踏步距轨面高度为 650 mm。因此，一般将 900 mm 高度的站台称为高站台，650 mm 高度的站台称为低站台；也有称 400 mm 高度的站台为低站台，650 mm 高度的站台为中站台。

5. 无障碍设计

为了体现以人为本的设计理念，城市轨道交通车站内应实施无障碍设计。针对城市轨道交通车站设置的不同位置，可采用以下两种不同的设计方法：

(1) 车站位于道路地面以下，出入口位于道路的两侧，残疾人乘坐的轮椅可挂在楼梯旁设置的轮椅升降台下至站厅层，然后再经设置于站厅的垂直升降梯下达到站台；另外也

可以直接自地面设置垂直升降梯，经残疾人专用通道到达站厅，然后再经设置于站厅的垂直升降梯下达到站台。对于盲人，设置有盲道，自电梯门口敷设盲道通至车厢门口。

（2）车站建于街坊内的地下，车站的垂直升降梯可直接升至地面，在地面直接设有残疾人出入口，以方便残疾人的使用。

高架车站

1. 高架车站的设置方案

高架车站的平面设计与地下车站相比，既有相同之处，又有不同之处。相同之处在于站台的候车方式、站台长度（根据车辆编组确定）、售票检票方式等；不同之处在于分别位于地上和地下，客流行进的方向和站厅站台的组织顺序正好相反。高架车站的站台层设在最上层，客流向上经站厅层检票后到达站台层候车。由于车站建于地面以上，具有空间开放的条件，不需要设置庞大的空调机房，因而可以大大减小设备用房的面积。

车站位置因线路走向的不同，既有设于城市交通干道中央的，也有设于城市交通干道一侧的。车站站台的候车方式同样有岛式和侧式两种，一般以侧式站台候车为主，以利于城市架空桥道的敷设。

设于城市干道中央的车站，客流需经道路两侧的人行天桥或地道进入车站的站厅层，其人行天桥和地道可兼作过街的通道，车站的站台宽度、疏散楼梯、自动扶梯的计算方法与地下车站相同，车站长度取决于该线路的列车编组数量。

车站主体分为站厅层和站台层两层。在站厅层设置客流出入大厅及售检票厅，利用回栏分隔付费区及非付费区，过街人行天桥及地道的出入口必须设于非付费区内，管理及设备用房尽量设置于一端。站台候车方式的不同使得站厅楼梯位置及组合方式也不同，同时也影响到管理用房的布置及检票口的位置设置。

2. 高架车站的设置位置

（1）设在道路两侧。可设在人行道的上空或沿街建筑物内，一般采用上下行分线设置的办法。该方案容易与沿街建筑融合，方便乘客出入。但上下行的分列布置、建设投资和占地面积均较大。侧式站台双方向客流流线分开考虑，不易造成客流的混乱；站台在建筑空间上可以适当分散处理，如横列或纵列处理等；有时也容易与地面客流及换乘方向结合。

（2）设在道路中部的上空。上下行并线采用两侧式站台布置。在岛式车站中，双方向客流可以同站台乘降，站台利用率较高，设备集中，管理集中，乘客上下车、过街比较方便。但对街道景观影响较大，线路结构复杂，站台宽度也较侧式站台的任一侧要求要大，从而需要较多的、集中的空间，可能造成地面土地利用的困难。

高架车站平面图及横断面图如图 5-30、图 5-31 所示。

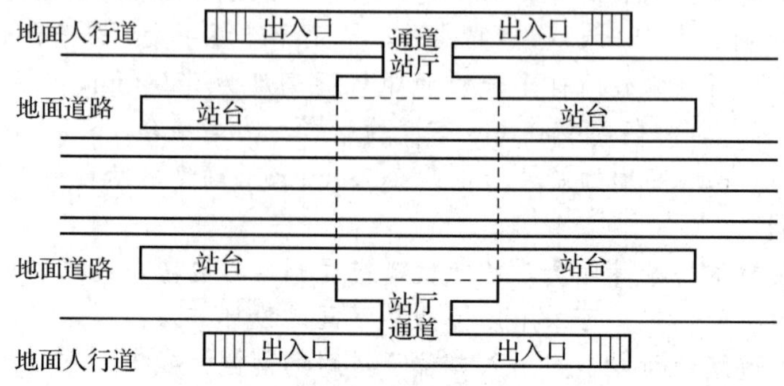

图 5-30　高架车站平面图

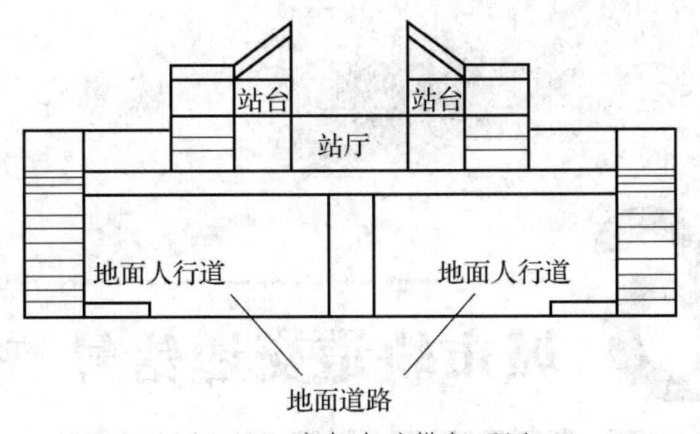

图 5-31 高架车站横断面图

3. 高架车站的设计原则

（1）站台、站厅部分必须全封闭，可用新型轻质材料构筑，以减轻结构重量，提高车站的外观形象。

（2）尽量采用自动扶梯组织乘客乘降。

（3）保证足够的站厅面积，便于控制站台候车人数。

实践活动

活动描述

（1）自主查询我国不同城市轨道交通的车站形式，并说明车站各组成部分的功能。

（2）自主查询世界上其他国家不同的车站形式。

具体要求

（1）以小组为单位进行查询活动，各组人员数量在 6 人以下，并推选小组长一人，负责组织活动的开展并督促完成。

（2）要求将查询到的资料制作成 PPT，并在课堂上进行讲解。

思考与练习

（1）什么是城市轨道交通的正线和折返线？

（2）城市轨道交通线路按用途不同分哪几种类型？

（3）城市轨道交通线路的空间设置位置有哪几种形式？各有什么优缺点？

（4）普通单开道岔由哪几部分组成？各组成部分的作用是什么？

（5）轨道交通线路的施工方法主要有哪几种类型？

（6）城市轨道交通车站如何分类？

（7）地铁车站一般由哪几部分组成？地面出入口的形式主要有哪几种？

（8）地铁车站的站台形式有哪几种？分别用图示表示。

（9）车站辅助用房包括哪些设施？

（10）车站的设计原则是什么？

项目 6 城市轨道交通信号与通信设备

信号系统是城市轨道交通的基础设施之一，它对于确保列车的运行安全和提高行车效率起到必不可少的作用。从 20 世纪中、后期开始，随着计算机技术和微电子技术的飞速发展，信号系统因为数字技术和自动化技术的介入，发生了本质上的变化，技术上日趋成熟。

许多国家的轨道交通建设从 20 世纪 80 年代开始广泛采用先进的数字化信号系统，确保列车运行达到最高的安全和效率目标已经成为可能。

国内的城市轨道交通建设从 20 世纪 90 年代起，北京、上海、广州和天津在进行建造或改造地铁时开始引进国外先进的地铁信号系统设备。北京地铁 1 号线引进英国 WESTING HOUSE 公司的设备，上海地铁 1 号线引进美国 GRS 公司的设备，广州地铁 1 号线引进德国 SIEMENS 公司的设备，上海地铁 2 号线引进美国 US&S 公司的设备，上海明珠线一期引进法国 ALSTON 公司的设备，上海莘闵线引进德国 SIEMENS 公司的设备。国产信号系统由于多种原因，至今尚未形成完整的产品，目前已经可以投入使用，并且具有应用实例的只有列车自动监控（automatic train supervision，ATS）子系统。国内的计算机联锁设备虽然从 20 世纪 80 年代开始研发，而且在大铁路上应用成功；但是，因为没能研制出与列车自动保护（automatic train protection，ATP）系统成熟的接口，所以早期与地铁建设无缘，近几年才开始得到应用。

任务 6.1 了解城市轨道交通信号的基础设备

城市轨道交通的各项信号基础设备包括信号机、继电器、轨道电路、转辙机、计轴设备、应答器等，它们是构成城市轨道交通联锁系统和 ATC 系统的基础。

6.1.1 信号机

信号机是保证行车安全的设备，用来指挥列车及调车作业。行车有关人员必须熟知信号的显示方式，按照信号显示要求进行行车及调车作业。

城市轨道交通地面采用的色灯信号机在结构上与铁路信号机基本相同，但在设置原则

和显示意义方面与铁路信号机有一定的区别。对于信号机的显示距离，城市轨道交道也有自己的规定，除了车辆段和有道岔的正线车站外，其他地方一般不设置地面信号机。

城市轨道交通的自动化程度比较高，一般采用地面信号显示与车载信号系统相结合、以车载信号系统为主的运行方式，列车的运行速度不取决于地面信号机的显示，地面信号只起辅助作用。

1. 信号机的设置原则

图片
信号机

信号机的设置原则有以下两方面：

（1）设置于列车运行方向的右侧。城市轨道交通采用右侧行车制，不论在正线还是车辆段，地面信号机均应设置于列车运行方向的右侧，地面信号机的地下部分一般安装在隧道壁上。在特殊情况下，可以设置在列车运行方向的左侧或其他位置。

（2）信号机限界。信号机的安装位置应遵循《地铁限界标准》（CJJ 96—2003）的要求，信号机不得侵入设备限界。因为设备限界是用以限制设备安装的控制线。

2. 正线信号机及表示器

（1）防护信号机。防护信号机设置在正线道岔岔前和岔后的适当地点，作用是防护正线上的道岔。

（2）出站信号机。出站信号机设置在发车线路端部（车站出口），作用是防护区间，指示列车能否由车站进入区间。

（3）道岔防护兼出站信号机。

（4）阻挡信号机。阻挡信号机设置在线路终点，作用是阻挡列车。

（5）发车表示器。发车表示器设置在正向出站方向的站台一侧，列车停车位置前方的适当地点，作用是向驾驶员表示能否关闭车门及发车的时间。

3. 车辆段信号机

（1）进段（场）信号机。设置在车辆段（场）的入口处，作用是指示列车从正线进段（场）。

（2）出段（场）信号机。设置在车辆段（场）的出口处，作用是防护正线，指示列车从段（场）进入正线。

（3）调车信号机。设置在车辆段（场），作用是指示调车作业。

4. 信号显示

1）正线信号显示

装备有全套车载设备并在基于无线通信的自动控制（communication based train control，CBTC）控制模式下的列车，定义为CBTC列车。故障的CBTC列车或是没有装备车载设备的列车，定义为非CBTC列车。非CBTC列车按照地面信号机的显示行车。

地面信号机显示由主显示（红、绿和黄色灯）和辅助显示（蓝色灯）组成，其中，主显示用于非CBTC列车，辅助显示用于CBTC列车。对于非CBTC列车，使用主显示，当接近地面信号机时，区域控制器发出一个安全信息给联锁让信号机不显示蓝灯。辅助显示（蓝灯）对于非CBTC列车为禁止信号。

(1) 道岔防护信号机。每个道岔防护信号机有四个 LED 灯位。这些 LED 信号有以下五种显示方式：

① 绿灯。进路排列至下一架信号机，进路中的所有道岔都在直向且电锁闭，允许列车在线路限速条件下运行。

② 黄灯。进路开放至下一架信号机，进路上至少有一个道岔在侧向且电锁闭，允许列车在道岔开通方向上按规定的限速条件运行。

③ 黄灯＋红灯。引导信号，引导运行限速为 25 km/h，并随时准备停车。列车安全完全由人工保证。

④ 红灯。绝对停止信号。不允许列车越过此信号显示。

⑤ 蓝灯。CBTC 列车可越过该架信号机，非 CBTC 列车不允许越过该架信号机。

(2) 出站信号机。每个出站信号机都有三个 LED 灯位，出站信号机位于站台终端。出站信号机有以下三种显示方式：

① 绿灯。进路排列至下一架信号机，进路中的所有道岔都在直向且电锁闭，允许列车在线路限速条件下运行。

② 红灯。绝对停止信号。不允许列车越过此信号显示。

③ 蓝灯。CBTC 列车可以越过该架信号机，非 CBTC 列车不允许越过该架信号机。

(3) 道岔防护兼出站信号机。每个道岔防护兼出站信号机都有四个 LED 灯位，这些 LED 信号有以下五种显示方式：

① 绿灯。进路排列至下一架信号机，进路中的所有道岔都在直向且电锁闭，允许列车在线路限速条件运行。

② 黄灯。进路开放至下一架信号机，进路上至少有一个道岔在侧向且电锁闭，允许列车在道岔开通方向按规定的限速条件运行。

③ 黄红灯。引导信号，引导运行限速为25 km/h，并随时准备停车。此时列车的安全完全由人工保证。

④ 红灯。绝对停止信号，不允许列车越过此信号显示。

⑤ 蓝灯。CBTC 更车可越过该架信号机，非 CBTC 列车不允许越过该架信号机。

(4) 阻挡信号机。阻挡信号机位于线路上的折返位置。这些信号机有以下三种显示方式：

① 绿灯。进路排列至下一架信号机。

② 红灯。绝对停止，不允许列车越过此信号显示。

③ 蓝灯。CBTC 列车可越过该架信号机，非 CBTC 列车不允许越过该架信号机。

(5) 终端信号机。终端信号机设置在线路的终端。每个终端信号机有一个红灯显示。所有列车在此架信号机前方必须停车。对接近的 CBTC 列车不灭灯。

2) 正线信号显示的基本原则

如果仅有 CBTC 列车在一段区域运行，那么位于这两个 CBTC 列车间的信号机均为蓝灯。对于 CBTC 列车与非 CBTC 列车混跑的情况，非 CBTC 列车地面信号机为点灯（除蓝灯外），CBTC 列车地面信号机为蓝灯。

所有 CBTC 列车前方要接近的信号机，信号机为蓝灯；所有非 CBTC 列车前方要接近的信号机，信号机为点灯（除蓝灯外）；对于蓝灯的信号机，非 CBTC 列车不允许越过此架信号机。

3）车场信号显示

（1）进段信号机。

① 绿灯。允许进段。

② 红灯。禁止列车越过该信号机。

③ 黄灯＋红灯。引导进段。

（2）三显示列车阻挡兼调车信号机（绿灯封闭）。

① 红灯。禁止越过该架信号机。

② 月白灯。允许调车。

（3）二显示调车信号机。

① 红灯。禁止调车或越过该架信号机。

② 月白灯。允许调车。

5. 信号显示的距离

各种地面信号机及表示器的显示距离应符合以下规定：

（1）行车信号和道岔防护信号应不小于 400 m。

（2）调车信号和道岔状态表示器应不小于 200 m。

（3）引导信号和道岔状态表示器以外的各种表示器应不小于 100 m。

各种地面信号机及表示器的显示距离为无遮挡条件下的最小显示距离。

6.1.2 继电器

1. 继电器的结构

继电器由电磁系统和接点系统两大部分组成。电磁系统由线圈、固定的铁芯、轭铁及可动的衔铁组成，接点系统由动接点、静接点构成，如图 6-1 所示。

2. 继电器的基本原理

随堂测试

继电器的基本原理如下：

（1）接通电源—线圈通电—产生磁通（铁芯、衔铁）—产生吸引力（铁芯对衔铁）—克服衔铁向铁芯运动的阻力（衔铁自重）—衔铁吸向铁芯—衔铁带动动接点动作—前接点闭合、后接点断开。此状态称为继电器励磁吸起。

（2）断开电源—电流逐渐减少—吸引力下降—衔铁依靠重力落下—动接点与前接点断开、后接点闭合。此状态称为继电器失磁落下。

可见，继电器具有开关特性，利用其接点的通、断电路，可以构成各种控制和表示电路。

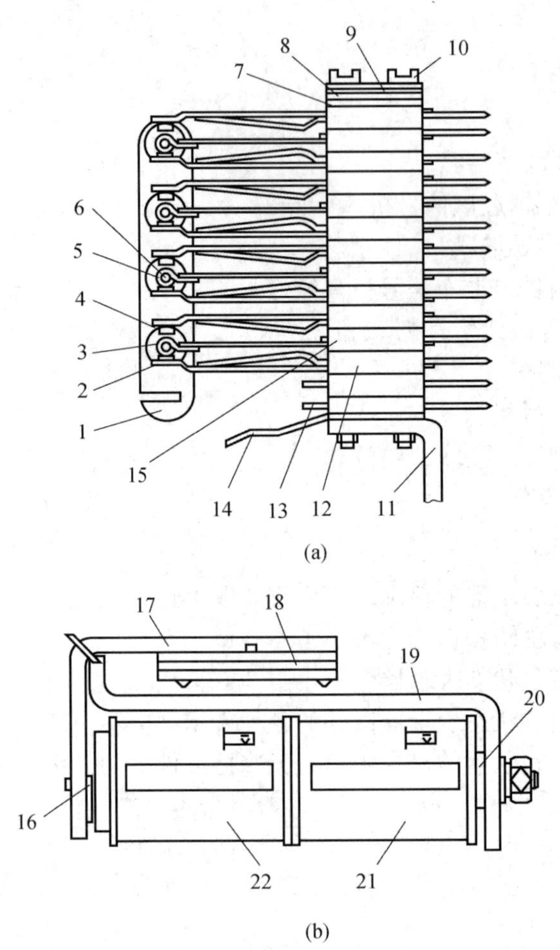

图 6-1　继电器的结构

1—拉杆；2—后接点；3—动接点；4—前接点；5—动接点轴；6—绝缘轴；7—绝缘垫；8—下压片；9—上压片；10—螺钉；11—接点架；12—静接点单元；13—电源片；14—下止片；15—动接点单元；16—止片；17—角形衔铁；18—重锤片；19—L 形轭铁；20—铁芯；21—后圈；22—前圈（线圈）

3. 继电器的基本功能

继电器主要有以下基本功能：

（1）可以用较小功率的电信号控制继电器动作，由继电器控制较大功率的执行设备动作。城市轨道交通信号系统的控制对象，如信号机、道岔转辙机的功率都很大，现在大多都采用继电器控制。

（2）可以用继电器组成结构复杂的逻辑电路，对各种逻辑条件进行检查处理，构成功能强大的自动控制系统。在计算机控制技术应用之前，铁路信号的车站控制、区间控制、驼峰调车控制都曾采用继电控制电路，在计算机控制技术广泛应用的今天，许多电路仍然采用继电控制。

（3）当控制命令的发送端与执行端距离较远时，可将控制信号传送到接收端进行放大，动作执行继电器，实现远程控制。

6.1.3 轨道电路

1. 轨道电路的基本组成

轨道电路是以轨道线路的两根钢轨作为导体，两端加以机械绝缘节（或电气绝缘节），接上送电和受电设备构成的电路。最简单的轨道电路如图 6-2 所示，其由钢轨、轨道绝缘、轨端接续线、引接线、送电设备及受电设备等主要元件组成。

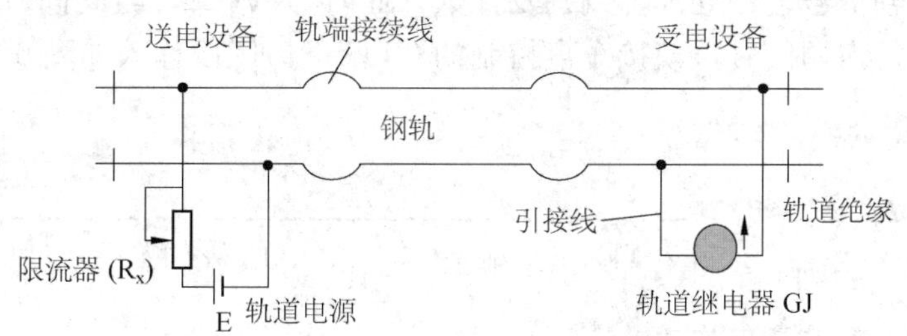

图 6-2 最简单的轨道电路

2. 轨道电路的基本原理

轨道电路区段钢轨完整且无车占用，轨道继电器 GJ 吸起，表示轨道电路空闲。当轨道电路被列车轮对分路时，轨道继电器 GJ 落下，表示轨道电路被占用。

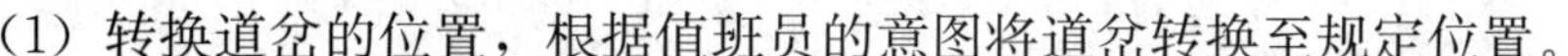
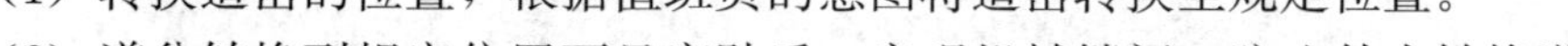

3. 轨道电路的作用

轨道电路有两个作用，一是监督列车的占用，二是传递行车信息。

6.1.4 转辙机

1. 转辙机的作用

转辙机的作用如下：

（1）转换道岔的位置，根据值班员的意图将道岔转换至规定位置。

（2）道岔转换到规定位置而且密贴后，实现机械锁闭，防止外力转换道岔。

（3）正确地反映道岔的实际位置，待道岔的尖轨密贴于基本轨后，给出相应的表示。

（4）道岔被挤或因故处于“四开”（两侧尖轨均不密贴）位置时，及时切断表示并发出报警。

2. 转辙机的设置

城市轨道交通线路常用的标准道岔有 7 号、9 号、12 号。在正线及折返线上统一采用 9 号道岔，常选用 S700K 型电动转辙机和 ZD(J)9 型电动转辙机。7 号一般在车辆段或停车场内使用，常选用 ZD6 型转辙机。12 号在一些重要的折返线、渡线或联络线等线路上使用。

6.1.5 计轴设备

1. 计轴的优势

20 世纪 30 年代，随着欧洲铁路轨枕的钢枕化，代替轨道电路作为铁路区段空闲检查的计轴设备随之出现。集现代传感技术和计算机技术的优秀成果，计轴设备越来越展现出其无比的优越性和广泛的发展空间，成为当今理想的铁路轨道区段、区间的空闲检查产品。

计轴设备的最大优势在于它与轨道状况的无关性，这使其不仅具备检查长轨道区间的能力，而且也解除了长期因道床潮湿和钢轨生锈影响铁路正常运行的困扰。

图片
计轴器的组成

2. 计轴系统的工作原理

列车从所检测区间的一端出发，驶入区间，经过计轴点时，运算单元对传感器产生的轴信号进行处理、判别及计数，此时 GJ 落下，与此同时向所检测区间的另一端发送占用信号，使接车点控制的 GJ 落下。区段计入如图 6-3 所示。

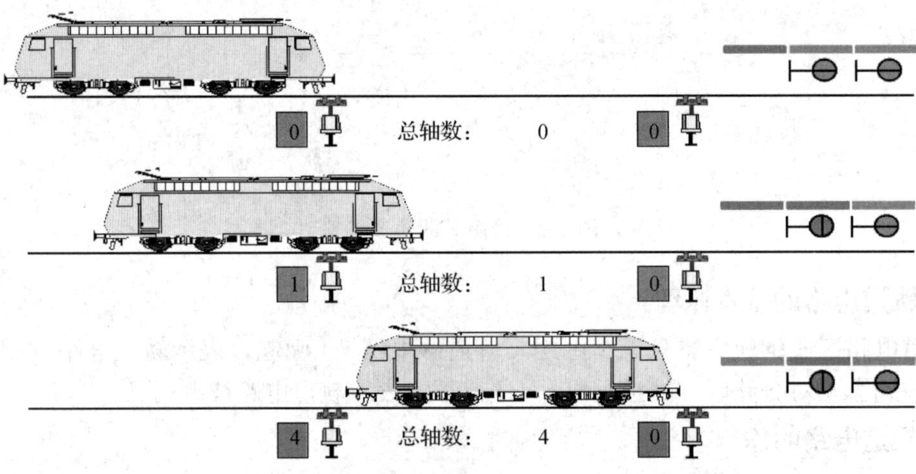

图 6-3　区段计入

发车端不断将计轴数及驶入状态等信息编码传给接车端。当列车驶出区间，经过接车端的计轴点时，接车端计数，接车端将计轴数及驶出状态传给发车端。区段计出如图 6-4 所示。

当两端对计轴数及驶入、驶出状态校核无误后方可使两端 GJ 吸起，给出所检测区间的空闲信号。

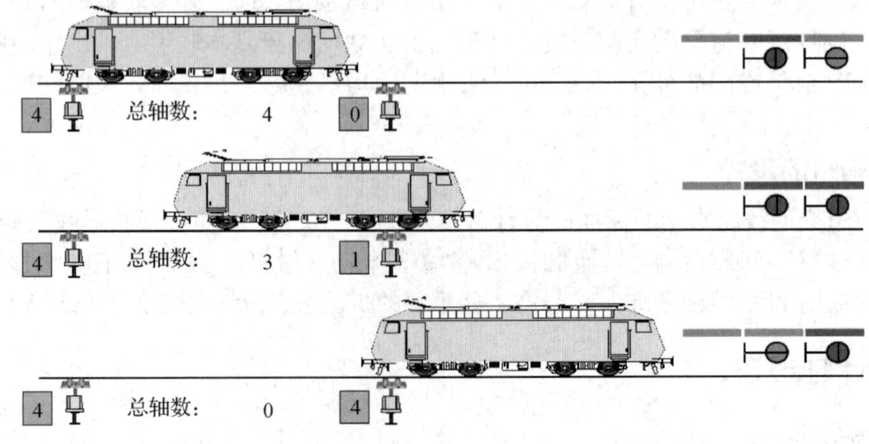

图 6-4　区段计出

6.1.6 应答器

应答器是高速率、大信息量的点式数据传输设备，主要用于在特定的地点实现车地间的数据交换，向列车提供可靠的轨旁固定信息与可变信息。这种信息传输既可以是单向的也可以是双向的。城市轨道交通中主要存在 Amtech 公司的基于美国标准的 TAG 产品和基于欧洲标准的 Eurobalise 产品两种应答器，其技术特性不尽相同。应答器也称为信标（应答器是欧洲标准的称谓，信标是北美标准的称谓）。两种应答器在成熟的信号系统中是不可以互换的。

1. 应答器的分类

按供电电源分类，应答器可分为无源应答器和有源应答器。

(1) 无源应答器。安装在钢轨中心的地面应答器无外接电源，平时处于休眠状态，仅靠瞬间接收车载天线的电磁能量而工作，将预置的报文数据发送给车载设备，直至电能消失（车载天线已离去）。

其预置报文数据由应答器无线读写器写入后，固化在其存储单元中，因此，向车载设备发送的数据是固定不变的。无源应答器一般预存线路的公里标、限速、坡度等信息。

(2) 有源应答器。有源应答器本身具备电源，存储的信息是可变的，通过外接电缆获得电源。有源应答器的信息是由其通过外接电缆的地面设备的实时状态控制的，一般设置在信号机或道岔旁，用于向列车传送实时可变信息，如信号机显示、临时限速、道岔位置等。

一般情况下，无源应答器用于定位，有源应答器用于将地面变化的列车控制信息传送给列车。有源应答器又分为信号机应答器和进路应答器。

信号机应答器安装于信号机旁与信号机相联锁；进路应答器安装于道岔前，指示是否需要以侧向速度通过道岔。

2. 应答器的工作原理

当列车驶过地面应答器上方时，只有当车载查询器位于其耦合谐振位置时，才能发射高频信号经车载天线将能量传递给地面应答器，当地面应答器接收到能量被激活后，会将所存储的数据以频移键控的调制方式通过电磁感应传送至车上。

3. 应答器的功能

在城市轨道交通中，应答器有 4 个基本功能：系统初始化，列车定位和轮径校核，精确停车，IATP 模式运行。

任务 6.2 了解城市轨道交通的联锁及联锁设备

轨道交通线路按照作业的范围大体上可分为两大部分，一部分是车站，一部分是区间。为了保证运行安全，提高运输效率，每个车站和区间都必须安装安全可靠的控制设备，实现对列车的运行制约，在站内的制约被称为联锁，在区间的制约被称为闭塞。

无论采用继电联锁还是计算机联锁控制，室外的控制对象都是相同的，即通常被称为车站信号“三大件”的信号机、转辙机和轨道电路。信号机指示列车运行或调车作业条件；转辙机控制道岔转换锁闭并监督道岔的位置；轨道电路监督线路状态及列车位置。联锁系统的任务就是实现对室外信号设备的控制和监督。

6.2.1 联锁

1. 联锁的概念

联锁是指信号、道岔、进路三者之间相互制约的关系。

2. 联锁道岔

联锁道岔是指在车站联锁区范围内参加联锁的道岔。

(1) 道岔的定位、反位。

① 定位。道岔经常开通的位置。

② 反位。排列进路时临时改变的位置。

(2) 联动道岔。排列进路时，几组道岔要求定位时则都要在定位，要求反位时则都要在反位。

(3) 防护道岔和带动道岔。

① 防护道岔。为防止侧面冲突，有时需要将不在排列进路上的道岔处于防护的位置，并予以锁闭。

② 带动道岔。为了满足平行作业的需要，排列进路时将某些不在进路上的道岔带动至规定的位置，并对其进行锁闭。

对于防护道岔必须进行联锁条件的检查，若防护道岔不在防护的位置上，则进路就不能被建立。而对于带动道岔则无须进行联锁检查，能带动到规定的位置就带动，不能带动到规定的位置（若还被锁闭），也不影响进路的建立，它不涉及安全，只是会影响效率。

3. 进路

进路是列车在站内由一点运行至另一点的全部路径，包括列车进路、调车进路等。进路中包括若干个轨道电路区段。

(1) 列车进路。

① 列车接车进路。列车进入车站（车场）所经过的进路。该进路始于进站信号机（或接车进路信号机），终于另一咽喉的出站信号机（进路信号机）。

② 列车发车进路。列车经由车站或车场驶出所经过的进路。该进路起于出站信号机，止于发车口。

③ 通过进路。列车经正线不停车通过车站（车场）的进路。

(2) 调车进路。调车进路包括单元（短）调车进路和组合（长）调车进路。

① 短调车进路。从起始调车信号机开始，到下一架阻挡信号机止的一个单元调车进路。

② 长调车进路。由两个以上的单元调车进路组成。

这里的长、短不是指进路长度的长与短，而是指调车进路中的阻挡信号机是一架还是几架。

(3) 基本进路和变通进路。当站内由一点向另一点运行有几条路径时，规定常用的一

条路径为基本进路。基本进路一般是两点之间最近的、对其他进路作业影响最小的进路。

基本进路以外的其余进路均为变通进路（迂回进路）。

设计变通进路的目的是提高作业效率，增加列车或调车车列运行的灵活性。当因正常行车线路上的道岔故障、轨道电路被占用或故障等原因不能开通基本进路时，可以开变通进路，使列车或调车迂回前进而不受阻。

（4）敌对进路。同时行车会危及行车安全的任意两条进路称为敌对进路。

4. 联锁的基本内容

为了防止建立会导致机车车辆相冲突的进路，必须使列车或调车车列经过的所有道岔锁闭在与进路开通方向相符的位置上，必须使信号机的显示与所建立的进路相符。因此，应注意以下几点：

（1）当进路空闲时才能开放信号。

（2）道岔在规定位置且被锁闭时才能开放信号。

（3）当敌对进路已建立时，防护该进路的信号机不能开放。

6.2.2 联锁设备

1. 联锁设备的概念

联锁设备是指控制车站的道岔、进路和信号，并实现它们之间联锁关系的设备。联锁设备可以分散或集中控制，也可以采用机械的、机电的或电气的方法实现。

2. 联锁设备的分类

随堂测试

联锁设备分为电锁器联锁和电气集中联锁两类。

（1）电锁器联锁：已经被淘汰，不再使用。

（2）电气集中联锁：用电气的方法集中控制或监督全站的道岔、进路和信号机，并且实现它们之间的联锁。电气集中联锁包括继电集中联锁和计算机联锁。由于由继电器组成的逻辑电路难以表达和实现复杂的逻辑关系，功能不够完善，安全性欠缺，不便于与现代化信息系统联网，无经济优势，因此势必会被计算机联锁所取代。

计算机联锁的技术特征如下：

① 利用微型计算机对车站值班人员的操作命令和现场监控设备的表示信息进行逻辑运算后，完成对信号机、道岔、进路的联锁和控制，全部联锁关系由计算机及其程序完成。

② 采用串行通信，节省大量的干线电缆，使光缆传输成为可能。

③ 用屏幕代替表示盘，缩小体积，丰富显示内容，简化结构，方便使用。

④ 采用积木式的模块化硬件和软件设计，便于站场变更，易于实现故障检测分析功能。

计算机联锁进一步提高了设备的安全性、可靠性，增加和完善了联锁功能，方便设计，省工省料，降低了造价。

拓展知识

TYJL-II 型计算机联锁（沈阳地铁车辆段）的组成

1. 监控机

监控机具有完成车站值班员操作命令处理和现场信息图像处理及语音报警功能。采用双机互为备用可迅速切换的工作方式以保证系统不受任何单机故障的影响。

2. 联锁机

联锁机可完成现场信息采集工作，将采集信息与车站值班员的操作命令进行联锁运算，对现场设备发出控制命令。

3. 执行表示机和输入输出接口

执行表示机具有完成联锁机的输入输出的扩展作用。输入输出接口由继电器组成，用于与现场设备联结，完成信息采集和控制命令输出的任务。

4. 维修机

维修机可自动存储长达一个月的站场信息、车站值班员操作信息、联锁系统提供的提示信息、故障诊断信息的全部记录，并可以图像的方式再现，便于维修。

5. 控制台

控制台有多种形式，并具有以下功能：单钩溜放、连续溜放、平面溜放；选用大屏幕显示器时，还可增加时间显示、音响信号、语音报警、汉字提示功能；具有检错、诊断、储存记录功能，故障可被诊断至板级。

任务 6.3 了解城市轨道交通的闭塞设备

6.3.1 闭塞的有关概念

区间是指两个车站（或线路所）之间的轨道交通线路。相邻两个车站之间的区间称为站间区间。

用信号或凭证保证列车间隔运行的技术方法称为行车闭塞法，简称闭塞，它是指列车进入区间后，区间两端车站都不再向这一区间发车，以防止列车相撞或追尾。闭塞设备保证了在同一个区间（闭塞分区）内，在同一时间内，只允许有一趟列车运行。用以完成闭塞控制功能的设备称为闭塞设备。

行车闭塞法从时空上可分为时间间隔法和空间间隔法。最初采用的闭塞制度是时间间隔法，即前行列车和追踪列车之间必须保持一定时间间隔的行车方法。当先行列车出发后，经过一定的时间，才允许后续列车出发。电报和电话应用于行车即所谓电报或电话闭塞，该种闭塞曾起过重要的作用，但当联系错误时，将危及行车安全。采用两站间闭塞设备互相联锁的办法即为空间间隔法。空间间隔法是控制前行列车和追踪列车之间保持一定距离的行车方法。一般以相邻两车站之间作为一个区间，或将区间的线路划分为若干个独立的闭塞分区，一个区间或一个闭塞分区同时只能允许一列列车运行，因此能保证行车安全。它与时间间隔法相比是一个很大的进步。

6.3.2 城市轨道交通系统的闭塞制式

目前，用于城市轨道交通系统的闭塞制式有三种：固定闭塞、准移动闭塞、移动闭塞。

1. 固定闭塞

固定闭塞属20世纪80年代的技术水平，其运行间隔一般能达到180 s。

1）固定闭塞的优点

固定闭塞的优点（见图6-5）如下：

（1）线路被划分为固定位置、某一长度的闭塞分区，一个分区只能被一列列车占用。

（2）闭塞分区的长度按最长列车、满负载、最高速、最不利制动率等最不利条件设计。

（3）列车间隔为若干闭塞分区，而与列车在闭塞分区内的实际位置无关。

（4）制动的起点和终点总是某一闭塞分区的边界，其速度控制模式是阶梯式的。

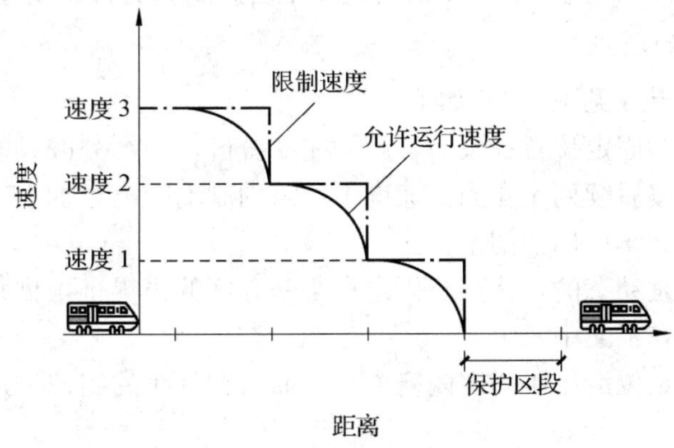

图6-5 固定闭塞的优点

2）固定闭塞的缺点

固定闭塞的缺点如下：

（1）通过轨道电路判别闭塞分区的占用情况并传输信息码，需要大量的轨旁设备，维护工作量大，运营成本较高。

（2）轨道电路的工作稳定性易受环境影响，如道床漏泄阻抗变化、钢轨中的牵引电流干扰等。

（3）轨道电路传输信息量小，对应每个闭塞分区只能传送一个信息代码。由轨道电路向列车传输信息，传输的信息量受钢轨传输介质频带限制及电化牵引回流的干扰，难以实现大信息量的实时数据传输。

（4）利用轨道电路难以实现车对地的信息传输。

（5）固定闭塞系统无法知道列车在分区内的具体位置，因此，必须在两列列车间增加一个防护区段，这使得列车间的安全间隔较大，影响线路的使用率。

（6）固定闭塞无法满足提高系统能力、安全性、互用性的要求。

因此，固定闭塞已不适合城市轨道交通发展的需要。

2. 准移动闭塞

准移动闭塞属于 20 世纪 90 年代的技术水平，其运行间隔一般能达到 90～120 s。

准移动闭塞的追踪目标点是前行列车所占用闭塞分区的始端，留有一定的安全距离，即制动的终点总是某一分区的边界。而后行列车从最高速开始制动的计算点，根据目标距离、目标速度及列车本身的性能计算确定（制动的起点是随线路参数和列车本身性能不同而变化的）。

1）准移动闭塞的概念

准移动闭塞是预先设定列车的安全追踪间隔距离，根据前方目标状态设定列车的可行车距离和运行速度。

由于准移动闭塞同时具有移动和固定两种定位方式，因此它的速度控制模式既具有无级（连续）的特点，又具有分级（阶梯）的性质。若前行列车不动而后续列车前进，则其最大允许速度是连续变化的。当前行列车前进，其尾部驶过固定区段的分界点时，后续列车的最大速度按阶梯跳跃跟随。因此，准移动闭塞是介于固定闭塞和移动闭塞的一种闭塞方式。

2）准移动闭塞的特点

准移动闭塞的特点（见图 6-6）如下：

（1）线路被划分为固定位置、某一长度的闭塞分区，一个分区只能被一趟列车占用。

（2）列车间隔是按后续列车在当前速度下所需的制动距离，加上安全余量计算和控制的，确保不冒进前行列车占用的闭塞分区。

（3）制动的起点是动态的，终点是固定在某一分区的边界（根据每个区段的坡道、曲线半径等参数，包含在报文中）上。

（4）前行列车的定位沿用了固定闭塞方式，而后续列车的定位采用连续的或移动的定位方式。

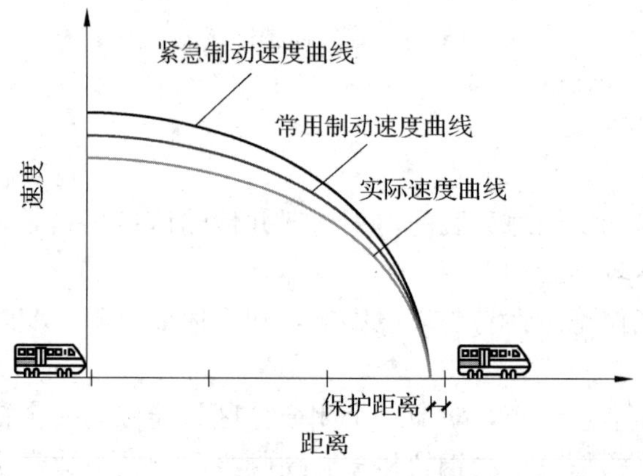

图 6-6　准移动闭塞的特点

3. 移动闭塞

移动闭塞的追踪目标点是前行列车的尾部，留有一定的安全距离；而后行列车从最高速开始制动的计算点，根据目标距离、目标速度及列车本身的性能计算确定。目标点是前行列车的尾部，与前行列车的走行和速度有关，而制动的起点是随线路参数和列车本身性能的不同而变化的。

1）移动闭塞的概念

移动闭塞是不预先设定列车的安全追踪间隔距离，而随列车的移动不断移动并变化的闭塞方式。

2）移动闭塞的特点

前、后两趟列车都采用移动的定位方式，不存在固定的闭塞分区，列车之间的安全追踪间隔距离随着列车的运行而不断移动且变化，所以称为移动闭塞，其特点如图 6-7 所示。

（1）移动闭塞的速度曲线是连续的。

（2）线路没有固定划分的闭塞分区。

（3）列车间隔是按后续列车在当前速度下所需的制动距离，加上安全余量计算和控制的，确保不追尾。列车间隔是动态的，并随前一列车的移动而移动。

（4）制动的起点是动态的，终点是相对动态的，轨旁设备的数量与列车运行间隔关系不大。

与固定闭塞相比，移动闭塞列车的运行间隔相对减少；与准移动闭塞相比，移动闭塞具有更大的运用灵活性和更小的行车间隔，因此具备了更强的运行调整能力，并能最大限度地提高区间通过能力。

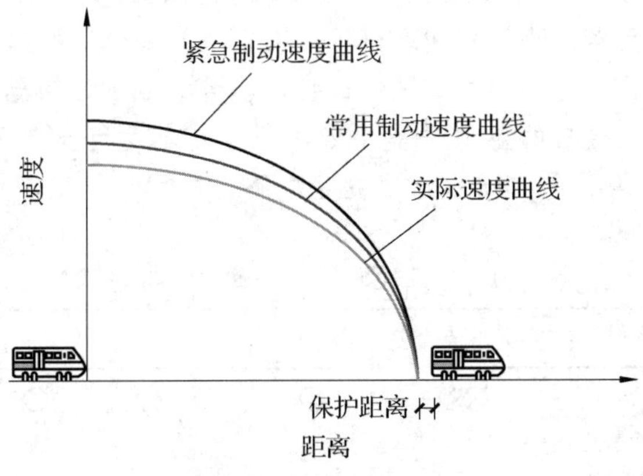

图 6-7　移动闭塞的特点

拓展知识

铁路闭塞制式的发展

行车闭塞制式大致经历了电报或电话闭塞—路签或路牌闭塞—半自动闭塞—自动闭塞的发展过程。

1. 电报或电话闭塞

区间两端的车站值班员用电话或电报办理行车联络手续，由发车站填制路票，发给司机作为列车占用区间的凭证，形成了电话闭塞法。目前，我国铁路只在基本闭塞设备停用或发生故障时，才将电话闭塞作为代用闭塞法使用。

2. 路签或路牌闭塞

两站间没有设备上的锁闭关系，行车安全靠人工保证。电气路签（牌）闭塞，只在单线区段早期使用，以路签或路牌作为列车占用区间的凭证，两端车站各装设同一型闭塞机，相互间有电气锁闭关系。当一个闭塞机中存放的路签（牌）总数为偶数时，经车站双方共同操作，发车站值班员可取出一枚路签（牌），递交司机作为列车占用区间的凭证。列车在区间运行的过程中（路签、路牌未放入闭塞机以前），在两站闭塞机中不能再取出第二枚路签（牌）。电气路签（牌）闭塞的缺点为：办理手续烦琐，路签（牌）还有可能丢失和损坏，因此区间通过能力低。在我国铁路上电气路签（牌）闭塞已经被淘汰，这个发展阶段称为人工闭塞阶段。

3. 半自动闭塞

半自动闭塞是用人工来办理闭塞及开放出站信号机，而由出发列车自动关闭出站信号机并实现区间闭塞的一种闭塞方式。使用继电器控制电路完成两个车站间信息的传递、检查和验证，并与车站出站信号机构成制约关系。对于单线区段一般采用半自动闭塞，虽然半自动闭塞在安全和效率方面不如自动闭塞，但由于它有突出的技术经济效益，因此在一些运输不太繁忙的铁路线路（特别是单线铁路）上仍然被大量使用。

4. 自动闭塞

自动闭塞是根据列车运行及有关闭塞分区的状态自动变换通过信号机显示，而司机凭信号显示行车的闭塞方法。它是在列车运行过程中自动完成闭塞作用的。采用自动闭塞的区段，将站间区间划分为若干个小区间，称为闭塞分区。双线单方向自动闭塞如图 6-8 所示，它将一个区间划分为若干小段—闭塞分区，在每个闭塞分区的起点都装设通过信号机用以防护其后方的闭塞分区。每个闭塞分区内都装设轨道电路或计轴器等列车检测设备，通过轨道电路将列车和通过信号机的显示联系起来，根据列车运行及有关闭塞分区的状态使通过信号机的显示自动变换。因为闭塞作用的完成不需要人工操纵，故称为自动闭塞。

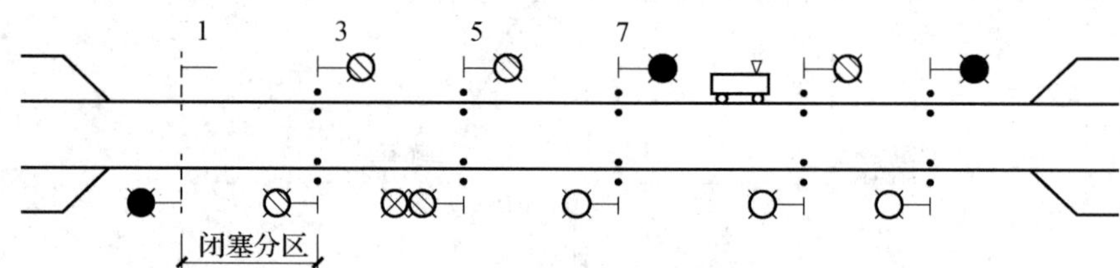

图 6-8　双线单方向自动闭塞

自动闭塞不需要办理闭塞手续，并可开行追踪列车，它既保证了行车安全，又提高了运输效率。和半自动闭塞方式相比有以下优点：

（1）由于两站间的区间允许续行列车追踪运行，因此大幅度地提高了行车密度，显著地提高了区间通过能力。

（2）由于不需要办理闭塞手续，简化了办理接发列车的程序，因此在提高通过能力的同时大大减轻了车站值班人员的劳动强度。

（3）由于通过信号机的显示能直接反映运行列车所在位置及线路的状态，因而确保了列车在区间运行的安全。

由于自动闭塞具有明显的技术经济效果，因此被广泛应用于各国铁路（尤其是双线铁路）中。更由于自动闭塞便于和列车自动控制、行车指挥自动化等系统相结合，因此它已成为现代铁路必不可少的基础设备。

现代信号系统——列车自动控制系统

信号系统一般由正线和车辆段两大部分组成，其中，正线系统称为列车自动控制系统，主要由 ATP 子系统、列车自动驾驶（automatic train operation，ATO）子系统、ATS 子系统及计算机联锁四个子系统构成。

以广州地铁为例，正线的信号设备采用西门子公司的 ATC，车辆段采用国际领先的铁科院 TYJL-II 型计算机联锁。西门子公司的 ATC 信号联锁设备主要由 SICAS 子系统、ATP 子系统、ATO 子系统、具备集中和本地操作能力的 ATS 子系统等组成，室外设备主要采用了西门子公司的 S700K 型电动转辙机和 FTGS（遥控音频无绝缘）轨道电路等先进设备。车辆段采用成熟的 6502 电气集中联锁系统（1 号线）和铁科院 TYJL-II 型计算机联锁系统（2 号线），室外设备采用技术成熟的国产 ZD6-D 型电动转辙机、50 Hz 相敏轨道电路。

目前，世界各国的城市轨道交通信号系统大都采用 ATC。ATC 是一套完整的控制、监督、管理系统，位于管理级的 ATS 模块较多地采用软件方法实施联网、通讯及指挥列车安全运行；发送和接收各种行车命令的 ATP 子系统确保列车的安全运行；车载 ATP 设备接收轨旁 ATP 设备传递的信号指令，经校验后送至 ATO 子系统完成部分运行的操作功能。3 个子系统既相互独立又相互联系，完整的 ATC 能确保列车安全、快速、短间隔地有序运行。ATC 的设备分布于控制中心（central control）、轨旁（wayside）及车上（vehicle）。其框图如图 6-9 所示。

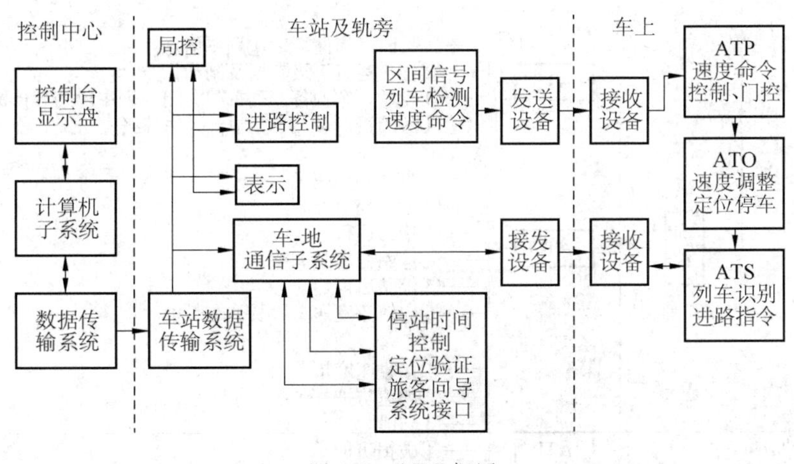

图 6-9　ATC 框图

在控制中心内，计算机系统、中心数据传输系统、控制台及阴极射线管（cathode ray tube，CRT）显示、信息管理系统及调度表示盘等的控制及表示信息通过数据传输系统与车站及轨旁的信号设备相连接；轨旁设备通过车站数据传输系统与车站 ATC 系统相连，车站的 ATC 系统通过 ATP 子系统发出列车检测命令检查有无列车，并向车上送出 ATP 限速命令、门控指令及定位停车的位置指令；车上 ATC 系统根据 ATP 命令的数据和译码，控制列车的运行和制动，完成定位停车。ATC 的功能如图 6-10 所示。

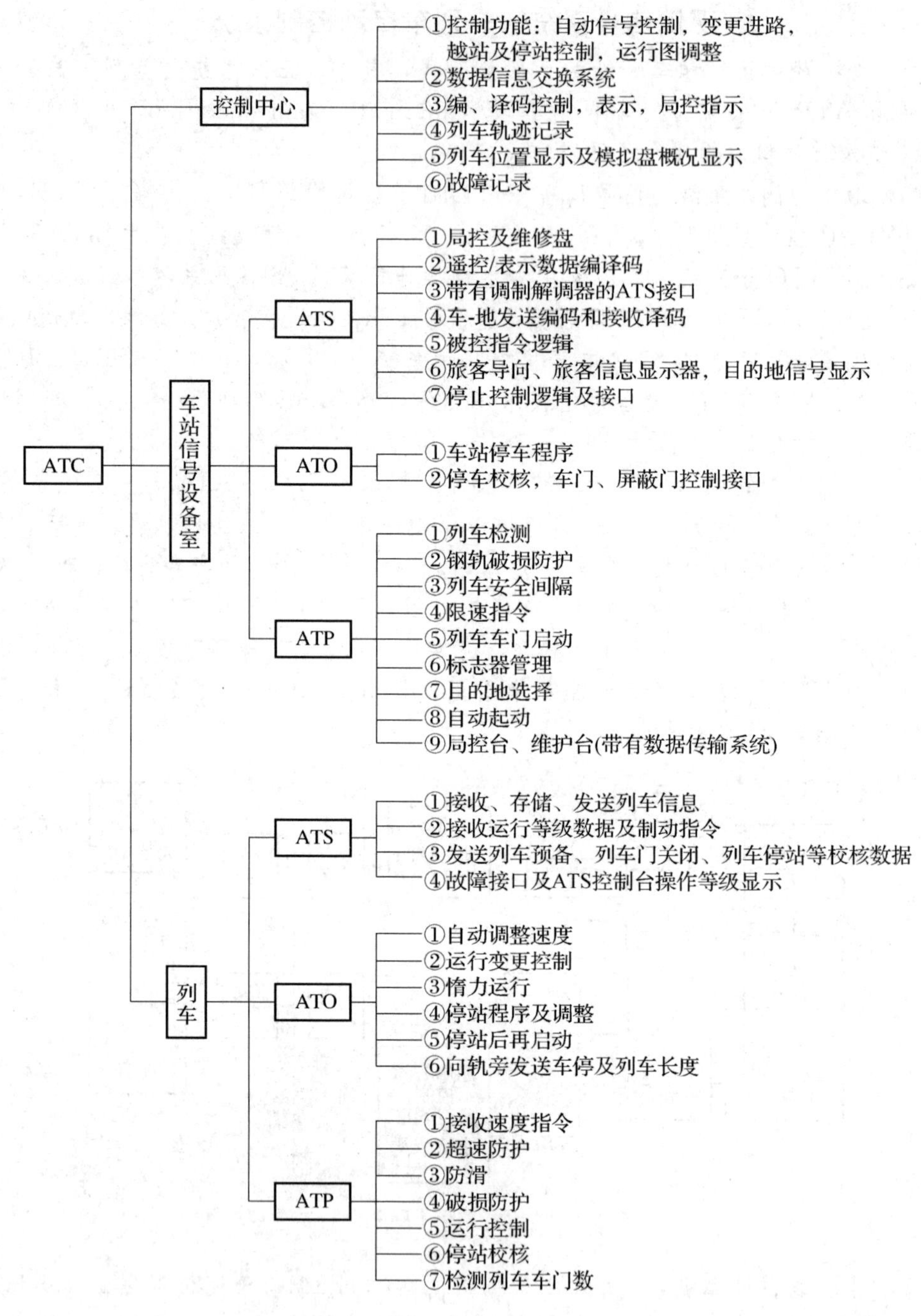

图 6-10　ATC 的功能

1）ATS 子系统

ATS 子系统由控制中心设备、车站设备及车载设备三部分组成。

ATS 子系统主要实现对列车运行的监督，辅助行车调度人员对全线列车运行进行管理。它可以显示全线列车的运行状态，监督和记录运行图的执行情况，为行车调度人员的调度指挥和运行调整提供依据，如对列车偏离运行图及时做出反应等。通过 ATO 接口，

ATS 子系统还可以向乘客提供运行信息通报，包括列车到达、出发时间，列车运行方向，中途停靠点信息等。

ATS 子系统的功能包括：自动显示列车车次、运行位置和信号设备工作状态，自动或人工办理进路；编制和管理列车运行图，自动调整运行计划，自动描绘或复制列车运行实迹，列车运行模拟仿真；车辆维修周期管理；向乘客向导系统提供信息，对运行数据自动统计和制表等。

2）ATP 子系统

ATP 子系统由轨旁 ATP 设备和车载 ATP 设备组成。

ATP 子系统主要用于对列车驾驶进行防护，对与安全有关的设备或系统实行监控，实现列车间隔保护、超速防护等功能。ATP 子系统的工作原理是：将信息（包括来自联锁设备和操作层面上的信息、地形信息、前方目标点信息和容许速度信息等）不断从地面传至车上，从而得到列车当前允许的安全速度，依此对列车实现速度监督及管理。

ATP 子系统的功能包括：自动检测列车的位置和实现列车间隔控制，以满足规定的通过能力；连续监视列车的速度，实现超速防护（当列车实际速度大于允许速度时，施加常用制动；当列车速度大于最大安全速度时，施加紧急制动，保证列车不冒进前方列车占用的区段）。

3）ATO 子系统

当列车上的主控制器的模式选择开关处于 ATC 方式时，车载 ATO 子系统才开始工作，其作用就像一个司机一样驾驶列车，即模拟司机驾驶列车。ATO 子系统由车载 ATO 设备和轨旁 ATO 设备组成。

ATO 子系统主要用于实现地对车控制，即用地面信息实现对列车驱动、制动的控制。由于使用了 ATO 子系统，列车可以经常处于最佳运行状态，避免了不必要的、过于剧烈的加速和减速，因此可显著提高乘客舒适度，提高列车准点率及减少轮轨磨损。通过与列车再生制动配合，还可以降低列车能耗。

ATO 子系统的优点是可缩短列车间隔，提高线路的利用率和行车的安全可靠性。ATO 子系统的功能包括：控制列车在允许速度下运行，并自动调整列车的速度，列车在区间或站外停车后，一旦信号开放，即可自动起动；系统控制列车到达站台的最佳制动，使列车停于预定目标点；停站结束后，保证车门关闭后，列车能自动启动；当列车到达折返站时，自动准备折返。

任务 6.4 了解城市轨道交通的通信设备

城市轨道交通通信系统是为确保提供传输服务、给乘客提供信息，并且保证对车站及车上乘客进行高度控制而建立的一个视听链路网。通信系统为运营、管理及维修人员或其他系统的设备通过在一定的距离内传输诸如语音、数据、图像等电信号进行通信，通信的服务范围包括运营控制中心、车站、车辆段、站内及沿线。

通信系统是多个独立的子系统的组合。这些子系统在设计上能协调工作，在不同的运营环境下正确地相互作用。各子系统应能对各自子系统内的故障进行检测和报警，从而确保整个通信系统的可靠性。

6.4.1 城市轨道交通系统对通信的要求

城市轨道交通系统对通信的要求是能够迅速、准确、可靠地传递和交换各种信息，达到双向联通的要求。

（1）对于运行组织而言，要保证将各站的客流情况、工作状况、线路上各趟列车的运行状况等信息准确迅速地传输到调度控制中心。同时，将调度控制中心发布的调度指挥控制命令与信号及时可靠地传送至各个车站及运行中的列车。

（2）对于系统的组织管理方面，要保证各部门之间和上下级之间保持畅通、有效、可靠的信息交流与联系。

（3）要保证本系统与外部系统的联系便捷、畅通。

6.4.2 城市轨道交通通信系统的组成

城市轨道交通通信系统应满足城市轨道交通运输效率、保证行车安全、提高现代化管理水平和传递语音、数据、图像和文字等各种信息的需要，做到系统可靠、功能合理、设备成熟、技术先进、经济实用。

城市轨道交通通信系统一般由传输、公务电话、专用有线调度、无线列车调度、闭路电视、广播、时钟、乘客信息、UPS不间断电源等子系统组成，构成传送话音、数据和图像等各种信息的综合业务通信网。其中，传输子系统（城市轨道交通骨干网）是通信系统中最重要的子系统，它不仅为本系统的各个子系统，而且也为其他自动控制管理系统提供信息通道。

6.4.3 城市轨道交通各通信子系统的功能

1. 传输子系统的功能

传输子系统是整个通信网络的纽带，它给通信各子系统及电力系统、信号系统、AFC系统、消防报警系统、办公网络等提供传输通道，将各车站、车辆段、停车场的设备与控制中心的设备连接起来。传输子系统一般用光纤连接，构成双环路拓扑结构网络。

2. 公务电话子系统的功能

公务电话子系统为城市轨道交通运营提供办公电话、传真等业务，同时在控制中心、车站、车辆段、停车场等也设置公务电话，既可作为办公电话使用，也可以作为专用有线调度电话的备份，一旦调度电话发生故障，可作为临时应急使用。

3. 专用有线调度子系统的功能

专用有线调度子系统是为行车指挥、维修、抢险等设置的专用通信系统。

根据列车运行组织和业务管理、指挥的需要，专用有线调度子系统一般分为四种：行车调度电话系统、电力调度电话系统、防灾调度电话系统和维修调度电话系统。

4. 无线列车调度子系统的功能

无线列车调度子系统主要用于解决固定人员（调度员、值班员）与流动人员（驾驶员、维修人员、列检人员等）之间的通话。

5. 闭路电视监控子系统的功能

闭路电视监控子系统是轨道交通运营管理及保证运输安全的重要手段，它给控制中心的调度员、各车站值班员、公安值班人员等提供有关列车运行、乘客疏导、防灾救火、突发事件等情况下的现场视频信息。

6. 广播子系统的功能

广播子系统在为乘客提供列车到发时间、安全提示信息的同时，还能在紧急情况下或突发事件时为乘客提供疏散信息。

7. 时钟子系统的功能

时钟子系统主要是为行车组织提供统一的标准时间，并向其他系统提供标准时间信号。

8. 乘客信息子系统的功能

乘客信息子系统的主要功能是为乘客提供关于行车时刻表、安全提示、视频等的文字或多媒体视频信息。

9. UPS不间断电源子系统的功能

UPS不间断电源子系统主要为其他通信子系统提供稳定的电源，当市电或UPS主机发生故障时，通过电池组为设备供电，保证通信设备的正常运行。

6.4.4 传输子系统

随堂测试

城市轨道交通系统通信网采用两条独立的通信传输线，并将通信传输信息（包括语音、数据、图像等）较均匀地分配到两条传输线上。如果其中一条线路发生故障或中断，就由另一条线路独立承担传输任务，起到备用线的作用，从而有效地保证城市轨道交通通信的可靠性。

1. 传输线的分类

传输线主要有：光缆和电缆（用于有线通信系统），漏泄电缆（用于无线通信系统），屏蔽对称电缆（用于广播系统），射频电缆、对绞电线电缆、电源线、并行总线等（用于连接无线电台、监视器、摄像机、广播喇叭、电话机、维修终端等各类设备）。

2. 传输线的特点

（1）采用阻燃、低毒、低烟性能材料制作电缆外套（尤其是安置在地下隧道的电缆）。

（2）加强屏蔽、接地措施，保证安全接地和防止地下迷流造成侵蚀。

（3）采用易于维护保养的充油填充方式，因为电缆、光缆设置的空间有限（无论是地下隧道，还是高架结构的单轨轨道梁）。

（4）要求具有转换速度快、频带宽、容量大、抗干扰能力强、耐腐蚀等性能，一般均选择光纤传输线。

3. 光纤传输系统

随着通信传输技术的发展，城市轨道交通的有线通信系统已普遍采用光纤传输方式。光纤传输系统主要由电端机、光端机和光纤传输电缆（线缆）组成。

（1）电端机。电端机一方面将各个通信终端的语音、数据、控制信号、图像信号等汇集起来；另一方面将其他通信终端送来的汇总后的各种信号进行分路，送向本终端的各类设备。

（2）光端机。光端机一方面将电端机汇总后的电信号转换为光信号（E/O），并通过光缆传输到所需送达的终端；另一方面将其他光端机经光缆送达的光信号转换成电信号提供给本终端的电端机（O/E）。

（3）光纤传输电缆（光缆）。利用光纤传输电缆容量大、抗干扰能力强的特点，完成对大容量信息准确、快速的传输。

6.4.5 程控交换网

城市轨道交通通信系统交换网的作用是在车站系统完成各个车站之间的信息汇总传输之后，将信号具体转接到每一个用户（如电话机）。目前，通信用交换机已从步进制交换机、纵横制交换机，发展到体积小、容量大、噪声低、功能强、扩容容易、维护简便的程控交换机，并被普遍采用。城市轨道交通系统是一个现代高新技术运输系统，必然选用程控交换机来组成通信交换网。

1. 城市轨道交通系统程控交换网的组成

城市轨道交通系统程控交换网由轨道交通专用电话网（为系统运行设置的专用业务电话网）和数字式程控电话网（为系统运转和对外联络设置的公务电话网）组成。

2. 城市轨道交通专用电话网

城市轨道交通专用电话网的作用是为调度控制中心的调度员、车站值班员、车辆基地值班员等运行指挥操作人员提供直线电话服务和组呼功能，为轨旁电话和其他专用内部电话提供自动交换功能。

1）站间直线电话功能

为了提高运行组织的效率，保证运行组织通信联络的可靠性和便捷性，站间直线电话只需拿起电话不必按键即可建立相互间的通话关系。站间直线电话的语音信号经由电缆芯线传输，用于相邻两个车站之间进行行车相关业务的联系。

2）调度电话功能

在调度控制中心，选用带有功能键和液晶显示器的多功能数字电话机作为调度控制台的电话机。在各个车站，选用带有功能键和液晶显示器的双音多频电话机作为调度电话分机。配置液晶显示器，可以显示呼叫方的数字编号信息，形成可见可闻的联络信息。

调度控制中心设有若干个调度控制台，如列车调度台、电力调度台、环境控制调度

台、防灾报警调度台等业务调度台及一个总调度台。总调度台不与车站调度电话分机直接联系，仅与各个调度台通话，再由各个调度台向各车站调度分机传达调度命令。

调度电话的功能如下：

(1) 总调度台的功能。对各调度台进行直线呼叫功能。

(2) 各调度台的功能。对所属分机进行组呼的会议功能，一次呼叫部分车站调度分机；对所属分机进行全呼的会议功能，一次呼叫全部车站调度分机；对所属分机进行单呼的直线联系功能，一次呼叫单个车站调度分机。

(3) 轨旁电话的功能。为了满足运营需要，在线路旁按规定的间隔距离（上海地铁1号线为450 m）设置轨旁电话，便于司机及其他工作人员在需要时能在现场直接与有关部门联系。

轨旁电话机需设置坚固的防护外罩，采用全密封式设计，使其具有良好的防潮性能和抗击打能力。每2～3个轨旁电话并联在一起，通过专用电缆连通最近的程控交换机，使其能与各调度控制台和其他任何一个分机取得直接联系。

(4) 集中电话机的功能。在各个车站均设有集中电话机，在车辆基地也设有若干台集中电话机，便于车站、车辆基地各职能部门能与本站（基地）相关单位取得直接联系。集中电话机的控制台及分机的组成与调度电话系统相类似。

3. 数字式程控电话网

通过程控交换机及光纤传输系统的连接，车站内属于数字式程控交换电话网的用户（话机）间可通过拨号直接通话，也可通过拨号与其他车站或单位的用户通话，还可通过中继模块的转换，与市内电话用户建立联系。

数字式程控电话网可用人工转接或自动转接方式与市话网连接，其提供的使用功能较多，如一般自动电话功能、呼叫等待功能、呼叫人工或自动转移、呼叫保持功能、直线电话功能、强插功能、三方或多方会议功能、遇忙回叫功能、呼叫带答功能、重复呼叫功能、快速呼叫功能、移机应答功能等。

6.4.6 广播子系统

广播子系统是将各种语音信息传送到用户的一种通信方式，它具有快速响应的能力，城市轨道交通中使用的广播子系统不同于大型娱乐中心、铁路车站、民航机场等地的广播系统，它可以通过控制中心的操作终端指挥整条线路的广播，使整条线路的每个车站的广播系统既独立又成为统一的整体，如广州地铁1号线采用的广播系统是德国西门子AG提供的VARIODYN3000系列，其主要功能是向广大乘客发布有关时间、车次变动、列车延时、行车安全、紧急情况及突发事件等信息。

从广播覆盖范围看，广播子系统分为车站广播系统和车辆基地广播对讲系统。

1. 车站广播系统

车站广播系统允许对车站内的四个播音区进行广播，包括从控制中心播音和从本车站播音。四个播音区分别是站台1（上行）、站台2（下行）、站厅和办公区域。

1）从控制中心播音

在中央控制室配置有三个广播播音台，即列车调度播音台、电力调度播音台、环境控制调度播音台。三个播音台之间实施互锁，即当一个播音台在广播时，其他播音台不能插入或使其中断播音。

三个播音台均配有麦克风和选择键盘，用来对各车站或各区域进行选择播音。在通信机房内设有前置放大器、功能控制与接口单元等广播设备。麦克风发出的语音信号经过前置放大器放大后，通过电缆中间的一对专用屏蔽广播线将信号送达所需广播的地点。选站键盘送出的播音区域选择信号，经过控制与接口单元，由专用通信信道送达各车站广播设备的控制单元。

控制中心广播系统可以实现以下播音功能：

（1）对所有车站的所有区域通过键盘选择后进行播音。

（2）对每个运行方向的站台通过键盘选择后进行播音。

（3）对每个车站的所有广播区域通过键盘选择后进行播音。

（4）对全部车站的各个广播区域通过键盘选择后进行播音。

控制中心内的每个播音台均装有扬声器，可以对播音进行监听。

2）从本车站播音

各车站的行车值班室内配备带有麦克风和选择键盘的播音台，两台之间实施互锁。在车站的通信和机电室内设有前置放大器、功能控制与接口单元等车站广播设备，这套广播设备可以供本站播音员向本站各广播区域进行播音，还可转接控制中心发来的调度员播音，在本站行车值班室可以对播音进行监听。

各车站的广播播音台对本站的四个广播区域进行播音时具有优先权，即本站播音键盘选择键按下后，既接通了该广播区域的广播电路，又中断了控制中心调度台送来的广播播音信号。

2. 车辆基地广播对讲系统

车辆基地广播对讲系统设有维修值班员、信号楼控制室值班员、车辆基地列车调度员使用的三个播音台。播音范围分为三个区域，即车辆基地入口区域、维修区域和停车库区域。

三个播音台都配置有麦克风、键盘及对讲控制台。同样，在机房内设有广播设备，用于对信号的放大和对播音区域（或对讲分机）进行选择控制。

（1）三个播音台的优先权如下：

第一优先权——车辆基地列车调度员（在车辆基地运转调度室内）。

第二优先权——车辆基地信号楼值班员（在车辆基地信号楼值班室内）。

第三优先权——车辆基地维修值班员（在车辆基地检修车间内）。

（2）三个广播区域的选叫原则如下：

① 每个广播台可对某一个广播区域进行广播。

② 每个广播台可对所有三个广播区域进行广播。

车辆基地广播对讲系统除了安装播音扬声器广播外，还安装了对讲分机。对讲分机

通过电缆与三个播音台的对讲控制台相连，对讲机的扬声器和麦克风设在分机内，对讲机还设有三个选择键，以便车辆基地内的工作人员能够方便地与各个对讲控制台的值班员直接通话而不致大声喧哗。对讲分机还可根据需要分成若干个分机组，分布于各个广播区域。

(3) 对讲系统的选叫原则如下：

① 每个对讲控制台可以选叫出所有对讲分机。

② 每个对讲控制台可以选叫出多达 8 个分机组中的所有对讲分机。

③ 每个对讲控制台可以选叫出任何一个对讲分机。

④ 每个对讲控制台可以与另一个对讲控制台单独对讲。

⑤ 每个对讲分机可以单独地与另一个对讲控制台对讲。

如果某一对讲控制台呼叫正在通话的对讲分机，则会显示“忙”信息；如果某一对讲控制台正在通话，而有分机呼叫它，则有相应的声光显示提醒值班员，值班员可将此提醒声切断。

在对讲控制台上，对应于每一个对讲分机都有一个带有灯光显示的按键。

当某个对讲分机组正处于对讲状态时，其他对讲控制台对该机组中的任何一个对讲分机的呼叫都将被视为无效。

6.4.7 闭路电视监控子系统

闭路电视监控子系统是安全技术防范中的一个重要组成部分，是一种先进的、防范能力极强的综合系统。它可以通过摄像机及其辅助设备（镜头、云台等）直接观察被监视场所的一切情况，可以把被监视场所的图像内容、声音内容同时传送到监控中心，使得被监视场所的情况一目了然。闭路电视监控子系统的另一个特点是可以把被监视场所的图像及声音全部或部分记录下来，为日后某些事件的处理提供方便条件及重要依据。

城市轨道交通系统闭路电视监控子系统分为控制电视监控中心设备和车站电视监控设备两部分。

1. 控制中心电视监控设备

在调度控制中心的总调度台、列车调度台、环控调度台均设置有控制键盘和监视器。调度员通过键盘来选择所需了解的某个监视部位，通过监视器来观察了解该部位的现场实况。将各车站送来的图像接入图像切换开关单元的输入端，输出则直接或间接地连通调度用监视器、磁带录像机、通信维护用监视器等设备。

在控制中心的通信机房内，除了设有通信维护用监视器之外，还配备了相应的控制盘，供通信维护人员使用。

2. 车站电视监控设备

车站内设有若干台监视摄像机，按需要分别安装在站台层和站厅层。设在站台层的摄像机主要拍摄上下行站台的始末端。站厅层的摄像机则配备有自动云台，可以上下左右偏转进行摄像。

在车站值班室、副值班室内设置监视器和控制键盘，可以对站厅摄像机及图像切换开关单元进行控制，供值班员选择所希望看到的监控部位的图像。

车站监控摄像机的输出连接到图像切换开关单元的输入端。图像切换开关单元有10路输入和12路输出。输出端输出中的3路连接车站的3个监视器，供值班员、副值班员使用；另外，4路输出经过图像复用调制器合并为一路由光发送机经对电光信号（E/O）转换后，由光纤电缆送达控制中心的光接收机经光电信号（O/E）转换，然后由设在控制中心的图像分路解调器还原后输出4路图像信息，供控制中心的调度员使用。输出端输出中的另4路接至站台上的列车工作监视器，供司机监视乘客上下车的情况。输出端输出中的第12路引至车站通信机械室，通过一台12 in（约30 cm）监视器，供通信维修人员使用。

3. 闭路电视监控子系统的运行

对于车站较多的轨道交通系统来说，并非每个车站发出的四幅图像都可同时进入控制中心的控制与接口单元，而是仅有三个车站可向中心发出其各自的四幅图像。这时，将由调度员通过选择键来决定。

为了便于识别，每个车站都备有图像字符发生器，用来产生该站的识别字符、图像记录日期和时间。车站值班员、调度员、维修人员均可以通过键盘选择所需监视部位的图像。而且不仅是指选出一幅图像并使之固定地显示在监视器上，还可通过预先编程的方式提供对众多输入图像进行自动扫描显示功能，扫描顺序可预先编程，也可按键选择，图像切换开关单元具有调节图像停顿时间的功能，以便在0～90 s内进行调节。

6.4.8 时钟子系统

1. 时钟子系统的功能

（1）提供全线统一的时间基准，为乘客和工作人员提供准确时间信息。

（2）向其他系统提供标准时间信号。

为其他通信子系统、信号系统、电力监控系统、AFC自动售检票系统等相关系统设备提供准确、统一的时间信息，在全线执行统一的时间标准，为轨道交通指挥、列车运行、设备管理提供时间基准，确保通信系统以及其他重要控制系统协调同步。

2. 时钟子系统的组成

时钟子系统由中心母钟、监控终端、二级母钟、子种、传输接口组成。

（1）中心母钟。中心母钟的主要功能是作为基础主时钟系统。中心母钟可将校准后的标准时间信息通过串口或以太网分配给控制中心及各场所的二级母钟和其他需要提取标准时间的系统。中心母钟还具有故障告警功能，可将故障信息发送给监控网管计算机。

中心母钟通过标准接口接收标准时间信号接收单元发送的标准时间信号，用以校准自身的精度。当标准时间信号接收单元出现故障时，中心母钟将采用自身的高稳晶振作为时间基准。当母钟发生故障时，可通过自动或人工手动切换到备用时钟。

（2）监控终端。监控终端用来实时监测整个时钟系统的运行状态，可以实现故障管理、性能管理、配置管理、安全管理、报表统计等集中维护功能，并可向网管系统提供故

障信息，实现集中告警功能。

（3）二级母钟。二级母钟设置在各车站及车辆段、停车场等需要提取时钟的场所，用于控制所属子钟的运行。二级母钟一方面可以接收中心母钟经由传输系统发过来的标准时间信号，并校准自身精度；另一方面可将标准时间信号发送至所属子钟，从而达到全线统一。

此外，二级母钟还具有监控和故障告警功能，通过监测数据传输接口接入便携机在各个车站实现对全线设备的监控，并可向中心母钟回送自身及所属时钟的运行状态机故障信息。

二级母钟具有独立的晶振，中心母钟发送过来的标准时间信号与二级母钟是校对的关系，而不是绝对指挥关系。当中心母钟或传输通道发生故障时，二级母钟仍可依靠自身的晶振指挥子钟运行。

（4）子钟。子钟设置在站台、站厅及办公场所内，分为数字式子钟和指针式子钟。

子钟通过标准接口接收二级母钟发送的时间信号，将自身的精度校准后，显示统一的时间。

当接收不到来自二级母钟发送的时间信号时，子钟仍能靠自身的晶振独立运行。此时与标准时间的校准可通过子钟上的按键，人工手动进行校时。当重新接收到二级母钟发送来的时间信号后，子钟回送自身的工作状态。

（5）传输接口。常用的串行接口有 RS-232、RS-422、RS-485 三种。

3. 时钟子系统组网

（1）时钟子系统单独组网模式。该模式为控制中心/车站两级组网方式，其特点是各系统独立运行互不影响。

（2）与乘客信息系统（passenger information system，PIS）混合组网模式。保留各车站二级母钟，取消站厅、站台内的子钟。一级母钟在控制中心为 PIS 提供时间信号或由车站二级母钟给车站 PIS 直接提供时间信号，由 PIS 在各车站站厅、站台的显示终端上以固定窗口的形式显示时钟信息。

当利用 PIS 完成子钟的显示时，显示屏不具备自身校时的功能，若时钟系统故障或线路故障，则屏幕显示不了时钟信息，但该组网模式具有经济、合理、集成化程度高的特点。

6.4.9 无线通信系统

城市轨道交通系统线长、点多、面广，变动因素多，有线通信保证了在固定地点工作的人员互相之间的通信联络便捷可靠，而无线通信则为处于移动状态的相关工作人员（如运行中的列车司机、车站内流动的工作人员、公安警务人员、各工种抢修或维护人员及意外情况下的组织指挥操作人员等）提供了便捷可靠的通信联络手段。

无线通信系统采用双向无线通信，一般采用 4 个频率对，每对频率相差 10 MHz。

1. 各个频率相应的工作范围分配（以上海地铁 1 号线为例）

随堂测试

（1）信道 1：列车调度通信，覆盖范围为各车站。

（2）信道 9：治安警务通信，覆盖范围为沿线各站及地面部分。

（3）信道 0：车辆基地通信，覆盖范围为车辆基地。

（4）信道 8：紧急备用信道，覆盖范围为信道 1 和信道 0 的总和。

(5) 在地下隧道部分，工作范围是轨道最高处以上 1.5～3.5 m。

(6) 在站台层及站厅层，工作范围是地板上 1～3 m。

(7) 在车辆基地，工作范围是以信号楼为圆心、半径为 2 km 的平面圆为底、地面到钢轨顶面上方 6 m 为高的圆柱体空间。

2. 无线通信系统的组成

无线通信系统的组成如下：

(1) 安装在车站和隧道内（或高架等布置的线路旁）的漏泄同轴电缆。

(2) 安装在车站内的天线及射频电缆。

(3) 安装在车站内和车辆基地的基地台设备。

(4) 安装在列车驾驶室内的列车无线电设备、天线、控制板、电源及电线。

(5) 带有电池及充电器的便携式无线电台。

(6) 安装在控制调度中心的控制台、比较判断选择器、中继设备、电源及电缆。

(7) 安装在各个车站和列车上的无线通信控制台。

(8) 安装在高度控制中心的自动指示设备，可以指示正在通话的信道。

实践活动

活动描述

(1) 自主查询我国不同城市轨道交通的通信信号系统的基本情况。

(2) 自主查询沈阳城市轨道交通的通信信号系统的基本情况。

具体要求

(1) 以小组为单位进行查询活动，各组人员数量在 6 人以下，并推选小组长一人，负责组织活动的开展并督促完成。

(2) 要求制作成 PPT，并在课堂上进行讲解。

思考与练习

(1) 城市轨道交通信号的基本颜色有哪些？各表示什么意义？

(2) 何谓固定信号？何谓移动信号？

(3) 城市轨道交通信号的固定色灯信号机有哪几种形式？

(4) 说出下列四种信号表示器的作用：道岔表示器、警冲标、进路表示器、发车表示器。

(5) 什么是轨道电路？其组成有哪些？

(6) 什么是联锁？联锁设备应满足哪些要求？

(7) 什么是进路？什么是列车进路？什么是调车进路？什么是敌对进路？

(8) 什么是闭塞？闭塞的方式有哪些？

(9) 何谓半自动闭塞？何谓自动闭塞？

(10) 移动闭塞的基本原理是什么?

(11) 什么是调度集中?

(12) 列车自动控制系统包括哪几部分? 各部分起什么作用?

(13) 城市轨道交通系统对通信有什么要求?

(14) 城市轨道交通通信系统按用途分为哪些类型?

(15) 城市轨道交通广播系统有哪些作用?

(16) 在城市轨道交通系统中, 闭路电视监控子系统的作用是什么? 它由哪些部分组成?

项目 7 城市轨道交通车站的机电系统

城市轨道交通车站的机电系统主要包括自动售检票系统、电梯系统、屏蔽门系统、供电系统、环控系统、给排水系统等。这些系统都是现代化城市轨道交通必不可少的基本系统。本项目主要介绍自动售检票系统、电梯系统、屏蔽门系统、供电系统。环控系统和给排水系统将在项目 8 中介绍。

任务 7.1 了解自动售检票系统

7.1.1 自动售检票系统的组成及功能

自动售检票系统是交通管理部门用于自动售票、自动检票和自动统计与结算的一系列设备所构成的系统。它是集机械、电子、计算机应用、计算机网络管理、通信传输、票务政策及票务管理等功能于一体的控制和信息管理系统。

AFC 系统通常由中央计算机、车站计算机、票房售票机、自动售票机、进/出站闸机、验票机和信息载体（车票）等部分组成。

目前 AFC 系统主要有三大类型：磁卡系统、接触式 IC 卡系统和非接触式 IC 卡系统。由于以非接触式 IC 卡为媒介的自动售检票系统应用范围最广，技术和设备的发展日趋成熟，因此在交通行业中的自动售检票系统中有一定的代表性。因此，下面以非接触式 IC 卡 AFC 系统为例进行介绍和分析。

1. AFC 系统的构成

AFC 系统的设备构成大致分为三个层次，第一层次为中央计算机系统，第二层次为车站计算机系统，第三层次为现场 AFC 设备。

（1）中央计算机系统。中央计算机系统负责系统数据的处理和储存，并负责系统交易数据的收集、系统运营及控制参数的下达，对全线自动售检票系统设备的运营状态进行监视并控制中央计算机系统中的编码分拣机可以接受中央计算机制票订单，负责各类车票的初始化编码、赋值、分拣、注销等工作。中央计算机系统通常设于控制中心，通过通信网络与各车站计算机系统实现连通。

(2) 车站计算机系统。车站计算机系统负责车站内 AFC 设备的状态控制，下达由中央计算机系统设置的各类控制参数，收集各设备的运行数据，并将数据传输到中央计算机。

(3) 现场 AFC 设备。现场 AFC 设备包括闸机、自动售票机、票房售票机、验票机、便携式验票机等。它们按不同的功能各自独立运行，同时设备内配有独立的就地控制装置。在与系统通信中断的情况下，现场 AFC 设备能独立运作，并保存一定时间范围内的设备运营数据，并通过适当的介质将这些数据传送到车站计算机中。

整个 AFC 系统可以说是一个计算机通信网络。中央计算机系统和车站计算机系统通过城市轨道交通内部的专用通信网络以点对点的方式连接；车站计算机与车站计算机之间、车站计算机与现场 AFC 设备之间均是通过以太网进行连接的。典型的 AFC 系统的网络结构如图 7-1 所示。

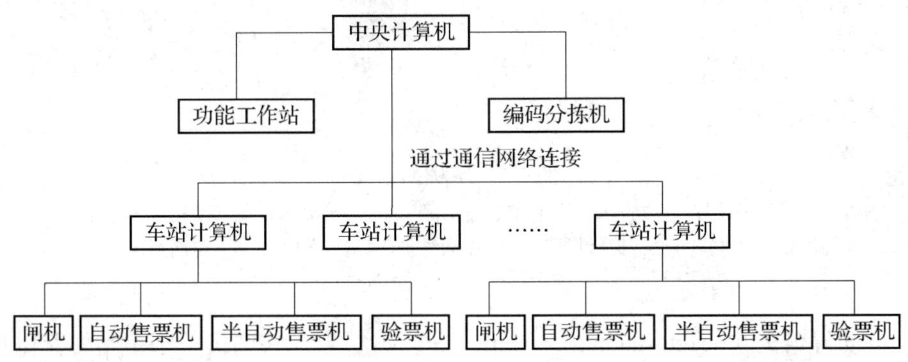

图 7-1 典型的 AFC 系统的网络结构

2. AFC 系统相关设备的功能

AFC 系统相关设备的功能如下：

(1) 闸机（gate）。闸机是用于控制乘客进出车站的机电设备，通常分为进（站）闸机和出（站）闸机两种。进/出站闸机将车站站厅分成付费区和非付费区，同时也将城市轨道交通系统围成一个封闭的区域。乘客在进入和离开付费区时，闸机对车票的有效性进行检查，对持有效车票的乘客放行，对持问题车票的乘客进行限制并指示其到售票处。

乘客出闸时，闸机会将有效单程车票回收到票盒中，将有效储值票退还给乘客以便以后使用。如果乘客出闸使用的单程票、储值卡、一卡通的卡内余额不足以支付本次车程的车费或乘客在付费区内停留的时间超过了系统设置的时间及车票没有进站码时，出站闸机则会提示乘客到票房售票机处进行相应的处理（进行超乘、超时、进出站码更新等处理）。

在测试环境下，进/出站闸机每分钟可处理 60（无回收情况下）/40（有回收情况下）张车票；在实际运行中，由于受乘客熟练度的影响，这一数字会有所下降。

闸机根据具体情况可设置成不同的功能模式，如紧急打开、正常进出、进出码免检放行、超时乘车免检放行、车费免检放行、时间免检放行、日期免检放行、退出服务、列车运行管理模式及测试模式。

闸机的组成如图 7-2 所示。

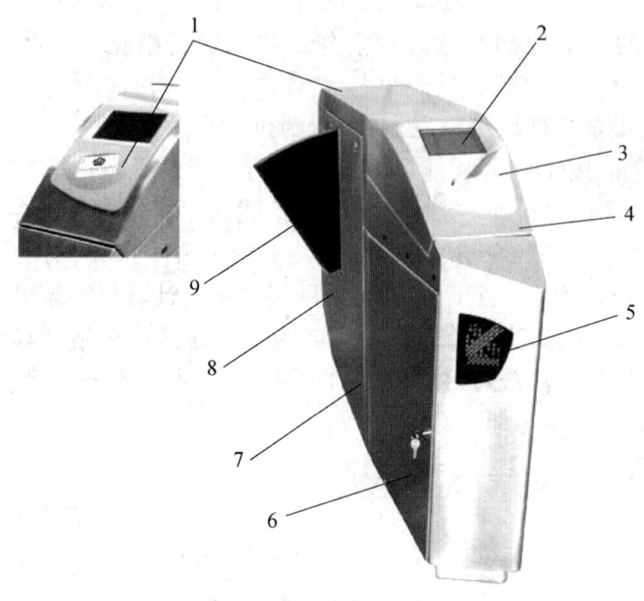

图 7-2　闸机的组成

1—票卡处理设备（进站）；2—乘客信息显示屏；3—票卡处理设备（出站）；4—顶盖；5—末端显示器；6—维护门；7—中间维护门；8—维护门；9—扇门系统

（2）自动售票机（ticket vending machine，TVM）。自动售票机位于车站的非付费区，乘客可以选择用现金（纸币、硬币）或有足够余值的储值票（一卡通）在自动售票机上购买不同票价的单程车票及对储值票（一卡通）车票进行加值。自动售票机的结构如图 7-3 所示。

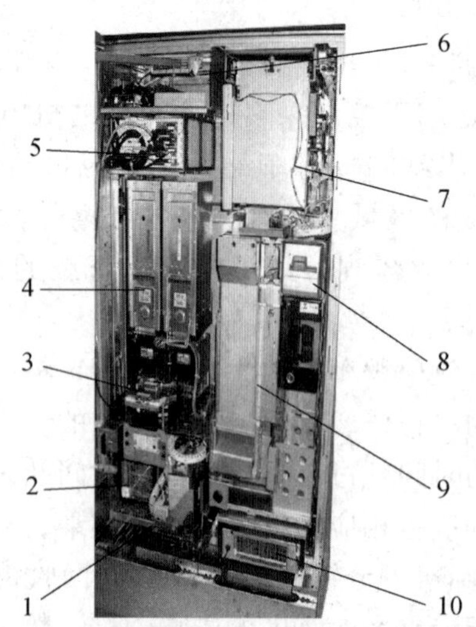

图文
自动售检票系统的原理

图 7-4　自动售票机的结构

1—UPS 不间断电源；2—加热风扇；3—CS 筹码发售器；4—CS 筹码票箱；5—EMM（授权管理信息）；6—键盘；7—找零钱箱；8—纸币接收器；9—硬币回收系统；10—散热风扇

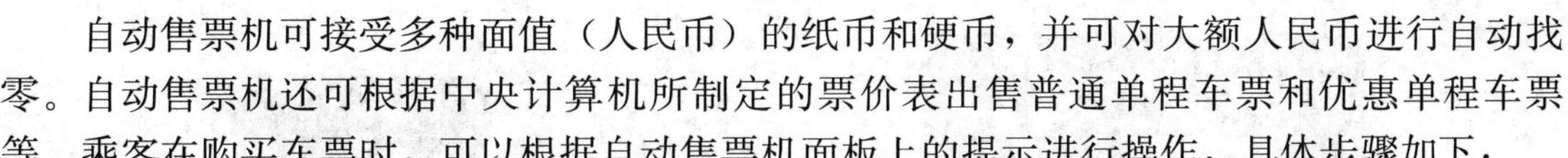

自动售票机可接受多种面值（人民币）的纸币和硬币，并可对大额人民币进行自动找零。自动售票机还可根据中央计算机所制定的票价表出售普通单程车票和优惠单程车票等。乘客在购买车票时，可以根据自动售票机面板上的提示进行操作，具体步骤如下：

① 乘客在触摸屏上选取目的地车站及购票数，操作屏上就会显示出乘客所在车站至目的地车站的票价。

② 乘客投入现金或插入有足够余值的储值票（一卡通），自动售票机就会自动发售一张或多张车票，并视情况进行相应的找零。

③ 乘客取出车票后，自动售票机完成一次售票过程。

如果在售票过程中，乘客按下取消按钮，就可以取消正在进行的交易，并将乘客所投入的现金或储值票（不做任何处理）直接退还给乘客。另外，如果连续两步购票操作之间的时间间隔过长（超过系统设定的时间），自动售票机将会自动取消正在进行的交易。

（3）票房售票机（booking office machine，BOM）。票房售票机位于车站的售票处，由站务员操作。BOM 可以发售单程车票、储值车票，同时还具有车票的有效性分析、补票和给储值车票（一卡通）加值等功能。票房售票机的组成如图 7-4 所示。

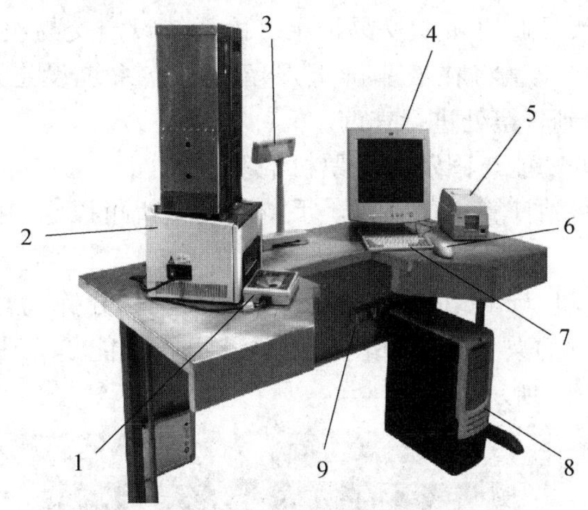

图 7-4　票房售票机的组成

1—非接触智能票卡读写模块；2—自动出票机；3—乘客显示器；4—工作人员显示屏；5—收据打印机；6—鼠标；7—键盘；8—机箱；9—电源插座

票房售票机有两种操作模式：售票模式和补票模式。

① 售票模式。售票模式用于给非付费区的乘客处理车票。在该模式下可以对车票进行进出码更新、发售和加值。

② 补票模式。补票模式用于给付费区的乘客处理车票。在该模式下可以对车票进行进出码更新、超乘更新、超时更新、发售免费/付费出站票和加值。

操作员必须通过键盘（或其他数据输入设备）输入员工号和密码进行注册登录，登录有效后，才被允许进行后续的操作。

（4）验票机（ticket checking machine，TCM）。验票机分为固定式验票机和手持式验票机两种，如图 7-5 和图 7-6 所示。

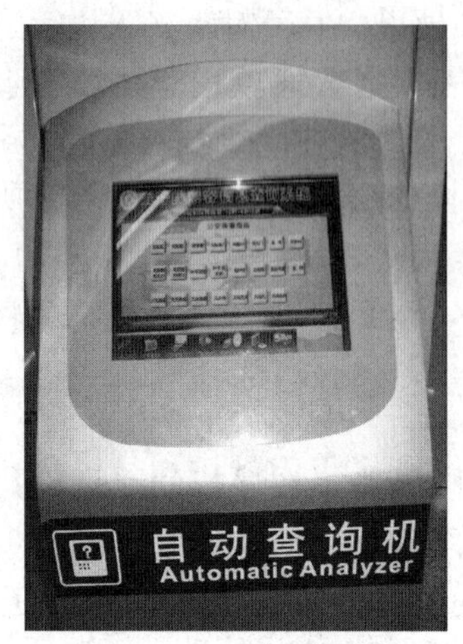

图 7-5　固定式验票机

图 7-6　手持式验票机

图文
揭秘地铁自动化检票

固定式验票机安装在非付费区，用于检查车票的余值、有效使用时间等。乘客把车票靠近验票机的读卡区，车票的信息将被读卡器读入，车票类型、剩余票值、有效日期和车票最近的 m 次交易记录（由系统设定交易次数的显示）都将显示在液晶屏上，这些信息将在液晶屏上保留 n 秒（系统设定）。如果车票无效，TCM 就会指示乘客到售票处进行查询。

手持式验票机的功能与固定式验票机的基本相同，但它可以被移动使用。通过车站网络设备或车站计算机的串口，手持式验票机可以定时与车站计算机进行信息的交互。

（5）编码/分拣机（encoder/sorter，E/S）。编码/分拣机属于中央计算机系统，由城市轨道交通运营单位的票务管理部门使用，其主要功能是完成对车票的编码、赋值、分拣、注销等，如图 7-7 所示。

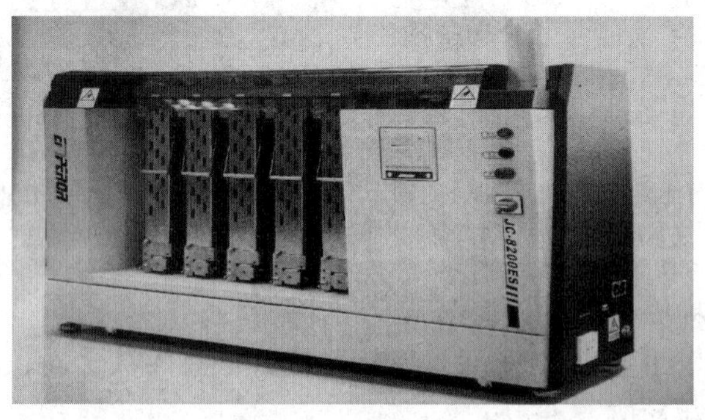

图 7-7　编码/分拣机

① 编码/分拣机的编码、分拣作业订单通过中央计算机的车票管理子系统（ticket management system，TMS）下达，TMS 可以监视订单的执行。

② 编码/分拣机可以对回收的车票进行分拣、重新编码（新投入使用的车票须先在编码/分拣机上进行初始化编码），然后再送到车站发售。在发售时由 BOM 在车票中写上发售的有关数据（包括日期、时间、地点、票值等）。

③ 编码/分拣机能将车票按类型分拣到不同票箱中，通过车票处理单元对车票进行验证和编码，验证编码后的车票被送入已分拣票箱，废票则送入废票箱中。

④ 编码/分拣机的操作员通过键盘输入员工号和密码进行注册登录。登录数据会通过网络传送到中央计算机进行确认，如果有效则操作员可以根据菜单的提示输入运行数据（如票种、批号、编码日期、编码数量等）。编码/分拣机带有一个打印机，它可打印出编码/分拣机运作的记录、车票序列号、输入的车票总数、编码的车票总数和种类、废票数及编出有效票的数量等。同时，上述数据将被备份在本机的硬盘中。

⑤ 编码/分拣机的编码、分拣情况也可以通过中央计算机报表来显示、打印，以提供相应的数据给业务监督部门进行审核、监督。

⑥ 编码/分拣机具有不间断电源，以便在断电情况下能够正常完成正在执行的作业任务，并有序地关闭编码/分拣机。

（6）车站计算机（station computer，SC）。车站计算机是以工业 PC 作为主处理器的系统，它包括一台数据库服务器、一台应用服务器、一台宽带交换机及相应的不间断电源。车站计算机可以监控车站内的自动售票机、票房售票机、进出站闸机和验票机等车站设备的运行状态，对票务收益和客流量进行统计，生成及打印各类报表。车站计算机还向中央计算机发送各种设备运行状态、票务收益和客流信息，同时接受中央计算机下达的运营参数。车站计算机的主要功能如下：

① 提供客流及收益数据，并最大限度地保证数据的安全性及准确性。

② 控制闸机、自动售票机、票房售票机、验票机等车站现场设备的开关，采集和保存车站现场设备的票务审核及设备维修信息。

③ 根据系统参数，车站计算机能够产生不同时间段的报表，如一天中特定时刻的报表、日报表、某几天的报表等。

④ 将信息格式化并传送至中央计算机进行保存、分析，并根据需要生成各种报表。生成的报表主要有以下几种：

- 系统活动日志，记录了现场 AFC 设备的状态信息和相关的操作信息，如设备通信情况、设备状态更换信息、操作员登录注销信息、操作员更换钱箱及票箱信息等。
- 每天车站自动售票机发售车票的数量及收益统计表。
- 每天车站票房售票机发售车票的数量、补票的数量和收益统计表。
- 每天出闸机车费扣除统计表。
- 每天自动售票机钱箱统计表。
- 每天票房售票机操作员各班操作的情况。
- 每天进/出闸机每 15 min 的客流统计。
- 每天车站设备故障状态统计。

⑤ 从中央计算机接收重要的系统运营参数（系统时间、车费表、黑名单、设备运行时间表、操作员用户名及密码等），并下达至车站现场设备。

车站计算机的运作有两种模式：一种是与中央计算机相连时的在线运行模式，另一种是与中央计算机通信中断时的离线运行模式。如果中央计算机与车站计算机的通信出现故障，那么在车站计算机的主存储器中至少可以保存 7 d 的 AFC 设备数据，直至中央计算机确认接收数据后才将数据从车站计算机中删除，这些数据也可以利用人工方式进行复制。

(7) 中央计算机。中央计算机具有下列功能:

① 通过车票管理模块与编码分拣机进行通信，下载制票计划。

② 采集编码/分拣机的制票数据，进行分类统计。

③ 从车站计算机上收集客流、收益、审核数据，并保存在相应的数据库表中。

④ 从车站计算机查询现场 AFC 设备的状态信息，并建立 AFC 设备管理数据库，同时也能像车站计算机一样控制各种车站 AFC 设备（如闸机、自动售票机、票房售票机和验票机）。

⑤ 保存或更新车站计算机的黑名单数据文件。

⑥ 利用通信主系统时钟与车站计算机进行日期和时间的同步。

⑦ 对票价参数、运营参数和控制参数进行有效管理，如制定灵活适用的票价表、设备运作时间表等，以及针对这些参数进行灵活的下载，可以按单台设备、一组设备、单个车站、所有车站等方式进行参数下载。

⑧ 具有完善的病毒入侵检测及系统异常报警机制。

⑨ 编制每日运营收入、客流、维护状态、管理信息报告和累计票务数据。

⑩ 分析和归纳 AFC 数据库信息，编制对城市轨道交通系统有效管理的报告（包括设备运作次数的计算，可在工作站编写并打印）。

⑪ 提供了一个储值票使用跟踪系统，可以查询一定时间范围内任意一张储值票的详细使用记录。

为了准确、可靠、高效地实现以上功能，城市轨道交通自动售检票系统的中央计算机系统采用两台服务器作为主机，两台主机进行在线冗余备份。中央主机通过核心交换机与车站级交换机进行连接，通过防火墙路由器与城市一卡通清算中心的服务器连接。中央计算机按照一定的时间间隔从车站级设备上收集数据，并通过车站计算机将系统的票价参数、运营参数和控制参数下载到站级设备上。另外，AFC 系统的各级设备都可以独立运作，确保在系统出现局部故障时，不至于影响整个系统的运作。

中央计算机系统还配备有维修、财务、点钞、运营计划、安全保密、操作员等终端工作站。

(8) 车票。城市轨道交通系统可使用的车票类型很多，主要有普通纸票、磁卡票和非接触式 IC 卡三种，且大小规格不统一。目前，世界各地较通用的可循环车票为信用卡大小（ISO 标准）的 IC 卡车票。根据 IC 卡中所镶嵌的集成电路的不同可以分成三类：存储卡、逻辑加密卡、CPU 卡。目前，非接触 IC 卡是各国地铁储值票的首选介质。AFC 系统中使用的非接触 IC 卡按功能又分为单程票和储值票。

图片
车票的种类

以沈阳地铁为例，单程票卡是内嵌装集成电路、以非接触操作方式与外部集成电路进行耦合操作的薄型 IC 卡，是回收类轨道交通专用票。乘客只能在地铁车站内的自动售票机或半自动售票机处购买，当日运营时间内购票车站进站有效、乘坐车费以内的车程，出站时由闸机回收。储值票卡是 ID-1 卡类型［《识别卡 物理特性》(GB/T 14916—2006)中规定］的卡，它有一定的存储空间和数据加密功能，可以在车票内储值、扣款。

在车票制造工艺方面，除满足制造工艺标准外，还应具备抗拉强度高、抗折强度高、表面光滑平整、抗高湿变形、无分层等机械性能。非接触式 IC 卡的结构如图 7-8 所示。

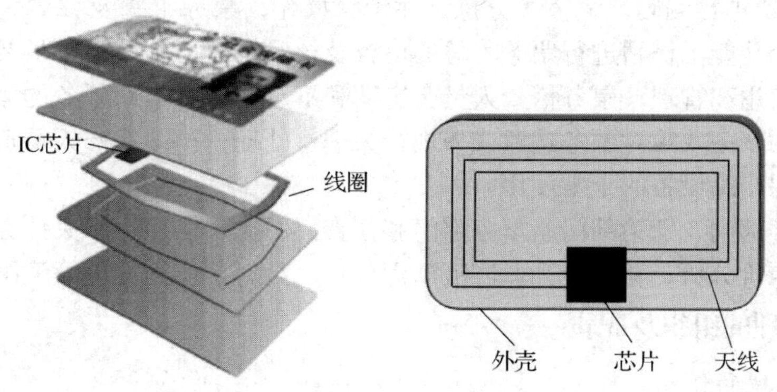

图 7-8 非接触式 IC 卡的结构

AFC 系统使用的车票一般可分为以下几种：

① 按制作材料分类，可分为用于人工检售票系统的纸质车票（分软、硬两种）、用于自动检售票系统的磁性车票和非接触式 IC 卡车票。

② 按车票内涵分类，可分为普通票、优惠票（包括老人、学生用的优惠单程票和储值票）、贵宾票和纪念票，单程票和多程票，出站票和来回票，当日票、定期票、联运票和储值票，实验票、团体票、员工票等。

7.1.2 自动售检票系统的运行管理

1. 运行管理的任务和内容

1）运行管理的任务

AFC 系统是城市轨道交通机电设备中承担客运组织的重要系统，该系统对 AFC 设备的运行进行有效的管理，是城市轨道交通客运及票务组织有序、高效运作的前提保证。为实现系统的良好运转应做到以下几点：

（1）制定合理的设备运营管理方案，规范车站票务人员的操作。通过制定和完善 AFC 设备的操作手册、指引及流程，使得车站操作人员可以安全可靠地控制和科学地管理车站设备，最大限度地利用 AFC 系统的功能为城市轨道交通运行服务。

（2）建立专门的 AFC 设备维护及维修队伍，加强对 AFC 设备故障处理的组织及研究，明确故障类型及等级的划分，保证系统设备良好的技术及经济性能。

（3）加强对 AFC 系统的高科技含量的应用，利用系统提供的各种原始数据（数据库）、日志、审核信息、报警信息来提高城市轨道交通对安全事件的反应处理能力，保证乘客的人身安全和系统的收益安全。

（4）加强对乘客使用设备的教育和宣传，让乘客了解票务政策和票价政策，熟悉设备的使用特性，爱护设备，维护设备的完整性。

2）运行管理的内容

AFC 设备的操作人员按权限大致可以分为中央系统维护人员、制票人员、票务审查及核对人员、车站督导员、车站售票员、票务稽查人员、车站维修人员等几个级别。其中，中央系统维护人员负责中央计算机系统各种设备的日常管理及维护；制票人员利用编码/分拣机对车票进行编码、赋值、分拣、注销等操作；票务审查及核对人员利用中央计算机系统的各个功能工作站进行票务收益的审查及核对工作；车站督导员及售票员负责车站设备的日常使用和管理；票务稽查人员会定期和不定期地对车站票务的运作情况进行抽检，根据公司的票务政策对票务违章或违规行为进行处理；车站维修人员负责车站设备的维护维修，确保车站设备的正常使用。

另外，财务部门、营销部门、车务部门和稽查部门也可以通过中央计算机的工作站进行客流统计、票价分析、营收统计、客流断面分析、员工票使用分析等工作。

2. 运行管理的组织及职责

1）运行管理的组织

自动售检票系统运行管理的组织如图 7-9 所示。

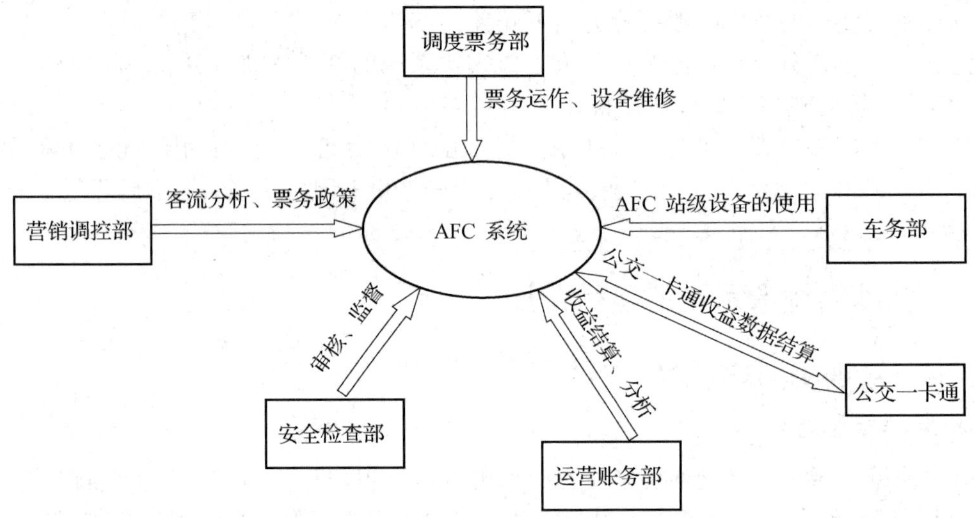

图 7-9 自动售检票系统的运行管理组织

2）有关部门的职责

（1）票务管理和维修部门的职责。票务管理和维修部门负责 AFC 系统设备的运营维护、维修工作，确保系统设备的正常运行；对系统设备的使用提供功能及技术上的支持；负责为票务相关部门提供相应的设备运营数据；为公司在制定票务相关政策和决策时提供技术支持及专业建议；配合相关部门开展与一卡通管理中心的技术协调工作；负责制定 AFC 系统的操作手册和维修规程；负责对票务相关部门进行 AFC 系统新功能的操作培训；负责车票的初始化、编码、赋值、注销等工作；负责制票机的日常清洁维护工作和简单的故障处理；负责对运营相关收益数据的核对、分析，产生每日的营收日报；负责依据 AFC 系统的功能制定票务规章制度和作业程序；参与票务政策的制定工作；负责 AFC 系统现场设备（包括 BOM、TVM、gate、SC）的日常运作管理；负责车站 AFC 设备的表面清洁维护及简单设备故障的处理。

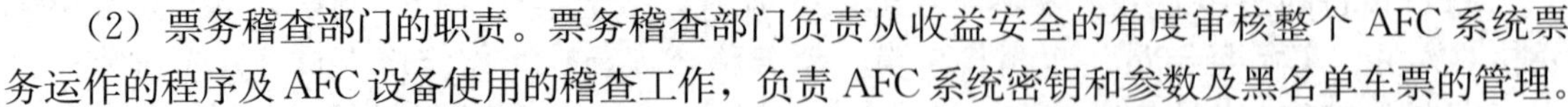
（2）票务稽查部门的职责。票务稽查部门负责从收益安全的角度审核整个 AFC 系统票务运作的程序及 AFC 设备使用的稽查工作，负责 AFC 系统密钥和参数及黑名单车票的管理。

(3) 营销调控部门的职责。营销调控部门负责根据市场的调研及AFC系统的实际运营数据，制定并完善公司的票务政策；利用AFC系统的功能适时推出针对票种、票价、优惠时段等方面的优惠促销活动。

(4) 财务部门的职责。财务部门根据AFC（包括城市轨道交通一卡通）系统的收益数据报表进行票款的结算及相应的收益分析工作。

拓展知识

AFC系统运行管理的有关规定

AFC系统的参数管理主要包括票价参数、设备运作参数、设备控制参数等几大类。其中的一部分参数是由公司的票务政策所决定的，对于这部分参数的调整是由运营总部或公司各职能部门经过充分论证，再对票务政策进行调整，最后由票务管理部门在系统中实现的。另外一部分参数会根据公司的乘客服务、市场营销、安全稽查等方面的工作需要，在AFC系统中进行调整。其运行管理的主要内容如下。

1. 黑名单的管理

城市轨道交通对黑名单的管理主要是为了控制违规票的使用。通过对城市轨道交通储值票、员工票进行黑名单设置与取消等工作（一卡通的黑名单管理由一卡通公司负责，城市轨道交通系统只提供一个实现的接口）实现对黑名单的管理。对城市轨道交通储值票设置黑名单的原因主要有两个：

(1) 车票在使用过程中发生问题，如余额突然发生巨额跳变。

(2) 由于种种原因导致需要回收某一批车票，如车票存在问题、由于行政管理需要而规定对某些车票停止使用等。

对员工票进行黑名单设置的原因主要有车票丢失或在系统中发现车票存在违规使用的问题等。

2. 密钥的管理

密钥的管理主要是利用密钥管理系统（key management service，KMS）对设备安全认证模块（secure access module，SAM）的制作管理。KMS是中央计算机系统的一个子模块，在设备的运营过程中，常会发生SAM卡损坏的情况，此时就需要利用密钥管理系统制作新的SAM卡，或者是当系统的密钥需要进行更换时，也需要用KMS对所有设备的SAM卡进行密钥更新。每次制作设备SAM卡时都必须有主密钥卡的参与才能完成，主密钥卡须由专人负责保管。

3. 车站AFC设备的运行管理

(1) 正常情况下车站的运行管理。车站设备的运作是通过系统的运作参数进行控制的，AFC系统针对每个车站的每类设备设置开启、关闭时间。此外，也可根据车站运作的需要通过车站计算机临时关闭某些设备。

每日运营开始前，车站人员应对TVM进行补币、补票。在运营过程中值班员通过车站计算机监视TVM内车票和现金的状况，并及时安排补票、补币。售票员则通过BOM进行售票、加值、乘客事务处理等工作。

当设备发生故障时，车站人员通过AFC轮值人员通知AFC维修人员进行抢修。AFC维修人员修理完毕后将故障处理情况反馈给轮值人员，由后者对故障及处理情况、故障处理人员、修复故障消耗的材料和备件、故障发生时间、故障修理完毕时间等进行登记，以便进行维修统计。

（2）特殊情况下车站的运行管理。当车站出现突发客流、火灾等情况，或出现列车晚点、列车运行中断等情况时，车站可以将AFC系统设为降级运营模式中的一种或几种的组合来满足客运服务工作的需要。这些降级模式是列车故障模式、紧急模式、进出免检模式、时间免检模式、日期免检模式、车费免检模式。

当车站AFC设备部分或全部发生故障，影响车站的正常运作时，车站人员须按照提前制定好的应急预案开展工作；同时维修人员根据《AFC系统重大故障处理预案》进行故障抢修，保证车站AFC系统在尽可能短的时间内恢复运作。

（3）编码/分拣机的运行管理。通过AFC中央计算机的TMS制订每日的制票（注销）计划，TMS自动将作业计划下发给编码/分拣机，编码员可以控制和监视作业计划的执行情况。作业计划执行完毕后，制票员需清点车票的数量并完成和车票管理员的交接，车票管理员可以通过编码/分拣机报表来核对编码员的计划作业完成情况。

当编码/分拣机发生故障时，车票编码员通过AFC轮值通知维修人员进行抢修。

（4）设备的维修保障。AFC系统的维修是通过AFC轮值来进行维修调度的。故障发生后在第一时间将系统内发生的情况通报给票务主任及相应的设备工程师，同时轮值又代表票务主任行使维修调度的权利，从而保证维修工作有序、高效的进行。

AFC轮值通过AFC故障管理系统可以随时跟踪现场设备的故障情况和故障处理情况，以保证维修信息快速、准确的传递。AFC故障管理系统记录了大量的维修数据，通过对这些数据的分析，可以掌握各种设备及设备内各个部件的运作性能，从而为科学、合理地安排设备及其部件的定期维护检修流程提供有益的参考，并保证对设备进行科学的维护与维修。

票务管理部门应制定检修工的岗位职责和维修规程，并对员工进行维修技能、技巧及设备重大故障应急预案的培训，提高检修工的故障判断能力和故障处理能力。

任务7.2 了解车站电梯系统和屏蔽门系统

7.2.1 车站电梯系统

图片
站内客运设备

电梯是一种以电动机为动力的垂直升降机，装有厢状吊舱，用于多层建筑乘人或载运货物；电梯也有台阶式，将踏步板装在履带上连续运行，俗称自动扶梯或自动人行道，服务于规定楼层的固定式升降设备。直升降电梯具有一个轿厢，运行在至少两列垂直的或倾斜角小于15°的刚性导轨之间。轿厢的尺寸与结构形式应便于乘客出入或装卸货物。习惯上不论其驱动方式如何，都将电梯作为建筑物内垂直交通运输工具的总称。

19世纪中期开始出现的液压电梯，至今仍在低层建筑物上应用。1852年，美国的E. G. 奥蒂斯研制出钢丝绳提升的安全升降机。19世纪80年代，驱动装置有了进一步改进，如电动机通过蜗杆传动带动缠绕卷筒等。19世纪末，采用了摩擦轮传动，大大增加

了电梯的提升高度。20世纪末电梯采用永磁同步曳引机作为动力，大大缩小了机房占地，并且具有能耗低、节能高效、提升速度快等优点，极大地推进了建筑向超高层方向发展。

城市轨道交通的电梯系统包括垂直电梯（无障碍电梯）、自动扶梯及楼梯升降机，电梯系统是城市轨道交通系统的重要组成部分，担负着方便乘客进出车站的任务，对及时疏散乘客起到至关重要的作用。

城市轨道交通系统配置电梯系统的基本原则是：站台至站厅间根据车站远期客流量设置上、下行自动扶梯；出入口及过街隧道根据人流量设置上、下行或上行自动扶梯；当提升高度达到6 m以上时，设上、下行自动扶梯以保证人流的疏散和服务质量；车站内设置垂直电梯或楼梯升降机以满足残疾人等特殊人群的需要。

1. 垂直电梯

垂直电梯是指用电力拖动的轿厢运行于铅垂的或倾斜角不大于15°的两列刚性导轨之间运送乘客或货物的固定设备，香港地铁车站的垂直电梯如图7-10所示。

图7-10　香港地铁车站的垂直电梯

随堂测试

1）分类

垂直电梯按不同的分类标准可分为不同的类别，按速度分类，可分为低速电梯（1 m/s以下）、快速电梯（1～2 m/s）和高速电梯（2 m/s以上）等。按驱动方式分类，可分为以下几种：

（1）交流电梯。用交流感应电动机作为驱动力的电梯，称为交流电梯。交流电梯根据拖动方式又可分为交流单速、交流双速、交流调压调速、交流变压变频调速等。

（2）直流电梯。用直流电动机作为驱动力的电梯，称为直流电梯。这类电梯的额定速度一般在2.00 m/s以上。

（3）液压电梯。一般利用电动泵驱动液体流动，由柱塞使轿厢升降的电梯，称为液压电梯。

（4）齿轮齿条电梯。将导轨加工成齿条，轿厢装上与齿条啮合的齿轮，电动机带动齿轮旋转使轿厢升降的电梯，称为齿轮齿条电梯。

（5）螺杆式电梯。将直顶式电梯的柱塞加工成矩形螺纹，再将带有推力轴承的大螺母安装于油缸顶，然后通过电机经减速机（或皮带）带动螺母旋转，从而使螺杆顶升轿厢上升或下降的电梯，称为螺杆式电梯。

（6）直线电机驱动的电梯。其动力源是直线电机。

2）工作原理

现代电梯主要由曳引机（绞车）、导轨、对重装置、安全装置（如限速器、安全钳和缓冲器等）、信号操纵系统、轿厢与厅门等组成。这些部分分别安装在建筑物的井道和机房中。电梯的工作原理是：采用钢丝绳摩擦传动，曳引绳两端分别连着轿厢和对重，缠绕在曳引轮和导向轮上，曳引电动机通过减速器变速后带动曳引轮转动，靠曳引绳与曳引轮摩擦产生的牵引力实现轿厢和对重的升降运动，达到运输的目的。电梯要求安全可靠、输送效率高、平层准确和乘坐舒适等。电梯的基本参数主要有额定载重量、可乘人数、额定速度、轿厢外廓尺寸和井道型式等。

2. 自动扶梯

自动扶梯主要由桁架、梯级、裙板、扶栏、驱动链、梯级链、减速机、电动机、主驱动轴、梯级链张紧装置、导轨、扶手带驱动装置、扶手带、梳齿板、控制系统、安全装置等组成。

自动扶梯是带有循环运动梯路的向上或向下倾斜输送乘客的固定电力驱动设备。按驱动装置的位置可分为端部驱动自动扶梯和中间驱动自动扶梯。

（1）端部驱动自动扶梯的驱动装置位于自动扶梯的头部，并以链条为牵引构件。它由一系列的梯级和两根牵引链条连接在一起，运行在按一定线路布置的导轨上。牵引链条绕过上牵引链轮、下张紧装置并通过上、下分支的若干直线、曲线区段构成闭合环路。该环路的上分支中的各个梯级应严格保持水平，以供乘客站立。上牵引链轮通过减速器等与电动机相连以获得动力。扶梯两边装有与梯级同步运行的扶手装置，以供乘客手扶之用。为了保证自动扶梯上乘客的绝对安全，要求扶梯必须装设多种安全装置。

（2）中间驱动自动扶梯的驱动装置位于扶梯中部，并以齿条为牵引构件。一台自动扶梯可以安装多组驱动装置，也称多级驱动组合式自动扶梯。运行时，电动机通过减速器将动力传递给两侧的构成闭合环路的传动链条，每侧的传动链条之间铰接一系列的滚子，滚子与牵引齿条的牙齿啮合，驱使自动扶梯运行。

3. 楼梯升降机

楼梯升降机属于液压梯的一个分支，安装在车站站台到站厅和地面到站厅步行楼梯一侧，供坐轮椅的乘客上下楼梯使用，弥补了车站现有液压梯不能到达地面的不足。楼梯升降机能沿着楼梯连续做上升、水平和 90° 转角的运行，运行倾角不大于 35°。车站出入口的楼梯升降机是室外型，能全天候工作；车站内的楼梯升降机是室内型，按室内条件设计。该设备能适应地铁每年工作 365 d，每天工作 20 h 的工作要求。它主要由轮椅平台、驱动机、导轨、控制柜、充电装置、低电源蜂鸣器、安全装置组成，如图 7-11 所示。

图文
楼梯升降机

图 7-11 楼梯升降机

7.2.2 屏蔽门系统

1. 相关术语及名词缩写

(1) PSD (platform screen door)，即屏蔽门，包括屏封与滑动门，能将站台与轨道间隔开。

(2) EED (emergency exit door)，即应急门，列车进站不能准确停靠时的紧急疏散通道。

(3) PED (platform end door)，即端门，车站工作人员由站台侧两端进入轨区侧的通道。

(4) ASD (automatic slide door)，即滑动门，正常运行时乘客上下车的通道。

(5) PEDC (platform edge door control)，即屏蔽门主控制器。

(6) PSL (psd local control panel)，即站台操作盘，用于实现站台级控制。

(7) DCU (door control unit)，即门控单元，安装于门机内，进行门单元运动控制，并反馈控制状态给 PEDC。

2. 屏蔽门系统的组成

屏蔽门系统是机电一体化系统。该系统集成了现代计算机控制、伺服驱动、网络技术、UPS 电源技术、钢化玻璃技术、精密机械技术等。屏蔽门系统一般由支撑结构、门槛、滑动门、固定门、应急门与端门、顶箱等组成。

(1) 支撑结构。支撑结构包括（上、下底部）支撑部件、门梁、立柱、顶部伸缩装置等构件，能承受屏蔽门的垂直荷载、隧道通风系统产生的风压、列车运行时形成的正负水平风压荷载、乘客挤压荷载等。

(2) 门槛。门槛包括固定门门槛和滑动门门槛。固定门门槛承受固定门的垂直荷载，滑动门门槛承受乘客荷载。门槛结构中有滑动导槽，配合滑动门滑动。

（3）滑动门。滑动门是正常运行时乘客上下列车的通道，由钢化玻璃、门框、门吊挂连接板、门导滑板、门胶条、手动解锁装置等组成。门吊挂连接板设有滑动炭刷架，使金属门框接轨地。

（4）固定门。固定门由钢化玻璃、门框等组成。门框插挂于立柱的方孔内，门框与立柱之间设有橡胶减震垫。

（5）应急门与端门。应急门与端门由钢化玻璃、门框、闭门器、推杆锁等组成。

（6）顶箱。顶箱包括铝合金型材（用于安装门机部件）、门楣、前后盖板、电缆线槽、密封胶等。

3. 屏蔽门系统的功能

屏蔽门系统是安装于城市轨道交通沿线车站站台边缘，用以提高运营安全系数、改善乘客候车环境、节约运营成本的一套机电一体化的机电设备系统，香港地铁屏蔽门如图 7-12 所示。

图 7-12　香港地铁屏蔽门

屏蔽门系统作为站台公共区与轨道列车之间的可控通道，其功能是：列车进站时配合列车车门打开或关闭滑动门，为乘客提供上下列车的通道。屏蔽门系统的使用，隔断了站台侧公共区空间与轨道侧空间，从而解决了人员跌落轨道的安全隐患及驾驶员驾车进站时的心理恐慌问题；隔离了列车运行时所产生的噪声、活塞风，保证了站内乘客良好的候车环境；避免了活塞风造成的站内空调冷量的损失，节省了运营成本；同时还可减少了设备容量及数量，减少了土建工程量等投资建设成本，产生了良好的社会效益和经济效益。

4. 屏蔽门系统的控制模式

屏蔽门系统的控制模式有系统级、站台级、人工操作（或称手动操作）三种正常控制模式和火灾控制模式。

（1）系统级控制模式。系统级控制模式即执行信号系统命令的控制模式。

（2）站台级控制模式。站台级控制模式即执行站台操作盘发出命令的控制模式。

（3）手动操作模式。手动操作模式即站台工作人员在站台侧用专用钥匙解锁或由乘客在轨道侧推动解锁装置打开滑动门。

（4）火灾控制模式。火灾控制模式即在相应的火灾模式下，车站值班人员能在车站控制室操作消防联动盘的屏蔽门紧急控制开关，配合打开滑动门，疏散乘客和配合环控系统排烟。

上述模式的控制优先权从高到低依次为人工操作（或称手动操作）模式、火灾控制模式、站台级控制模式、系统级控制模式。

图文
屏蔽门的应用

5. 屏蔽门系统的使用与控制

屏蔽门系统具有障碍物检测功能，当滑动门关闭、检测到障碍物时会后退做短暂停止以释放夹到的障碍物，然后再关闭，从而避免夹伤乘客。

屏蔽门系统与车站机电设备监控系统（electricaland mechanical control system，EMCS）之间或主控系统（main control system，MCS）之间设有通信接口，用于传送屏蔽门系统的运行状态、故障诊断信息，便于车站控制室人员、维修人员监视屏蔽门状态。

在车控室设有屏蔽门系统监控器（PSA），车站工作人员、屏蔽门维修人员可在PSA上监控屏蔽门系统的运行状态，查看、下载屏蔽门系统的运行历史记录，修改、下载屏蔽门系统的控制程序、参数等。

屏蔽门系统在站台设有应急门、端门。应急门一般当作固定门使用，当列车进站无法停靠在允许的误差范围位置时，必有一道列车门对准应急门，此时若需要由应急门紧急疏散，可由乘客在轨道侧列车上打开相对应的列车门，然后推动应急门的解锁装置或由站台工作人员在站台侧用专用钥匙打开应急门进行紧急疏散。应急门在使用后必须确保关闭与锁紧。端门是车站工作人员通道，可在轨道侧推动端门的推杆锁的解锁装置或由站台工作人员在站台侧用专用钥匙打开。

任务7.3 了解供电系统

7.3.1 供电系统的组成

城市轨道交通的供电系统负责提供车辆及设备运行的动力能源，一般包括高压供电源系统、牵引供电系统、动力照明供电系统和电力监控系统。

高压供电源系统是城市电网对城市轨道交通系统内部变电所的供电方式，一般视各城市的情况而定；牵引供电系统供给电动车辆运行的电能，由牵引变电所和牵引网组成；动力照明供电系统为车站和区间各类照明、扶梯、风机、水泵等动力机械设备提供电源，为通信、信号、自动化等设备提供电源，由降压变电所和动力照明配电线路组成；电力监控系统对供电设备进行监控和数据采集。

7.3.2 高压供电源系统

高压供电源系统一般有三种供电方式：集中式供电、分散式供电和混合式供电。

1. 集中式供电

沿城市轨道交通线路，根据用电容量和线路的长短设置专用的主变电所。主变电所一般为 110 kV，由主变电所变压为内部供电系统所需的电压级，一般为 10 kV 或 35 kV。由主变电所构成的供电方式为集中式供电。

主变电所应有两路独立的 110 kV 电源，上海、广州、香港的地铁即为此种供电方式。

2. 分散式供电

城市轨道交通线路沿线直接由城市电网引入多路电源，电源的电压等级一般为 10 kV，供给各牵引变电所，这种方式称为分散式供电。分散式供电应保证每座牵引变电所和降压变电所皆能获得双路电源。

3. 混合式供电

混合式供电即前两种供电方式的结合，以集中式供电为主，个别地段引入城市电网电源作为集中式供电的补充，使供电系统更加完善和可靠。北京地铁 1 号线和 2 号线即为此种供电方式。

7.3.3 牵引供电系统

随堂测试

1. 电压等级

目前，世界各国的轨道交通系统的牵引网均采用直流牵引，牵引电压等级较多，有 600 V、750 V、825 V、1 000 V、1 200 V 和 1 500 V 等，其发展趋向是 IEC 电压标准（600 V、750 V、1 500 V），而我国的国标电压标准为 750 V 和 1 500 V 两种。所以，目前我国各城市的地铁和轻轨所采用的电压制均为 750 V 或 1 500 V。

这两种电压等级各有优劣。1 500 V 的供电距离较长，可减少牵引变电所的数量，但会提高牵引变电所及车辆电机、电气设备的电压绝缘水平。目前国内正在运行的轨道交通系统中，广州、上海采用了 1 500 V 电压制，其 1 500 V 系列的直流电气设备及 1 500 V 电动车辆均为国外进口，造价较高。今后，随着我国城市轨道交通工程项目的不断建设，1 500 V 系列的直流电气设备及 1 500 V 的电动车辆将逐步实现设备的国产化。

如果采用 750 V 电压制，那么变电所的数量将增加，但国内有比较成熟的 750 V 直流电气设备及电动车辆，且造价较低。北京地铁即采用了 750 V 的电压制。

2. 牵引网

城市轨道交通系统的牵引网是指沿线路敷设专为电动车辆供给电源的装置，它由两部分组成，即正极接触网供电、负极走行轨回流。牵引网可分为接触轨和接触网两种方式。

接触轨的主要优点是：使用寿命长，维修量小，在地面对城市景观没有影响，适用于电压较低的制式。北京地铁即采用了 750 V 接触轨供电的方式。

接触网的主要优点是：安全性较好，适用于电压较高的制式。上海、广州地铁均采用了 1 500 V 接触网供电的方式。

接触轨和接触网这两种供电方式，目前在世界上许多国家同时并存。究竟采用哪种方式，各城市应根据自己的特点，在进行了车辆和供电系统的综合比较后确定。

3. 牵引变电所的设置

牵引变电所的位置和容量应根据运行高峰小时的车流密度、车辆编组及车辆类型通过牵引供电计算，经多方案比较确定。原则上，牵引变电所应尽可能地设在地面上。地面变电所投资小，运行费用低，运行管理方便。

牵引变电所既可沿线路均匀布置，也可结合车站，与降压变电所合建于车站站端。均匀布置可减少变电所的数量，馈电质量较好，但管理不方便；设在车站，可与降压变电所合建，管理比较方便。

牵引变电所的设置应保证高峰时最大运营负荷的需要，同时应保证系统中任何相隔的两座牵引变电所发生故障解列时，靠其相邻变电所的过负荷能力仍能保证列车的正常运行。同时，牵引变电所内应留有大型设备的进出口和运输通道，并应考虑通风、散热、防火、防雷电的要求。

7.3.4 动力照明供电系统

动力照明供电系统由降压变电所及动力照明组成。每个车站应设降压变电所。地下车站负荷较大，一般设于站台两端，其中一端可以和牵引变电所合建为混合变电所。地面车站负荷较小，可设一个降压变电所。

1. 低压配电

低压配电即将低压电力（380/220 V）安全、可靠、合理地配置给各个用电负荷。

1）配电的组成

(1) 动力配电。动力配电包括供电线路、电气设备（环控、电扶梯、屏蔽门、水泵、通信、信号等）。

(2) 照明配电。照明配电包括供电线路、各种类型灯。

2）配电的作用

配电的作用是给用电负荷提供电源，其主要的用电负荷有：环控设备（包括风机、冷水机组、组合式空调箱、风机盘管等）、各种水泵（包括污水泵、废水泵、雨水泵、消防水泵等）、电扶梯（包括电梯、自动扶手扶梯等）、屏蔽门设备、照明（包括各种类型的灯）、EMCS设备、通信设备、信号设备。

3）用电负荷的分级

用电负荷分为一级负荷、二级负荷和三级负荷。

(1) 一级负荷。一级负荷平时由两路互为备用的独立电源供电，末端切换（双电源切换），以实现不间断供电。

(2) 二级负荷。二级负荷平时由两路互为备用的独立电源供电，当电网只有一路电源时，允许将其从电网中切除。

(3) 三级负荷。三级负荷平时由一路电源供电，当该电源发生故障时，可中断供电；当电网只有一路电源时，应将其从电网中切除。

在城市轨道交通的设备中，属于一级负荷的有通信、信号、FAS、EMCS、SCADA、风机、风阀、空调机组、车站工作（应急）照明、自动售检票、屏蔽门、电梯等；属于二级负荷的有自动扶梯、一般照明、污水泵等；属于三级负荷的有冷水机组、冷冻水泵、冷却水泵、冷却塔、广告照明、清扫机械等。

在火灾情况下FAS系统将直接切断三级负荷总电源。

2. 照明系统

地铁照明的种类很多，一般分类如下：

（1）一般照明（工作照明、节电照明）。一般照明采用交流双电源交叉方式供电（出入口照明、站厅层、站台层、隧道区间照明、设备房照明）。

（2）事故照明。事故照明原则上为长明灯，正常时采用交流双电源以交叉方式供电，当双电源事故失电时，由事故照明电源装置（蓄电池）供电。

（3）广告照明。广告照明采用一路电源供电。

（4）设备房屋照明。设备房屋（站长室、配电室、车站综合控制室、水泵房、气体消防设备室、防排烟机房等在事故工况下仍需继续工作的场所）照明应采用两路电源供电，其中一路由交流供电，另一路由事故照明电源供电。

（5）标示照明。标示照明是指出入口等处的指示标志灯等。

（6）疏散引导照明。疏散引导照明包括安全出口标志灯、疏散标志灯（通道转弯处、太平门顶部、直线段）。

（7）安全照明。在站台板下的电缆沟内设安全灯和安全灯插座，使用 24 V、60 W 的白炽灯。电力是保证城市轨道交通列车正常运行及各种设备系统不间断工作的能源，一般取自城市电网，且大部分为一级负荷，要求比较高。安全照明通常引入双路独立电源，保证不间断供电。

7.3.5 电力监控系统

电力监控（supervisory control and data acquisition，SCADA）系统的作用是保证在控制中心对供电系统的主变电所、牵引变电所、降压变电所的供电设备的运行状态进行监视、控制及数据采集。SCADA 系统由三部分组成，即设在控制中心的主机、设在各变电所的远程控制终端及连接终端与中心的通信网络。

实践活动

活动描述

（1）自主查询自己所在城市地铁 1 号线 AFC 系统的概况。

（2）自主查询我国其他城市轨道交通的 AFC 系统概况。

具体要求

（1）以小组为单位进行查询活动，各组人员数量在 6 人以下，并推选小组长一人，负责组织活动的开展并督促完成。

（2）要求将查询到的资料制作成 PPT，并在课堂上进行讲解。

思考与练习

（1）闸机有哪几种？各有什么作用？闸机有哪些功能模式？

（2）TVM 有什么功能？

（3）BOM 有哪些功能？

（4）屏蔽门系统有哪几种正常控制模式？

（5）组成屏蔽门系统的设备有哪些？

（6）什么是一级负荷、二级负荷、三级负荷？地铁设备中哪些属于一级负荷？哪些属于二级负荷？哪些属于三级负荷？

项目8 地铁与轻轨的环境系统和防灾系统

地铁与轻轨的环境系统包括通风空调系统、给排水系统等，其特点如下：

(1) 由于地铁与轻轨的车站和区间隧道除出入口（地面线和高架线除外）等极少部位与外界相连通外，其余基本上与外界隔绝，所以只有采用人工气候环境才能满足乘客的要求。

(2) 列车各种设备的运行和乘客都会释放出大量的热，若不及时排除，将使车站和区间隧道的温度上升，乘客在此环境中将难以忍受。

(3) 地铁与轻轨隧道是狭长的地下建筑物，列车及各种设备运行所产生的噪声不易消除，对乘客的影响较大。

(4) 地铁与轻轨列车在区间隧道运行时产生活塞效应，若不能合理应用，会干扰车站的气流组织，使乘客感到不舒适，并影响车站的负荷。

(5) 地铁与轻轨车站和区间隧道需要不分昼夜地照明，因此车站和车厢的照度、色调、装饰和布置都会成为影响乘客心理的重要因素。

(6) 当发生事故，尤其发生火灾事故时，将导致环境恶化，不易救援，要采取有效措施。

由此可见，要建立一个能满足乘客、工作人员生理上和心理上要求的人工环境，是一项复杂的系统工程，它包括环境中空气的温度、湿度、流动速度、质量，环境照度、色调、装饰、布置，噪声控制及安全措施等诸多因素。

防灾定系统也是地铁与轻轨必不可少的，它关系着生命安全与保障。

任务8.1 了解通风空调系统

通风空调系统的任务是采用人工的方法创造和维持满足一定要求的空气环境。它包括空气的温度、湿度、空气流动速度和空气质量。当列车阻塞在区间隧道内时，通风空调系统能维持车厢内乘客短时间内能接受的环境条件；当地铁与轻轨发生火灾事故时，通风空调系统能提供有效的排烟手段，给乘客和消防人员输送足够的新鲜空气，形成一定的风速，引导乘客迅速撤离现场。

8.1.1 地铁与轻轨通风空调系统的分类

地铁与轻轨通风空调系统一般分为开式系统、闭式系统和屏蔽门式系统，根据使用场所和标准的不同又分为车站通风空调系统、区间隧道通风系统和车站设备管理用房通风空调系统。

1. 开式系统

开式系统是利用机械或列车活塞效应使地铁与轻轨内部和外界交换空气，利用外界空气冷却车站和隧道。这种系统多用于当地最热月的月平均温度低于 25 ℃、月运量较少的地铁与轻轨系统。

(1) 活塞通风。当列车的正面与隧道断面面积之比（阻塞比）大于 0.4 时，由于列车在隧道中高速行驶时如同活塞作用，使列车正面的空气受压，形成正压，列车后面的空气稀薄，形成负压，由此产生空气流动。利用这种原理通风，称之为活塞效应通风。

活塞风量的大小与列车在隧道内的阻塞比、列车行驶速度、列车行驶空气阻力系数、空气流经隧道的阻力等因素有关。利用活塞风来冷却隧道，需要与外界有效地交换空气，因此，对于全部应用活塞风来冷却隧道的系统来说，应计算活塞风井的间距及风井断面的尺寸，使有效换气量达到设计要求。试验表明，当风井间距小于 300 m、风道长度小于 25 m、风道面积大于 10 m^2 时，有效换气量较大，在隧道顶上设风口的效果更好。由于设置许多活塞风井对大多数城市来说是很难实现的，因此，全活塞通风系统只在早期的地铁中有所应用。现今建设的地铁与轻轨多设置活塞通风与机械通风的联合系统，其通风方式如表 8-1 所示。

表 8-1 活塞通风与机械通风联合系统的通风方式

方式		略图	要点
活塞通风	利用列车活塞通风	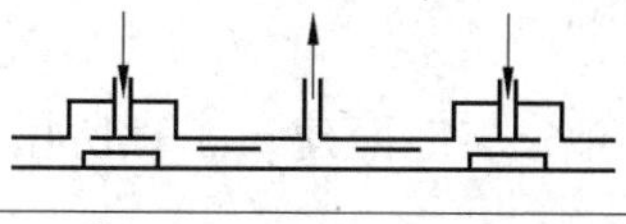	在路面上每隔 70～100 m 设一个通风口，无列车时，丧失排烟功能
半机械通风	车站：机械通风 区间：活塞通风	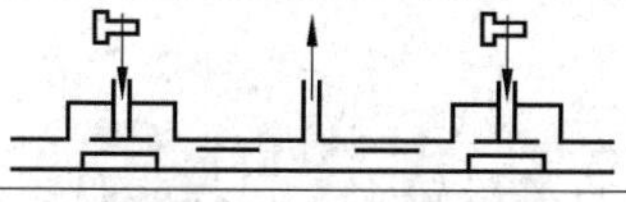	车站环境得以改善
	车站：活塞通风 区间：机械排风	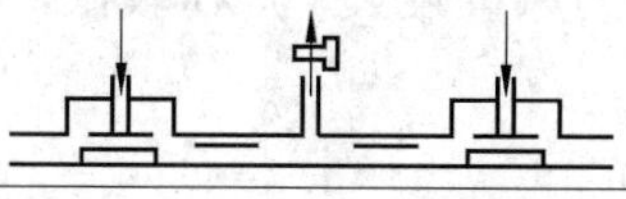	隧道中间设置通风井，安设小型风机
机械通风	车站：机械给风（排风） 区间：机械排风（给风）	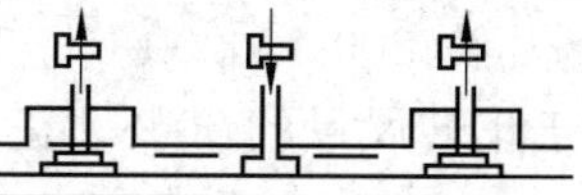	协调车站和隧道的通风，是地铁与轻轨标准的通风方式
	车站、区间互相独立的给排风方式	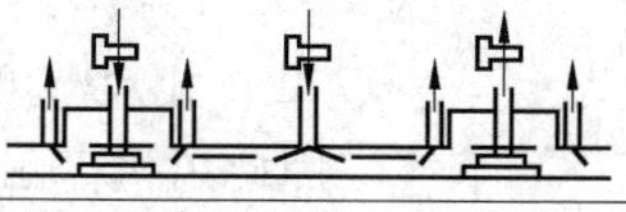	在单线区间或双线带隔墙的较为有效
	车站、区间均为独立的给、排风系统，车站风流为横向形态	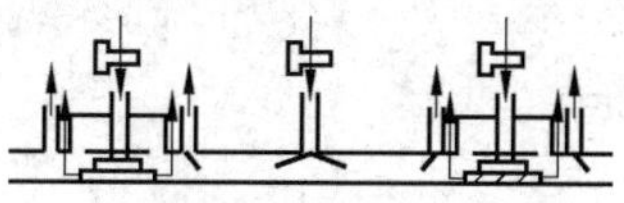	在地铁与轻轨客运量急剧增加的情况下，为控制站内温升而采用的通风方式

（2）机械通风。当活塞式通风不能满足地铁与轻轨排除余热和余温的要求时，要设置机械通风系统。

根据地铁与轻轨系统的实际情况，可在车站和区间隧道分别设置独立的通风系统。车站通风一般为横向的送排风系统；区间隧道一般为纵向的送排风系统。这些系统应同时具备排烟功能。当区间隧道较长时，宜在区间隧道中部设中间风井。对于当地气温不高、运量不大的地铁与轻轨系统，可设置车站与区间连成一起的纵向通风系统，一般在区间隧道中部设中间风井，但应通过计算确定。

2. 闭式系统

闭式系统使地铁与轻轨的内部基本上与外界大气隔断，仅供给满足乘客所需的新鲜空气量。车站一般采用空调系统，而区间隧道的冷却是借助于列车运行的活塞效应携带一部分车站空调冷风来实现的。

这种系统多用于当地最热月的月平均温度高于 25 ℃、运量较大的地铁与轻轨系统。

3. 屏蔽门式系统

屏蔽门式系统是站台公共区与轨道交通的可控通道，在车站安装空调系统和隧道用通风系统（机械通风或活塞通风，或两者兼用），若通风系统不能将区间隧道的温度控制在允许值以内，则应采用空调或其他有效的降温方法。

安装屏蔽门后，车站成为单一的建筑物，它不受区间隧道行车时活塞风的影响。车站空调冷负荷包括车站本身设备、乘客、广告、照明等发热体的散热，以及区间隧道与车站间通过屏蔽门的传热和屏蔽门开启时的对流换热。此时屏蔽门系统的车站空调冷负荷仅为闭式系统的 22%～28%，且由于车站与行车隧道隔开，减少了运行噪声对车站的干扰，因此不仅使车站环境较安静、舒适，也使乘客更为安全。

采用屏蔽门式系统时应核算区间隧道温度是否能达到允许的设计温度。

8.1.2 通风空调设备

地铁与轻轨通风空调设备大部分与地面建筑工程所用设备相同。下面介绍地铁与轻轨的专用通风设备。

1. 隧道通风机

地铁与轻轨隧道通风机需要的风量较大，风压较低，同时有正风与反风的要求，因此多为轴流式风机。

轴流式风机主要有以下特点：

（1）风量为 40～90 m^3/s，风压为 800～1 200 Pa。

（2）可逆转，逆转风量不低于正转风量的 90%，正、反转的置换时间不大于 60 s。

（3）电动机内置，轴联传动。

（4）适用的环境条件：温度为－15～45 ℃，相对湿度为 30%～95%。

（5）输送的介质为空气和 150 ℃烟气，因此风机需耐温 150 ℃（持续工作 1 h）。

（6）低噪声。

（7）设有运行状态的反馈信号。

（8）设有各种安全保护装置。

2. 组合风阀

由于地铁与轻轨通风系统的风量较大、运行模式较复杂，因此需设置大型组合风阀来满足系统的要求。我国目前所用的组合风阀的面积为 20 m^2 左右。其特点如下：

（1）由若干单元阀组合。

（2）承受静压 1 400 Pa 时开启自如。

（3）组合阀只设一个执行机构来执行命令。

（4）全程时间不大于 60 s。

（5）耐温 150 ℃（连续工作 1 h）。

（6）全开启的流通面积不小于外轮廓尺寸面积的 85%。

（7）符合立式安装及卧式安装的要求。

（8）可手动、远动调节，带运行状况的反馈信号。

3. 消声器

地铁与轻轨隧道通风系统的风机为大风量、中低风压的轴流式风机，其噪声以中、低频为主，频谱范围宽，峰值出现多为低频，因此隧道通风所用的消声器多为厚片组成的片式消声器。

片式消声器具有防火、防潮、耐腐蚀、无异味、经久耐用，便于安装、清洗、维护，不老化等特点，片间的风速在 12 m/s 时对低频有良好的消声效果。

一般消声器要根据风机的声学频谱特性、总声功率级及环境噪声要求专门设计。由于地铁与轻轨风道的形状较为复杂，因此消声器的外形要根据断面的形状特定加工。

8.1.3 通风建筑物

通风建筑物主要包括地面风亭、风道、风机室、消音室等，如图 8-1 所示。

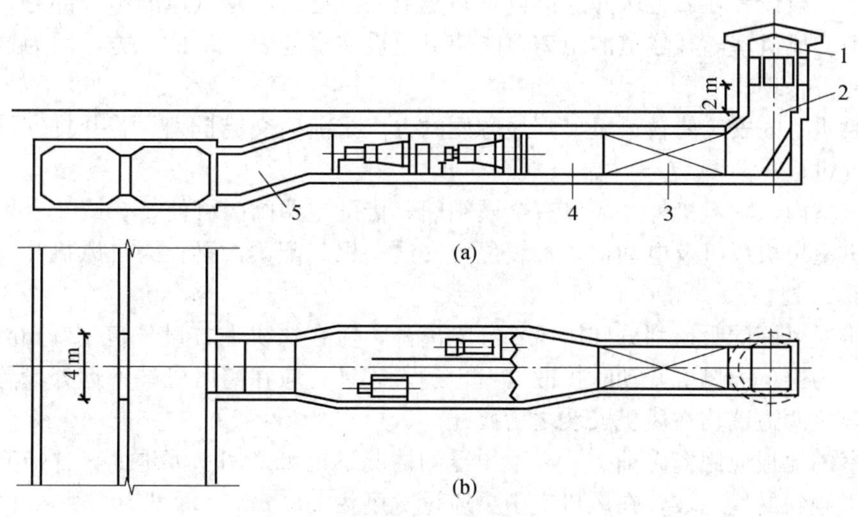

图 8-1 通风建筑物

（a）立面图 （b）平面图

1—地面风亭；2—金属门；3—消音室；4—风机室；5—风道

1. 风亭

风亭是地铁和轻轨与外界交换空气的主要渠道，进风质量的好坏将直接影响地铁与轻轨的环境，因此风亭的设计十分重要。

地铁与轻轨的进风亭应设于空气洁净的地方，任何建筑物距风亭口部的直线距离应大于 5 m。当进风亭与排风亭合建时，排风口要高出进风口 5 m。有时由于受规划所限，风亭不能建得太高，进、排风口之间的距离应大于 5 m。

为了避免地面纸屑、砂土进入风亭，进风亭的格栅底部距地面的高度应大于 2 m，各风口应尽量错开方向。当进风亭建于绿化地带内时，其高度可降低，但不宜低于 1 m。

当排风亭单独设置时，其格栅可设于地面绿化带内，但应高出地面 30 cm，并配有排水设施。风亭的外形宜作为建筑小品进行处理，应和周围环境及建筑物相协调。

2. 风道

风道为连接隧道及地面风亭的一段渠道，其上边应尽量靠近隧道顶板，其下边应尽可能接近轨顶平面，风道断面一般为 4 m 宽，即使在最狭窄的地方也不应小于 2 m×3 m。

风道的断面为矩形或正方形，其覆盖厚度应不小于 1 m，选择埋深时，应考虑风道线路遇到城市地下建筑物及管网的情况，此时如不妨碍风道运用的话，可让其穿越风道，不必拆迁。

风道的具体线路应会同城建有关部门共同决定。风道应有经常的电力照明。在风道靠近线路隧道的地方应设金属栅栏，栅栏上应设 1.8 m×1.0 m 的门。风道的纵向坡度不得小于 3‰，中央应设 150 mm×150 mm 的敞口排水沟，沟边至风道侧壁的横向坡度不得小于 2‰。

3. 风机室

风机室的尺寸应根据安装在其中的风机的限界、风机安装及拆卸的方便条件和通风设备运用的便利条件来决定。

风机室一般设置在靠近区间隧道或车站隧道的风道内，是风道的扩大部分，浅埋于地铁与轻轨中。风机室离开隧道的距离要能使风道设在离地表 1 m 的地方，因为这样可减少土方量，比较合理。

若在风机室内安装两台风机，则最方便的方法是前后交错排列。若并排安设，则必须在两侧设置过道。

在风机室内，除风机外，还设有金属闸门，借助这些闸门可使 1 台或 2 台风机停止工作。在风机室顶板风机及电动机的轴线位置安设一根装配梁，梁长为自风机叶片开始至电动机外 1.5 m 处。

为了将通风网的吸风部分和压风部分隔离开，应在风机上方设一道 120 mm 厚的钢筋混凝土墙。为避免通风机开动时扩散器发生过大震动，应在离风机端不远处设置第二道同样的隔墙，这两道墙均在风机安装之后修建。

风机室的地板应用瓷砖铺砌，在不得已的情况下也可采用水泥地面，并应有从风机室两侧向中央倾斜的横向坡，在风机室中央应设宽度为 200 mm、深度为 150 mm 的排水沟。

4. 消音室

消音室的尺寸应按消音的需要经计算确定。当浅埋车站时，风机室的两端都应设消音室，以便在地面风亭一边和在车站那一边都能消除风机开动时发出的噪声。

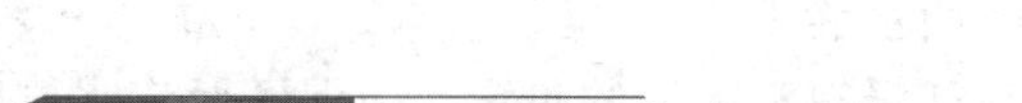

任务8.2 认识给排水系统

给排水系统的功能是满足车站及车辆段生产、生活，以及消防用水对水量、水质和水压的要求，保证车站和车辆段排水畅通，为轨道交通的安全运营提供服务，同时对车辆段内的生活污水、生产污水进行收集和处理，达到排放标准。

给排水系统由给水系统和排水系统两部分组成。其中，给水系统包括生活给水系统、生产给水系统和消防给水系统，排水系统包括污水系统、废水系统和雨水系统。

8.2.1 给水系统

1. 用水量及水质

(1) 用水量。工作人员生活用水量为每班每人30～50 L，小时变化系数为2.5～3.0；冲洗用水量为每次2～4 L/m^2。生产及冷却冷冻循环给水系统的补充水量应按工艺要求确定。

(2) 水质。生活饮用水的水质必须符合国家现行《生活饮用水卫生标准》(GB 5749—2006) 的要求。生产及冷却冷冻循环给水系统的水质按工艺要求确定。

2. 水源

地铁与轻轨给水水源应优先选择城市自来水，除消防要求及特殊情况外，不宜选择地下水或地表水。当选择城市自来水时，其设计应符合当地自来水公司及有关部门的规定。地铁与轻轨水源的供水量必须满足地铁与轻轨各项用水量的需要。

为满足地铁与轻轨消防用水的要求，每个车站宜由城市自来水干管引入地铁与轻轨两根给水管，如有困难也必须引入一根给水管。

3. 规范规定

按照《地铁设计规范》(GB 50157—2013) 的规定，城市轨道交通宜采用生产、生活和消防共用的给水系统。这样不仅可以节省给水管道，降低工程造价，而且使用管理也比较方便，如北京地铁、天津地铁、青岛地铁和南京地铁。根据技术经济比较，也可采用生产、生活和消防用水分开的给水系统，如上海地铁1号线的消火栓给水系统就是单独设置的。

4. 主要给水设施

(1) 阀门及冲洗给水栓。地铁与轻轨两条给水干管的车站两端及区间连通管处应设阀门。每个用水点的给水支管应设阀门。消火栓给水系统每个独立的供水区段宜通过手动或电动阀门分隔。当车站由城市自来水引入两根消防给水管时，宜在区间连通管的前后设四个手动电动阀门；当车站由城市自来水引入一根消防给水管时，应在车站两端连通管处分别设四个手动电动阀门。

车站应设置冲洗给水栓，一般50 m设一个。在生产、生活及消防共用的给水系统中，冲洗给水栓宜设在消火栓箱内。在分开的给水系统中宜单独设置。区间隧道考虑调用冲洗车冲洗，一般不设冲洗给水栓。

(2) 消火栓。地铁与轻轨消火栓的布置，应保证两支水枪的充实水柱能同时到达地铁与轻轨内的任何部位。若采用双口双阀消火栓，则车站消火栓的间距为 40～50 m，区间为 50～100 m。目前我国地铁与轻轨区间消火栓的间距除北京地铁为 100 m 外，其他城市地铁与轻轨均为 50 m 左右。当采用单口消火栓时，车站消火栓的间距不宜超过 30 m。

(3) 水泵接合器。地铁与轻轨消防给水系统应设水泵接合器。水泵接合器的数量应根据消防用水量确定，并应设在地面出入口或通风亭附近便于消防车通行的地下或墙壁上，距接合器 40 m 以内必须设置室外消火栓或消防水池（也可利用城市的室外消火栓）。

若设区间通风道，则水泵接合器也可设在区间通风亭附近。接合器的引入管通过风道与区间消防管网相接。

(4) 水表及水表井。车站或区间的给水引入管必须根据当地自来水公司的要求，设置水表及水表井。

当生产及生活给水管网与消防给水管网分开设置时，应在生产及生活管网上设置水表，在消防给水管网上不设水表。但由城市自来水引入的给水总管必须保证消防用水的需要。

当生产及生活用水与消防用水给水管网共用时，应只设生产及生活用水的水表，另外应在给水引入总管设水表位置的前边接出能满足消防流量的旁通管，平时由手动电动阀门关闭，消防时能由消防控制室控制开启。

8.2.2 排水系统

随堂测试

1. 排水系统的分类及排水量

地铁与轻轨的排水系统可分为结构渗漏水排水系统、消防及冲洗废水排水系统、粪便及生活污水排水系统、隧道洞口及露天出入口雨水排水系统等。

计算各系统排水量时可参考下列标准：结构渗漏水按隧道结构每昼夜不大于 0.5 L/m^2 计算；消防废水按消防用水量计算，冲洗废水按 2～4 L/m^2 计算；粪便污水量按《建筑给水排水设计规范》(GB 50015—2003) 2009 年版的规定计算；隧道洞口及露天出入口的雨水量按当地 30 年一遇的暴雨强度计算；车站每次冲洗时间宜按 1 h 计算，区间隧道的冲洗时间按冲洗车喷头的喷水量、隧道断面及长度计算。

2. 各类排水系统的排水方式

各类排水系统的排水方式如下：

(1) 结构渗漏水主要通过设在车站及区间隧道的线路排水沟自流集中到线路某区段坡度最低点处的排水泵站集水池，然后提升排至地面城市雨水或雨污合流排水系统。消防及冲洗废水也通过线路排水沟集中到邻近的区间或车站排水泵站排除。线路排水沟的流水坡度一般不小于 3‰。

(2) 粪便及生活污水主要是指车站和折返线厕所的粪便及卫生器具的生活污水。将这些污水通过下水管道集中到厕所附近污水泵房中的污水池，利用排水泵提升排至地面的化粪池，然后再自流到城市污水排水系统中。

(3) 隧道洞口及露天出入口的雨水。应在洞口部就近设置排雨水泵站，将雨水汇流至泵站集水池，然后提升排至地面城市雨水排水系统。该泵站所处位置若能利用地形高差使雨水按重力流排放，则不必设排雨水泵站。

3. 排水泵站

1）排水泵站（房）的种类及主要技术规定

排水泵站（房）的种类及主要技术规定如下：

(1) 主排水泵站。主排水泵站主要排除结构渗漏水及消防冲洗废水，应设在某区段线路坡度的最低点，每个泵站担负的隧道长度单线不宜超过 3 km，双线不宜超过 1.5 km。在我国的地铁与轻轨中，主排水泵站有的设在车站端部，有的设在两站之间的区间隧道变坡点的凹处。设在区间时，有的和区间风道合建，有的和防灾联络通道合建，也有单建的。泵站的集水池容积按结构渗水量 30 min 和消防废水量之和的水量确定，但不得小于 30 m^3。泵站室内地坪宜高出轨面 0.25～0.30 m，太高将造成人员出入及设备安装不便。

(2) 辅助排水泵站。当主排水泵站所担负的区间隧道长度超过规定，结构渗水和消防废水量较大，或者车站结构需要设倒滤层排水时，宜设辅助排水泵站。泵站的设置地点应根据具体情况确定。

(3) 污水泵房。污水泵房设在厕所附近，主要用来排除粪便及生活污水，泵房污水池的容积按不大于 6 h 污水量确定，并应满足污水泵排水能力的需要。污水池底面应设不小于10‰的坡度，坡向吸水坑。为便于清理和维修污水池，顶板上进人孔的位置应设在水泵吸水坑的上方。

(4) 局部排水泵房。局部排水泵房宜设在出入口自动扶梯机坑、折返线车辆检修坑端部、车站盾构端头井、碎石道床区段等不能自流排水的低洼地点，集水池的容积宜按 10～30 min 的结构渗水量与平时冲洗废水量之和确定。若消防废水大于冲洗废水量，则应按消防废水量计算。

(5) 临时排水泵房。临时排水泵房设在分期修建的隧道先建段的最低点，泵房集水池的有效容积按 10～30 min 的结构渗水量与消防废水量之和来确定。

(6) 隧道洞口排雨水泵站。若列车出入线隧道洞口的地形不能按重力流方式排水，则必须在洞口的适当地点设排雨水泵站。泵站水泵的排水能力应按汇水面积及当地 30 年一遇的暴雨强度计算。泵站的设计必须保证行车的安全。

(7) 露天出入口排水泵房。当露天出入口的雨水不能按重力流方式排除时，宜在出入口的适当地点设排雨水泵房，排水泵房的集水池容积和排水泵能力根据汇水面积按当地设计降雨重现期 30 年计算。

2）排水泵站（房）的排水泵台数及排水泵能力

各种排水泵站（房）均按 2 台泵设置，平时 1 台工作，1 台备用。其排水泵的能力宜按最大小时排水量确定。当排除消防废水和结构渗水时，应考虑 2 台泵同时工作，这时排水泵总的排水能力按消防废水量和结构渗水量的最大小时排水量确定。位于河湖等水域下的主排水泵站，应增设 1 台同等能力的排水泵。

厕所粪便污水泵的排水能力因污水量很小，宜按所选排水泵的排水能力考虑。

隧道洞口的排雨水泵站宜按 3 台泵设置，平时 1 台或 2 台泵工作，当雨水达到设计雨水量时，3 台泵同时工作。

为了行车的安全，保证排水的可靠性，主排水泵站、辅助排水泵站及排雨水泵站宜按一级负荷供电。

各种排水泵站（房）的排水泵应设计为自灌式，宜选用立式或潜污排水泵。

任务 8.3 了解防灾系统

地铁与轻轨可能发生的灾害有火灾、水灾、地震、风灾、雷击、停电、设备损坏、行车事故及人为事故等，但发生次数最多、影响最大、造成人员伤亡和经济损失最严重的是火灾事故。所以，地铁与轻轨的防灾设计应把防火灾措施放在首要地位。

防灾设计应贯彻预防为主、防消结合的消防工作方针。在建筑设计及各种机电设备设计中所选用的材料和设备必须是非燃型或阻燃材料，要求做到安全可靠。同时，防灾系统应采用先进的自动报警系统和自动灭火系统，一旦发生火灾或其他事故，应能尽早发现，迅速排除，使灾害事故可能造成的人员伤亡及经济损失减小到最低限度。

地铁与轻轨属于一级防火的建筑物，在地铁与轻轨内设置了防灾报警监控管理系统（防灾报警指挥中心和车站综合控制室两部分组成）。车站综合控制室可监控整个车站灾情，记录并显示受灾部位，显示防灾设施设备的运行状况，并随时向防灾报警指挥中心传送灾情信息，接受报警指挥中心的指令，及时指挥救灾工作。

在车站应设置防火分区、防火墙、甲级防火门及防火卷帘门，同时在结构和建筑装修裸露部分都应采用非燃材料，各种管道保温也要采用非燃材料制作，各种电缆、电线要采用阻燃型或耐火型材料。变电所应采取干式变压器、真空开关、电缆桥架外涂防火材料等防火措施。

地铁与轻轨内的防灾系统主要有消防系统和防灾通信系统。

8.3.1 消防系统

地铁与轻轨中消防系统的种类有很多，如水消防系统、火灾自动报警系统、自动气体灭火系统、机电设备监控系统、防排烟风机等。本节主要介绍水消防系统、火灾自动报警系统和自动气体灭火系统。

1. 水消防系统

水消防系统主要由消火栓灭火系统和自动喷淋灭火系统组成。

（1）消火栓灭火系统。消火栓灭火系统主要设在车站的管理用房、站厅层、站台层、出入口、车站和区间风道内，在区间隧道内每 100 m 设一个消火栓。当发生火灾时，打破消火栓的玻璃，信号传送到车站综合控制室，由报警控制器主机确认后自动和远程控制消防泵灭火。

（2）自动喷淋灭火系统。自动喷淋灭火系统主要设置在车站的票务房间、易燃的库房、备品库及商业区部分。当喷淋灭火分区发生火灾时，由于现场温度升高而使闭式喷头上低熔点合金熔化或玻璃球爆裂，喷头即行喷水灭火。这时管网中的水压力骤然下降，压力开关把信号送给综合控制室，经确认后自动或远程控制喷淋泵（消防泵和喷淋泵合用），

水流指示器触点闭合，车站综合控制室立即显示着火部位，并设音响报警。

2. 火灾自动报警系统

火灾自动报警系统主要由探测器、控制器及信号线组成，其分布在站厅、站台、一般设备用房等位置，能监督车站消防设备的运行状态，接收车站火灾探测器、手动报警按钮等现场设备的报警信号并显示报警位置，优先接收控制中心发出的消防救灾指令，并能在火灾发生时，发出模式指令使机电设备监控系统运行转入火灾模式，实现消防联动，同时可通过事故广播系统的闭路电视系统组织疏散乘客，对气体灭火系统的保护区域进行火灾监视，达到及早发现火灾，通报并发送火灾联动指令的作用。

在不能采用水和泡沫灭火的部位应采用1301灭火剂。1301灭火剂在地铁内主要用于车辆变电所、机械室、信号继电器室、计算机房及总机房等设备房间的灭火。

3. 自动气体灭火系统

自动气体灭火系统布置在重要的设备房，如高低压室、通信设备室、环控电控室、信号设备室等，能实现火灾信号采集、系统信息处理、声光报警控制、信息报告、相关环控设备联动控制和气体释放全过程的自动控制。其控制方式一般有自动控制、电气式的手动控制和机械操作控制三种。目前应用的全自动灭火系统绝大部分是气体灭火系统，而常用的气体灭火系统则以卤代烷（如1301、FM200、烟烙尽等）和二氧化碳灭火系统为主。

全自动气体灭火系统可以分为两大部分，即药剂储存和喷放设备、报警和控制设备，主要包括存储气体的钢瓶、驱动钢瓶内气体释放的阀门、输送气体的管网、整个系统的中央控制单元（控制盘）、火灾探测器、声光报警设备及一些辅助使用的开关等。

为了保证在发生火灾的情况下，乘客能安全迅速疏散，应在车站出入口、楼梯口、通道拐弯处、区间隧道内及联络通道内等适当位置设置明显的疏散诱导标志灯或安全信号标志。

8.3.2 防灾通信系统

防灾通信系统由防灾调度电话系统、防灾广播系统和闭路电视监视系统等组成。

1. 防灾调度电话系统

在指挥中心设FSDI调度总机一台，在各车站的综合控制室及车辆段防灾控制室设一台程控调度电话分机。考虑到防灾调度电话的重要性，在指挥中心同时设置YD-Ⅲ-4型调度电话总机一台，在各车站综合控制室及车辆段防灾控制室设DFY-1型音频选号调度电话分机一台。在火灾报警系统内设有独立的消防对讲专用电话（主要设置在手动报警按钮旁、消防泵房、变电所、通风空调机房、机械室、信号继电器室等重要设备用房内），在消火栓旁设对讲电话插孔。这样能及时通知车站综合控制室的值班人员尽快采取措施灭火。

2. 防灾广播系统

地铁与轻轨防灾广播和行车、客运广播共用一套广播系统，由防灾报警监控管理中心和车站两级组成。防灾报警监控中心设广播控制台，车站广播控制台设在车站的主值班室，各车站综合控制室设防灾广播控制盒。当火灾发生时，综合控制室的值班人员可通过防灾广播控制盒来操纵车站广播、控制台，对车站管辖范围内的任一广播区域或根据灾情进行分区广播，也可以对所有广播区域进行广播。

3. 闭路电视监视系统

地铁与轻轨的闭路电视监视系统是为防灾报警监控管理中心和车站综合控制室的值班人员提供图像信息的监视系统，系统由图像摄取、图像显示、录制、车站控制、监控管理中心控制、视频信号传输等部分组成。其图像摄取范围为：在站台两侧不同的行车方向上各设两台摄像机，站台层楼梯出入口设 1～3 台摄像机，在站厅层的两端售检票厅处各设一台摄像机。通过闭路电视监视系统，车站综合控制室的值班人员可以观察站台层、站厅层内乘客候车、乘降、开车及车站出入口和自动扶梯处乘客疏散的情况，特别是在灾情情况下，可以为指挥乘客安全疏散提供图像信息。

8.3.3 防洪、防地震、防雷击及防风灾

地铁与轻轨也应注意防洪、防地震、防雷击及防风灾。

(1) 跨越河流的高架结构应按当地 100 年洪水频率标准进行设计。位于江河岸边附近的出入口的台阶高度应高出 100 年一遇的洪水位，或设计临时防洪挡板。地铁与轻轨出入口台阶及通风亭门洞下沿应高出室外地面 150～450 mm，必要时应设防洪挡板。位于江河等水域下的区间隧道两端应设手动、电动防淹门，其排水泵站应增加排水泵的台数。地铁与轻轨列车出入线洞口及露天出入口的排雨水泵的排水能力，应按当地 30 年洪水频率标准进行设计，其隧道洞口宜设防洪门。

(2) 地下、地面、高架车站及区间结构的设计应符合我国现行有关抗地震设计规范的规定。

(3) 列车及地面和高架线路结构应采取防雷击及防风灾的措施。

实践活动

活动描述

(1) 自主查询我国城市轨道交通发生的安全事故，并分析其原因和列出相应的预防措施。

(2) 自主查询世界其他国家城市轨道交通发生的安全事故，并分析其原因和列出相应的预防措施。

(3) 谈谈你对城市轨道交通安全性的认识。

具体要求

(1) 以小组为单位进行查询活动，各组人员数量在 6 人以下，并推选小组长一人，负责组织活动的开展并督促完成。

(2) 要求将查询到的资料制作成 PPT，并在课堂上进行讲解。

思考与练习

（1）地铁与轻轨的通风空调系统有哪几种形式？
（2）什么是活塞效应通风？
（3）地铁与轻轨的通风建筑物主要包括哪些？
（4）地铁与轻轨的主要给水设施有哪些？
（5）地铁与轻轨可能发生的灾害有哪些？
（6）水消防系统由哪几部分组成？各用于什么场所？
（7）防灾通信系统由哪几部分组成？

项目9 城市轨道交通的运营管理

城市轨道交通的运营管理是一个系统工程，它必须遵循轨道交通的客观规律，在运输组织上，实行集中高度、统一指挥、按图行车；在功能实现上，车辆、车务、机电、通信信号、供电、工建等专业紧密配合，确保隧道、线路、供电、车厂、通信信号、机电各系统设备状态良好，运行正常；在行车安全控制方面，主要依靠合理的行车组织及可靠的设备运行来保证行车间隔和正确的行车路径。

在运营组织上，城市轨道交通具有以下特点：

（1）相对其他公共交通方式而言，城市轨道交通安全、高速、舒适、污染少、运量大。

（2）一般只有客运业务，没有货运业务（除了少数线路承办邮件运输之外）。

（3）均采用双线运行（上下行分线运行）。

（4）全日客流分布在时间上有较为明显的高峰（早、晚高峰）和低谷之分，个别线路可能会出现多个高峰（平峰）。高峰时段客流量集中，时间性强；在空间上又有不同的区间客流密度分布，如在某个时段某个区间的客流量特别大。

（5）列车运行间隔时间短，发车密度高。

（6）全日运营时间内无法实施设备维护保养，需在运营时间外用专门的检修时间进行。

（7）运行指挥集中，设备先进，牵涉的部门较多。

任务9.1 掌握城市轨道交通客运组织工作

9.1.1 车站客运工作概述

车站客运工作是城市轨道交通系统非常重要的组成部分，其工作直接面对乘客。车站能否安全、便利、舒适、文明地为乘客服务，是反映轨道交通运营管理水平的重要标志。

车站人员的岗位设置通常为站长、副站长、客运值班员、行车值班员、售票员、站台服务员、车站保安员和车站勤杂员等。其中，站长负责车站的全面工作（包括行车工作和客运工作），副站长协助站长做好车站的各项工作，行车值班员主要负责车站行车工作，其他人员的工作性质则属于车站客运工作的范畴。

车站客运工作根据乘客的性质可以分为发送作业和达到作业两种。为在车站乘车的乘客所提供服务的各项作业统称为发送作业，其内容主要包括引导、售票、进站检票和站台候车服务等；为在车站下车的乘客所提供的各项服务作业统称为达到作业，其内容主要有下车站台服务、出站验票、疏导出站等。

车站客运工作根据其工作性质又可分为站务工作和票务工作两大类，两者都是车站客运工作的基础，无论哪项工作做得不好都将给乘客留下不可挽回的负面印象，同时站务工作和票务工作既有分工又联系紧密。因此，车站工作人员除了要求掌握有关工作业务外，还要求具有全心全意为乘客服务的思想。

9.1.2 公司级客运部门的工作内容

公司级客运部门的工作内容主要包括如下几个方面：

（1）完成客流调查、预测等基础资料的准备工作。

（2）编制、下达和执行年度客运计划、季度计划和月计划。

（3）制定、修改客运组织的有关规章制度、车站客运管理办法。

（4）制订车票印制计划。

（5）制订列车开行计划，审批加开列车计划。

（6）组织协调各车站完成客运计划。

9.1.3 站务工作

站务工作主要是直接为乘客服务，其工作内容涉及面很广，其中包括安全、卫生、问讯、引导等诸多方面。站务工作的好坏将直接影响行业形象。因此，对站务工作有以下基本要求：

1. 设备完好

车站设有各种各样的设备，保持这些设备状态完好是车站站务工作必不可少的基本内容。设备的完好意味着车站运输工作的安全有了基本保证，同时乘客在车站应得到的服务也有了硬件设施的保障。

2. 站容整洁

车站的窗明几净和各种设施的摆放有序，可以使乘客在车站上下车的过程中有宾至如归的感觉，从而使车站的服务质量得到提升。

3. 标志明确

为了满足运输管理和方便乘客进出车站的需要，轨道交通车站的站内布局一般都有多种功能的分割和多个方向的进出站口。为了保障乘客安全，帮助乘客在站内能够快捷、方便地按照自己的意愿进入有关功能区域或快速进出车站，车站应在醒目的地方设置简洁的警示标识、说明标识和导向标识。这样不但能够方便乘客、保证乘客安全，而且还有利于快速疏导乘客，方便车站管理。

4. 文明礼貌

文明礼貌是车站客运工作者应具备的基本职业素养。车站客运工作人员不仅要做到接待乘客彬彬有礼，而且在口头用语和形体语言上要规范标准、训练有素。

5. 服务热情

主动热情、耐心细致是客运工作人员应该遵守的基本职业道德规范，这一基本道德规范是建立在全心全意为人民服务的思想基础上的。只有做好员工的思想工作才能全面改善车站的服务质量，要使员工们懂得用心工作，待客真诚的道理。

6. 联劳协作

车站的各项工作虽然有分工，但各工种之间的联系很紧密。为了保证乘客在车站的乘车安全、方便、快捷、有序，车站员工应该加强联系、密切配合、协同工作。

7. 遵章守纪

严格执行规章制度、服从命令听从指挥是轨道交通运输行业的基本要求，全体职工都应统一着装、佩戴标志，树立行业的良好形象。

8. 观察客流

观察客流就在于随时了解客流变化，并根据客流变化适时地调整工作方式，并能够在客流高峰来到时最大限度地为乘客提供良好的服务。同时，为了使轨道运输能够适应客流的变化，车站客运工作人员也有必要密切注意客流的动态变化，随时做好客流的调查和统计工作，为编制客运计划提供可靠的资料。

9.1.4 票务工作

城市轨道交通运营的主要收入是票务收入，票务工作主要涉及售票、检票、客票及票款的管理等工作。售票和检票工作都要面对乘客，具有很强的服务性；客票及票款的管理工作则属于行业内部的财务工作内容。

1. 售票

车票是乘客与车站办理的运输合同，售票是车站向乘客办理运输合同的一个过程，乘客应购票上车。为了减少乘客在购票时的排队等候时间，车站应加强售票组织工作，如多开售票窗口、派人维持售票秩序等。

售票方式有自动售票和人工售票两种方式。自动售票是利用自动售票机通过乘客投币或刷卡向乘客售出车票，这种方式效率高，能自动收集客流信息，向乘客自动提供有关票务信息，便于全线联网进行客票及客流信息的管理。人工售票是由售票人员通过售票窗口向乘客出售车票，由于我国城市轨道交通的自动售票使用不久，有许多乘客还不适应，特别是老年人在使用时还有一定的困难，因而人工售票方式是目前城市轨道运输不可缺少的一种方式，这种方式要求售票人员能够熟练做到“一收、二唱、三撕、四找”。

2. 检票

检票主要是检验乘客车票的有效性，以便维持正常的运输秩序。检票分为进站检票和出站验票。检票方式也有自动检票和人工检票两种方式，目前我国城市轨道交通均采用自动检票系统，自动检票的优点主要是准确、客流量大，还能自动统计客流。在特殊情况下采用人工检票方式时，检票人员应该礼貌待客并做到“一看、二撕、三放行”，从而有序地组织乘客进出车站。

3. 客票及票款管理

客票属于有价票证，对于未出售的客票要和票款一样由专人进行专项管理。在管理过程中要有完善的管理制度，其中包括保管余票及预留零钞的管理制度、客票及票款的交接与保管管理制度等，在大额度的客票和票款的移交过程中还要有相应的保安措施，有关人员必须要严格按照相关制度办事，以保证客票和票款的安全。

4. 票价与票制

1）票价

票价是指票面价格，是乘客乘车购票时应支付的钱款数。票价的制定是一个复杂的过程，要经过多方的多次论证才能最终确定，一旦确定就不宜再变。如若再变也是当物价指数变化积累到一定程度时，通过再次论证来确定。

由于城市轨道交通系统是带有一定公益事业性质的公共交通系统，因此无法单纯考虑企业盈利而将票价定得过高。同时，票价的高低又直接影响客流量与系统的吸引力。因此，在制定城市轨道交通系统票价时应考虑以下因素：

（1）城市轨道交通系统的运营成本。

（2）城市其他交通方式的票价水平。

（3）城市经济发展水平与市民生活水平。

（4）政策因素。如物价政策、交通费补贴政策等。

在考虑上述因素后，兼顾轨道交通运营企业的经济效益与城市发展的社会效益，确定较合适的票价。

2）票制

票制是票价制度的简称，主要有以下三种形式：

（1）分段计程票价制。分段计程票价制是指按乘客乘坐列车距离的远近或乘坐站数划分不同的票价等级。

（2）单一票价制。单一票价制是指不论乘客是乘坐一条路线还是多条线路均按统一票价核收。

（3）综合票价制。综合票价制是指综合考虑乘客运距、乘客占用收费区（如地下站台层，一般以检票口为界，检票口内即为收费区）时间、乘坐时间段（如节假日与工作日、高峰与低谷等）等因素核算票价。

任务9.2 掌握城市轨道交通行车组织工作

轨道交通运输系统都要通过列车的开行才能实现对乘客的运送。列车的开行是一个系统工程，为了保证列车安全、快速、有序地运行，在客运部门做好客运组织工作的前提下，行车部门也必须做好有关行车工作的组织。

城市轨道交通运输系统的行车组织工作主要包括编制列车开行计划、绘制列车运行图、接发列车工作、控制中心行车调度指挥、车站（车场）调车工作及行车能力查定等。

9.2.1 列车开行计划

列车开行计划主要是根据客流特征计算列车开行数，确定列车交路。

1. 列车开行数

列车开行数包括小时列车开行数和全日列车开行数。列车开行数是根据客流量来确定的。首先通过小时客流量确定各小时的列车开行数，再根据各小时的列车开行数来确定全日列车开行数。

1）小时列车开行数

小时列车开行数是根据小时内最大客流方向上最大客流区间的客流量确定的。因为上下行列车是成对开行，所以列车开行只要能满足小时内最大客流方向上最大客流区间的客流需求，就能满足另一方向及各区间的客流运输需求。

2）全日列车开行数

全日列车开行数是根据小时列车开行数或全日最大客流断面区间的客流量来确定的。

3）列车满载率及列车平均满载率

列车满载率是列车载客人数与列车定员数之比的百分数。由于客流因时间段和区间断面的不同有很大的差别，因此各次的列车满载率也会有很大差异。为了满足某一时间段内客流运输的需要，正确确定列车的开行数，通常需要明确列车平均满载率。列车平均满载率是指在单位时间内开行列车所完成的乘客人公里数与列车定员人公里数之比的百分数。

列车满载率既是一个衡量轨道运输的运营经济指标，也是一个衡量乘客舒适度的服务指标。列车满载率越大，说明列车单列载客量越多，其相应的运营支出越少，轨道运输的运营经济指标越好。但是如果列车满载率过大，则全天开行的列车数就会很少，乘客的候车时间就会很长，乘客在车站候车及在车上乘车所拥有的空间就会很小，而且乘客的舒适度服务指标就会很差。

因此，在确定列车满载率的大小时，不但要考虑轨道运输业的经济收入和乘客对舒适度的要求，而且要考虑线路的通过能力、车辆的内部构造（座位的布局情况）、城轨所在的地理位置和全线的运行时间等综合因素。另外，在不同的时间断面因客流大小的不同，乘客对列车拥挤的容忍度也不同。因此，不同时间断面的列车满载率不同，在高峰小时，列车满载率有时可达 120%；在低谷小时，列车满载率甚至只有 30%。

2. 列车交路

列车交路是指列车在规定的运行线路上往返运行的方式，其形式主要有长交路、短交路和长短结合交路，如图 9-1 所示。

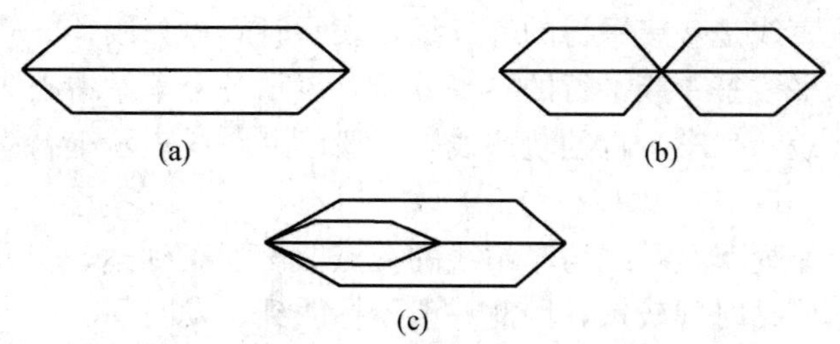

图 9-1 列车交路
（a）长交路 （b）短交路 （c）长短结合交路

（1）长交路。长交路是指列车在城市轨道交通全线往返运行的方式。

（2）短交路。短交路是指列车从始发站到某一能够折返的中间站往返运行的方式。

（3）长短结合交路。长短结合交路是指在全线有的列车采用长交路方式往返运行，有的列车则采用短交路方式往返运行。

在通常情况下，城市轨道交通都采用长交路的列车运行方式。而长短结合交路的列车运行方式则是在全线某一端的半程客流较大又比较集中的情况下，同时折返中间站又具备折返设备时采用。长短结合交路的采用可以降低运输成本，提高列车车组的利用率。短交路一般不单独采用，除非在城市轨道交通线路中部的某处由于某种原因不能通车，而在不能通车地点的两边车站又具有折返条件的情况下为了维持通车才会采用。

9.2.2 列车运行图

1. 列车运行图概述

1）列车运行图的定义

列车运行图是用坐标原理方法表示列车运行状况的一种图解形式。

2）列车运行图的作用

列车运行图有以下作用：

（1）行车组织工作的基础。列车运行图是各部门、各单位工作人员相互配合协调的主要依据。

（2）行车组织工作的日常计划。列车运行图对列车运行的各种要素做了详尽的描述，是列车运行的依据。

（3）行车组织工作的调整计划。列车运行图对运行中可能发生的变化做全面可行的调整，如节假日、事故等情况下的运行图等。

3）列车运行图的表示要素

列车运行图的表示要素如图 9-2 所示。

（1）横坐标。横坐标表示时间变量，按要求用一定的比例进行时间划分，一般城市轨道交通系统列车运行图采用 1 分格或 2 分格，每一等分表示 1 min 或 2 min。

（2）纵坐标。纵坐标表示距离分割，根据区间实际里程，采用规定的比例以车站中心线所在位置进行距离定点。

（3）垂直线。垂直线是一簇平行的等分线，表示时间等分段。

（4）水平线。水平线是一簇平行的不等分线，表示各个车站中心线所在的位置。

（5）斜线。斜线表示列车运行的轨迹线，一般以上斜线表示上行列车运行线，下斜线表示下行列车运行线。

在列车运行图上，列车运行线与车站线的交点即该列车到达、出发或通过的时间。由于城市轨道交通列车停站时间较短，因此一般不标明到、发时间。

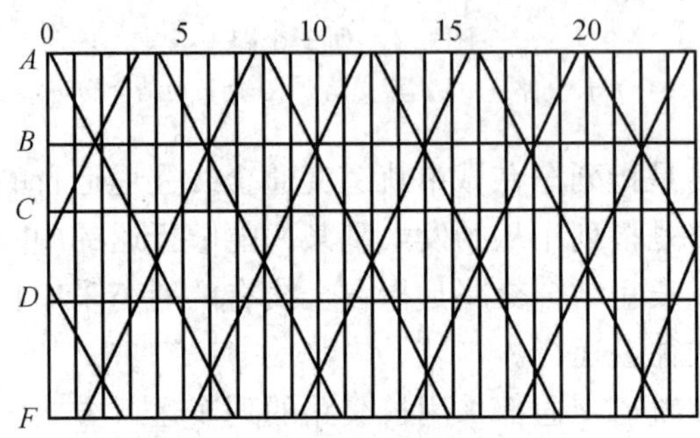

图 9-2　列车运行图的表示要素

在列车运行图上，每个列车均有不同的车号与车次。按不同的列车类别规定代号与列车号，如专运列车、施工列车等；按发车顺序编列车车次，上行采用双数，下行采用单数。列车车号表示每个列车的顺序编号。

2. 列车运行图的分类

列车运行图的分类有以下几种：

（1）按区间正线数目划分，列车运行图可分为单线运行图和双线运行图。

（2）按列车间运行速度的差异划分，列车运行图可分为平行运行图和非平行运行图。

（3）按上下行方向的列车数划分，列车运行图可分为成对运行图和不成对运行图。

（4）按同方向列车的运行方式分，列车运行图可分为连发运行图和追踪运行图。

（5）按使用范围划分，列车运行图可分为日常运行图、节假日运行图及其他特殊运行图，如分为冬季运行图、夏季运行图、施工运行图等。

城市轨道交通系统的列车运行图因其系统特征所致，一般均为双线成对追踪平行运行图。

3. 绘制列车运行图的组成要素

1）时间要素

（1）区间运行时分。区间运行时分指相邻车站之间的运行时分，需经过列车牵引计算和实际查表后确定。

（2）停站时分。停站时分指列车停站作业（包括减、加速，开、关车门等）和乘客上下车所需时间的总和。

（3）折返作业时分。折返作业时分指列车到达终点站或在区间站进行折返作业的时间总和。折返作业时分包括确认信号时间、出入折返线时间、司机换岗时间等。折返作业时间与折返线形式（折返方式）、列车长度、列车制动力、信号设备水平、驾驶员操作水平等众多因素有关。

(4) 出入车辆基地作业时分。

(5) 营运时间。营运时间指列车全日正常营运时间。

(6) 停送电时间。停送电时间指在营运开始前和营运结束后的停电、送电所需要确认的操作时间。

2) 数量要素

数量要素是编制列车运行图的主要依据，是直接影响运行图编制的主要内容。

(1) 全日分时段客流分布。在全日客流量经预测确定之后，还需按客流的时间分布进行预测、调查、分析，然后确定高峰、低谷时段客流量，从而对列车编组数或列车运行列数等相关因素进行合理安排，并作为开行不同形式列车的主要依据，如区间列车、连发列车等。

(2) 列车满载率。编制列车运行图时，既要保证一定的列车满载率，又要留有一定余地，以应付某些不可测因素带来的客流量异动，并能保证乘客的舒适度。

(3) 列车最大载客量。列车最大载客量即一个编组列车按车辆定员计算允许装载的最大乘客数，分为定员载客量和超员载客量。

(4) 出入库能力。由于列车出入库的次数较多，运营列车数量多，车辆基地与线路车站之间的出入库线有限，因此，每单位时段内通过出入库线路的最大列车数，即出入库能力是编制列车运行图的一个重要因素。

3) 相关因素

(1) 与其他交通方式的衔接，包括大交通系统如铁路、港口、机场、公路交通枢纽等，城市交通方式如公交线路、车站布置、自行车停放、其他车辆停放等。

(2) 列车检修作业。为保证列车状态完好，需均衡安排列车运行与检修时间，既使每趟列车均有日常维护保养时间，又使各列车日走行公里数较为接近。

(3) 列车试车作业。检修完的列车除了在车辆基地试验线试车之外，某些项目有可能在正线上试车，这需要在编制运行图时考虑周全。

(4) 驾驶员休息时间的安排。根据驾驶员的休息制度、交接班的地点与方式、用餐时间等，均衡安排各个列车的运行线。

(5) 车站的存车能力。线路上的车站大多数无存车线，在终点站、区间站等个别车站设有停车线，可存放一定数量的列车，在日常运行时可作为停车维护之用，在夜间可存放列车减少空驶里程，均衡早晨发车次序。

4. 城市轨道交通列车运行图的编制

1) 城市轨道交通列车运行图的编制原则

(1) 在保证运量需求的条件下，使运营车数达到最少。在高峰时间运量最大时段，即线路上运营列车数最多的时刻，应综合考虑高峰时段列车的运行速度、折返时间、列车开行方式等要素，使运营列车数达到最少，从而降低系统的车辆保有量与运营成本。

(2) 在保证安全可靠的条件下，提高列车的运行速度，减少列车的运行时间。列车运行速度快是城市轨道交通系统的主要优势，在安全得到保证的前提下（如采用现代化信号控制设备，选用性能良好的优质车辆，加强运行管理手段等），通过提高列车运行的旅行速度，压缩折返时间，减少出入库作业时间等方式，提高线路上列车的运送速度，从而提高系统的运行效率和系统的服务水平。

(3) 尽量方便乘客。城市轨道交通系统是城市公共客运交通的骨干，编制运行图时必须尽量顾及乘客的利益，主要考虑列车发车间隔在满足运行技术要求前提下尽量选择较小的值，从而减少乘客的候车时间。此外，在高峰、低谷的安排，区间列车开行，特殊时段列车开行（如大型文体场馆散场时密集客流疏散方案）等方面要有周详的考虑。

2) 列车运行的牵引计算与运行时分的核定

为了确定各个区间的列车最优运行时分，必须综合车辆、线路、信号、运行组织等各个专业的技术指标与要求进行列车运行牵引计算，即根据各个区间不同的线路平（纵）断面情况、选用的车辆特性、信号与控制的限制条件、能耗指标，计算出每个区间的运行时分曲线，并结合查标与验算确定可行的运行时分。牵引计算的目的是使列车在区间运行时能耗最少，速度最佳，各种设备的效能发挥最好。牵引计算由计算机设定程序来完成。

3) 列车运行图的编制方法

列车运行图的具体编制可分为人工铺画与计算机铺画两种。

(1) 人工铺画。人工铺画的步骤如下：

① 确定运行图的编制原则及具体要求。

② 按列车运行图的组成要素，搜集资料并计算、查定各要素的值。

③ 铺画列车运行方案图。

④ 计算运行所需的运用列车数。

⑤ 确定全日列车的开行对数。

⑥ 征求有关人员的意见。

⑦ 调整并绘制正式的列车运行图。

⑧ 编写列车运行图说明书。

(2) 计算机铺画。由工作人员将运行图编制要素的数据输入计算机，由计算机铺画出列车运行图，通过人-机对话进行修改。这种功能可以由工作人员预先编制软件实现。而在 ATC 系统中，已经设计有计算机编制运行图的功能。该运行图既可以用传统的坐标图解形式表示，也可采用时间序列形式表示。

在列车运行图编制完成后，客运部门应编制相应的列车运行时刻表，并向乘客公布；车辆部门则应编制列车驾驶员专用的运行图。

9.2.3 城市轨道交通列车运行调度工作

城市轨道交通列车运行调度工作由调度控制中心实施，实行各部门各工种高度集中的统一指挥，保证列车运行的安全、准点，及时调整与实现各种情况下的乘客运输任务。运行调度工作是城市轨道交通系统运行的核心。

1. 列车运行调度工作的基本任务

(1) 组织指挥各部门各工种严格按照列车运行图工作。

(2) 监视列车到达、出发及途中运行情况，保证列车运行的正常秩序。

(3) 在运行秩序因故不正常时，能够采取措施尽快恢复正常的运行秩序。

（4）及时、准确处理行车异常情况，防止行车事故的发生。

（5）随时掌握客流情况，及时调整列车运行方案。

（6）检查监督各行车部门执行运行图的情况，发布调度命令。

（7）当区间与车站发生行车事故时，按运行组织工作规定的程序和内容向上级主管部门汇报，并采取措施防止事故扩大，参与组织救援工作。

2. 列车运行调度工作的主要设备

随着城市轨道交通系统运行控制系统的设备逐步向自动化、远程化、计算机化的方向发展，列车运行调度设备也已从人工电话调度指挥方式向电子调度集中和计算机调度集中控制设备发展。

1）人工调度指挥系统

（1）调度控制中心设备：调度电话总机、传输线。

（2）车站设备：调度电话分机、传输线。

（3）车上设备：无线调度电话。

由调度员通过调度电话与车站值班员直接对话，由值班员安排列车进路，了解列车到达、出发信息，下达列车运行调整调度命令。通过车站值班员调度电话分机呼叫列车司机室的无线调度电话，传达调度命令。调度员人工绘制实际运行图。

2）计算机控制的自动调度设备

计算机控制的自动调度设备（CATS）是指ATC系统中央控制室中的调度指挥系统。其主要功能如下：

（1）具有列车运行显示及人工控制功能。

（2）能发出控制需求信息，并从线路轨道及信号设备处接受信息。

（3）能由中央控制室自动或由调度员人工将调度指挥信息（如停站时间、运行等级等）传送到车站设备。

（4）实现列车的动态显示，如列车位置、到站出发时分、车次车号等。

（5）存储多套列车运行图，如正常运行图、节假日运行图、施工运行图、事故调整运行图等。

（6）能按当前正在使用的列车运行图调整列车运行。

（7）监视列车运行、调整列车发车时间、控制列车停站时分、控制终点站列车进路。

（8）非正常情况报警。

（9）生成与修正运行报告，记录运行数据信息，提供实时记录的重放，包括运行图、统计指标等。

9.2.4 城市轨道交通的车站与车辆基地的行车组织工作

1. 车站的行车组织工作

设在ATC系统的车站控制室（一般为中心站）中的现地控制盘可以控制操纵信号变换，但不允许现地控制盘与CATS工作站同时控制，CATS工作站控制优先。在正常情况下，由CATS控制（中央控制），当得到调度中心行车调度员允许时，可以由“中央”模式换到“现地”模式。

2. 车辆基地的行车组织工作

在 ATC 系统条件下，列车出入库作业由车辆基地信号楼操纵计算机集中联锁设备，排好进路，列车可进入出入库线路。然后由 ATC 车辆基地终端来完成正线运行工作。

车辆基地内部的调车作业由计算机集中联锁设备保障进路安排，由车辆基地信号楼指挥调车作业，司机操纵列车完成调车作业。

此外行车组织工作还有以下几种：

(1) 列车解体与编组作业。列车需要检修作业时必需的解体、编组作业。

(2) 列车取送车作业。车辆基地与铁路车站通过联络线相通，城市轨道交通运营与生产所需物资可通过取送车作业送达。

(3) 转线作业。车辆基地内有各种线路，列车在完成各种作业时所必需的转线作业。

任务 9.3 认识城市轨道交通的安全管理

9.3.1 运输安全的重要性

任何交通运输方式在实现运输的过程中都存在着安全隐患，城市轨道交通运输系统也不例外，但由于城市轨道交通采用了高科技的技术装备、现代化的管理模式，因此其安全性远远高于其他交通运输方式。

由于城市轨道交通具有快速性、准确性、安全性、方便性、舒适性等特性，使其能够承担大量的乘客运送任务，因此城市居民在出行方式上对轨道运输产生了很强的依赖性。

一旦安全防范工作没有做好，导致事故发生，其后果往往是非常严重的。它不仅涉及乘客的生命财产安全、行业的经济利益，甚至还会严重影响整个城市的正常秩序。它由许多设备系统组成，不同的设备系统完成着轨道交通不同的功能，而各个部门之间又是相互配合、紧密联系、互为整体的，犹如一架庞大复杂的联动机，在实现运营服务的过程中，如果某个环节出现问题，就可能危及整个系统的运行安全。由于运行安全不但关系到整个系统的正常运作，而且关系到广大乘客的生命及国家财产的安全，因此运行安全是城市轨道交通的生命线、效益线。

城市轨道交通是城市中心的交通工具，它运送乘客的数量与其他交通工具相比多得多。特别是地铁车站，它一般设在地下，是个人口高度集中的场所，而紧急逃生口有限，不像在地面上。另外，地铁本身的成本也相当高，所以地铁的安全性尤为突出和重要。人们非常重视地铁的安全，在地铁安全方面的投入也相当大，在地铁安全方面的管理也更为严格。

9.3.2 运输安全的影响因素

影响运输安全的因素非常多，在运输生产工作中，如果任何一个细小问题没能得到及时解决，都有可能导致一场严重事故的发生。从安全系统的总体来看，影响运输安全的主要因素是人、设备和环境三方面。

1. 人

人是指参与运输的工作人员和乘客。

运输工作人员的职责就是坚守工作岗位，做好本职工作，维持好运输秩序，确保运输安全。然而运输工作人员能否尽到职责，与工作人员本身的职业道德素质、业务素质、心理素质和生理素质有关。

职业道德素质主要是指工作责任心，业务素质则表现为工作能力，心理素质则体现为遇事是否冷静，生理素质则是身体条件是否适应工作岗位。运输工作人员在这四个方面的任何一个方面若存在问题都会为运输安全埋下隐患。

乘客是运输系统的服务对象，然而乘客在运输过程中的一些不良行为也会对运输安全构成威胁，如乘客随身携带危险物品、乘客在乘车过程中的抢上抢下，以及乘客因对运输设备的过分好奇而乱动等都可能导致事故的发生。因此，在运输生产过程中加强对运送对象的组织与管理也是保证安全的重要环节。

2. 设备

运输设备是实现运输的重要物质条件，运输设备的良好状态是保证运输安全的一个非常重要的方面。

再先进的技术设备都不可避免地会发生故障，而设备故障的发生如果没有被及时发现和排除，就有可能引起事故的发生而危及安全。因此，及时发现故障、排除故障是保证设备状态良好的关键，同时也是保证运输安全的关键。

3. 环境

环境包括工作环境和自然环境。

工作环境是针对工作人员岗位的工作舒适状态而言的，它受噪声、温度、湿度、粉尘、光线及空间大小等物理因素的影响。工作人员在恶劣的工作环境下容易产生生理、心理的变异，从而引起误操作，给安全运输埋下隐患。

自然环境则指外部环境，主要是指气候条件。恶劣的外部环境对列车运行安全也会产生很大的影响，如雨天、雪天和雾天对能见度的影响，地震、洪水等对线路稳定性的影响等都会危及行车安全。

9.3.3 运输安全的保障措施

运输安全的保障是一个系统工程，贯穿于运输生产的全过程，涉及运输生产的每个环节和人员。为了保障轨道运输生产的安全，就必须要有相应的管理措施和方法。

1. 建立健全各项规章制度

健全的规章制度是行业工作正常开展的基本保障，它明确了行业人员的工作行为规范，使行业系统的各部门、各单位有章可循。工作人员只要严格按照有关规章制度行事，就能保证行业工作的有序开展，就能保证生产的安全进行。

城市轨道交通行业的基本规章主要包括《轨道系统运营技术管理规程》《轨道系统行车组织规则》《车站及车辆段的行车组织细则》《轨道系统客运组织规则》《轨道系统行车事故处理规则》及轨道系统各专业的操作规程与安全规则、各个岗位的岗位责任制等。

2. 加强管理，督促各项规章制度的落实

规章制度只是明确了行业人员的工作行为规范，然而行业工作能否正常有序地开展则取决于各项规章制度的落实与执行情况。如何保证各项规章制度能够得到有效的落实和执行则是行业工作有序开展的关键。为了保证各项规章制度的落实和执行，除了要求行业全体员工要有很好的自律性以外，加强管理与监督也是必不可少的基本手段。

3. 加强员工素质培训

加强员工素质培训是树立行业形象、保证运输安全的基础工作。开展政治思想教育，可提升员工的思想道德素养、培养员工的责任感和自律性；学习规章制度并结合实训与考核，可提高员工的业务能力；再对员工进行适当的心理素质训练和生理素质要求，可以保证员工在工作岗位上有良好的心理状态和身体条件。

4. 采用先进的技术设备和故障检测手段

设备的可靠性与先进性是保障行车安全的前提。为了确保列车的行车安全，相关设备的先进性固然重要，而可靠的设备故障检测手段则是关键。及时发现设备故障可有效避免相关事故的发生，因而城市轨道交通采用高科技的设备监控系统来保证行车安全是势在必行的。

有了先进的设备和可靠的监控系统，加强设备的管理和维修养护工作仍然非常重要，因为只有保证设备的状态良好，才能保证行车的安全，而加强设备的维修养护是保证设备状态良好的基础。

5. 建立标准化作业机制

在行车指挥过程中，标准化作业可以避免人为无意识操作而导致的行车事故。人们在日常生活中常常会有一些无意识行为，这是正常的。然而在城市轨道交通运输的行车指挥过程中，决不允许无意识行为存在。因为无意识行为可能引起错误的行车指挥操作，导致行车事故的发生，如错发命令、错办进路等，这些都是很不安全的。

为了确保行车指挥的正确性，除了采用先进的监控设备外，还需建立标准化作业机制，以加强行车指挥的有意识行为，使行车指挥作业能够按照标准作业程序进行，避免误办、错办。

6. 制定各种事故抢救预案

客观地讲，引发轨道交通事故的原因有很多，虽然人们采取了很多措施和办法来尽量避免事故的发生，这也只能减少事故的发生次数，要想完全消灭事故不太现实。为了能够在事故发生时及时施救，将事故造成的损失控制到最低限度，城市轨道交通还应根据现实情况设计可能发生的事故，再根据可能发生事故的性质、类型和程度制定出切实有效的抢救预案。

有了抢救预案，还应有计划地组织有关员工进行演练，帮助员工熟练掌握抢救预案，同时对员工也是很好的安全教育。

7. 组建独立的事故调查机构

事故发生后的调查分析是查清事故责任的关键。为了保证事故调查的科学性和公正性，对事故责任人有一个公平公正的处理，就需要有一个能够排除一切干扰的独立的事故调查机构来进行事故调查分析。

由于我国城市轨道交通运输还处于起步阶段，有关事故调查分析和安全技术管理还很不完善，因而有必要借鉴国外有关轨道交通事故调查分析的经验，组建一个独立的事故调查机构，利用一套科学的事故调查分析程序，以事实为依据、以科学技术为手段进行事故调查分析。

8. 加强安全宣传

安全管理的一个很重要手段就是安全宣传。城市轨道交通运输系统的各级领导都必须重视安全宣传工作，要不断地通过安全宣传将安全意识植根于全行业员工的心中，从而做到人人讲安全、时时讲安全。同时还要不断对乘客进行安全宣传，提高乘客的安全意识。只有大家都重视安全，城市轨道交通运输的安全才能得到根本性的保证。

9.3.4 运输安全的规章制度

为了实现城市轨道交通的运输安全，使地铁员工都能有章可循、有法可依，各轨道交通公司均应建立和健全运行安全的规章制度。其主要内容包括：城市轨道交通行车组织规则，突发事件应急处理办法，各类应急预案处理办法，车辆段运作手册，车站运作手册，特种设备质量安全监察规定，各专业的操作规程、手册，事故管理规则，行车设备施工管理规定，安全、消防管理办法。

拓展知识

城市轨道交通事故的类型

城市轨道交通安全就是指不发生行车、客运、人身伤亡、火灾爆炸、设备设施等事故。事故是指在运营过程中，因违反规章制度、违反劳动纪律、违反作业纪律或技术纪律、技术不良、设备不良及其他原因造成的人员伤亡、设备损坏、影响正常生产作业或危及安全生产的事件，达到事故规则规定的标准。城市轨道交通事故根据事故的基本性质可分为行车事故、设备安全及设备事故、客运事故和自然灾害。

1. 行车事故及分类

列车在运行过程中，由于有关作业人员的工作差错、设备故障等原因，造成人身伤亡、设备损坏、影响列车正常运行等都属于行车事故。在轨道交通运输事故中行车事故一般所占比例较高，其结果也较为严重，因此，轨道交通运输需要重点防范的就是行车事故。

行车事故根据其事故损失和对行车的影响程度可分为重大事故、大事故、险性事故和一般事故。

1）重大事故

（1）客运列车发生冲突、脱轨、火灾或爆炸，造成下列后果之一时认定为重大事故：人员死亡 3 人或死亡、重伤共 5 人，客车中破 1 辆，正线行车中断 150 min。

（2）其他列车发生冲突、脱轨、火灾或爆炸，调车作业发生冲突或脱轨，造成下列后果之一时认定为重大事故：人员死亡 3 人或死亡、重伤共 5 人，客车大破 1 辆或中破 2 辆，内燃机车大破 1 辆或轨道车报废 1 辆，车辆报废 1 辆或车辆大破 2 辆，正线行车中断

150 min。

2）大事故

(1) 客运列车发生冲突、脱轨、火灾或爆炸，造成下列后果之一时认定为大事故：人员死亡1人或重伤2人，客车小破1辆，正线行车中断90 min。

(2) 其他列车发生冲突、脱轨、火灾或爆炸，调车作业发生冲突或脱轨，造成下列后果之一时认定为大事故：人员死亡1人或重伤2人，客车中破1辆，内燃机车中破1辆或轨道车大破1辆，车辆大破1辆，正线行车中断90 min。

在进行重大事故、大事故认定时，人员的认定是事故发生时执行职务的作业人员和持有效乘车凭证的乘客，重伤的认定根据国家有关标准、规定进行；对客车、车辆和机车破损，大破、中破和小破的认定依据是车辆主管部门的有关规定；对行车中断时间，按从事故发生时起到客运列车恢复连续通行时止进行统计。

3）险性事故

凡事故性质严重，但未造成损害后果或后果不够大的事故列为险性事故。险性事故的认定依据是发生下列情形之一：

(1) 与行车有关。与行车有关的情形包括：列车冲突、脱轨或分离；在进路未准备好的情况下接、发列车；未经许可，向占有区间发出列车或向占用站线接入列车；列车冒进信号；列车开错方向或进错股道；电话闭塞法行车时，未办或错办闭塞发车。

(2) 与客运有关。与客运有关的情形包括客车错开车门、运行途中开门或车未停稳开门；客车车门夹人夹物并造成后果。

(3) 其他情形。其他情形包括：列车运行中客车齿轮箱或其他重要悬挂件脱落，列车发生火警，障碍物侵入车辆限界并造成后果。

4）一般事故

凡事故性质损害后果不够险性事故的列为一般事故。一般事故的认定依据是发生下列情形之一：

(1) 与行车有关。与行车有关的情形包括：调车冲突、脱轨；挤岔；因错误开放或未及时开放信号致使列车停车；应停站列车在车站通过或应通过列车在车站停车；因车辆故障或其他原因致使行车中断30 min；因行车作业人员出务延迟而影响列车正点运行；调度命令漏发、漏传或错发、错传；错误办理行车凭证发车，或因此影响列车正点发车。

(2) 其他情形。其他情形包括：列车运行中车辆部件脱落或货物装载不良刮坏技术设备，安全主管部门认定为危及行车安全的情形。

2. 设备安全及设备事故

设备安全就是在生产活动过程中，保障设备的状态良好、安全运行。

设备事故是指运营总部所属设备因非正常损坏造成停机或使设备质量、技术性能降低而影响正常使用，直接经济损失超过规定限额的行为或事件。

设备事故分为一般事故、重大事故和特大事故。

一般事故为直接经济损失在1万元至20万元；重大事故为直接经济损失在20万元（不含20万元）至100万元；特大事故为直接经济损失在100万元（不含100万元）以上。有专业规定的设备按有关规定执行。

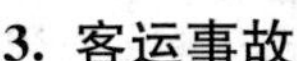

3. 客运事故

凡在车站的收费区内（如收费区站厅、站台）及列车车厢内发生的危及乘客人身安全的事件，均属客运事故，主要有列车车门、屏蔽门、自动扶梯、列车在进站与出站时乘客没在安全线以外等造成的客伤。为了避免客运事故的发生，加强客运的组织与管理是非常必要的。

列车的车门、站台屏蔽门、站台边缘与列车停车后的缝隙、自动扶梯、客车进出车站等是易造成客伤的部位。

4. 自然灾害

因自然因素造成的事故与灾害属不可抗拒自然灾害，如暴风、暴雨、雷击、地震等自然因素对列车运行造成的影响都属于自然灾害。随着人们对自然灾害预测能力的提高和防灾、防害意识的加强，城市轨道交通运输中因自然灾害导致事故发生的可能性正在得到有效控制。

事故的预防与处理

1. 事故的预防

“安全第一，预防为主”是安全工作的方针。要想做到安全行车就必须进行事故的预防。在不同的阶段针对不同的情况，有针对性地进行事故预防，具体应做好以下两个方面的工作：

(1) 严格执行“两纪一化”，即作业纪律、技术纪律和作业标准化。

(2) 突出重点，防患于未然。

安全管理是运营组织的重要组成部分。它是以控制危险、防止事故、最大限度减少事故损失为目标而进行的决策、组织与控制等一系列活动。安全管理涉及技术设备选型、作业人员规范、有关规章制定、应急预案编制、安全教育与检查、事故调查与处理、安全状况统计分析等各方面。有效的安全管理是运营安全有序可控、基本稳定的保证。

2. 事故的处理

以行车事故为例，事故的处理程序一般如下：

(1) 事故报告。当发生重大事故、大事故，或一时难以判定，但属于列车冲突或脱轨等严重事故时，应立即按规定程序报告。当事故发生在区间时，由列车司机报告给行车调度员；如不可能，则报告给最近车站的车站值班员，由其转报给行车调度员。当事故发生在车站或段管线内时，由车站值班员或车辆段运转值班员报告给行车调度员。

事故报告的事项包括发生时间（月、日、时、分），发生地点（区间、公里、米、某站、上行或下行正线），列车车次、车组号，关系人员姓名、职务，事故概况及原因，人员伤亡及车辆、线路等设备损坏情况，是否妨碍邻线和是否需要救援等。

行车调度员在接到事故报告后，应立即向值班调度主任、公司值班室及有关基层段的值班室报告。值班调度主任应立即向公司经理、主管副经理和安全主管部门负责人及有关基层段段长和公安分局局长报告。

(2) 事故应急处置。在接到行车重大事故、大事故报告后，控制中心应立即采取应急处置措施最大限度地减少人员伤亡，降低事故损失和防止事故升级，尽快开通线路和恢复按图行车。

(3) 事故调查、分析与处理。事故调查是掌握事故发生的经过与基本事实的过程；事故分析是在事故调查的基础上进行，重点是分析事故原因和分清事故责任；事故处理，除对事故责任单位、责任人做出处理决定外，还应提出防止同类事故再次发生的技术组织措施或进一步研究建议。

另外，事故处理应坚持“四不放过”原则，即事故原因没有搞清楚不放过，事故责任人没有受到处理不放过，相关人员没有受到教育不放过，预防事故措施没有落实不放过。

行车安全规章制度和法规

为了实现地铁的运行安全并使各部门、各单位、人人都能有章可循、有法可依，各城市都应建立健全相应的运行安全规章制度。以上海城市轨道交通为例，其已制定了一整套规程、规则和规章，主要涉及的内容有地铁运营技术管理规程、地铁行车组织规则、各车站细则和车辆段细则、地铁客运组织规则、地铁行车事故处理规则、各专业的操作规程、安全规则、行车事故救援方法等。

上海市人民政府还批准、核准、颁布了《上海市地铁管理方法》，上海市市政工程局也批准颁发了《上海市地铁管理方法实施细则》。另外，还制定了一系列预案，包括《地铁运营中大客流爆满突发事件处理》《地铁外部人员伤亡现场事故处理预案》《地铁发生火灾、爆炸、投毒等突发性事件的处置预案》《地铁停电、水管爆裂列车脱轨等意外事故处理方案》等。

实践活动

活动描述

（1）自主查询我国不同城市轨道交通系统的运营管理概况。

（2）就某城市轨道交通的列车运行图进行实践学习，掌握列车运行图的基本要素，并具有列车运行图的识别能力。

具体要求

（1）以小组为单位进行查询活动，各组人员数量在 6 人以下，并推选小组长一人，负责组织活动的开展并督促完成。

（2）要求制作成 PPT，并在课堂上进行讲解。

思考与练习

（1）城市轨道交通运行组织的特点是什么？

（2）城市轨道交通客运组织工作的主要内容是什么？

（3）站务工作的主要内容有哪些？

（4）票务工作的主要内容有哪些？

（5）列车开行计划的主要内容有哪些？

（6）何谓列车运行图？它的作用是什么？

（7）列车运行图上的横坐标、纵坐标、水平线、垂直线、斜线各表示什么含义？

（8）列车运行图如何分类？

(9) 列车运行调度工作的主要设备有哪些?

(10) 车辆基地行车组织工作主要有哪些内容?

(11) 什么是行车事故?其种类有哪些?

(12) 城市轨道交通运输安全保障的基本措施是什么?

(13) 运输安全管理有怎样的重要性?

项目10 城市轨道交通系统的发展与展望

我国的城市轨道交通已经进入快速发展阶段。未来20年，在机动化的同时，我国百万人口以上的大城市将兴起城市轨道交通建设热潮，既有铁路进入城市交通领域将成为可能。本项目从我国几个特大城市轨道交通规划与建设目标出发，研究指出了我国城市轨道交通系统下一步规划与设计中需要重点考虑的几个战略问题，包括一体化战略、小汽车发展策略、投融资策略等。

任务10.1 认识世界城市轨道交通的发展趋势

自19世纪60年代伦敦建成世界第一条地铁以来，各国在城市轨道交通的投资、建设、运营和监督管理等方面都经历了不同模式选择，走过了不同的道路。各国在这种职能不断变化并逐步走向成熟和完善的过程中，体现了以下四个发展趋势。

10.1.1 投资的多元化

城市轨道交通系统的投资规模越来越大，为了解决资金问题和提高轨道交通的效率，很多城市轨道交通都选择由政府和社会资本等共同投资。投资主体的多元化已成为世界城市轨道交通的发展趋势。

通过由政府独家投资变为面向社会筹资而形成多元化的投资格局，既可以解决资金问题，又可以减轻政府的财政压力，政府只是投入少部分起导向作用的资金。投资主体的多元化既可以发挥各个投资主体的优势，又可以使其相互监督和约束，提高城市轨道交通的效率。

10.1.2 经营的市场化

很多城市轨道交通通过充分发挥市场作用来提高城市轨道交通的运行效率，在城市轨道交通运营中引入市场机制已成为一种发展趋势。

为避免因政府垄断经营或者政府干预太多而使建设和运营成本相对较高，效率较低，发展城市轨道交通应通过市场化的方式，引入竞争机制，打破垄断，推动经营市场化。市场化的经营方式充分考虑到市场经济规律，能够根据市场信号做出较好的反应，最终可以提高城市轨道交通的运行效率。同时，市场化经营放大了政府资金的乘数效应。

日本东京在可经营的市郊铁路上积极引入私铁概念。中国香港则借助了市场的力量，从资金管理、建设成本控制、运营管理等方面全方位提高效率，为全世界提供了商业化运作的示范。相反，美国纽约城市轨道交通由于没有形成合理的竞争机制等原因，导致目前城市轨道交通的服务质量和运行效率不高。

10.1.3 管理的法制化

很多城市对城市轨道交通实行全面法制化管理以规范各方行为和维护各方利益，以法制化的管理来保障城市轨道交通持续、稳定和高效地运行。城市轨道交通的全面法制化管理也是世界城市轨道交通发展的重要趋势。

德国的城市轨道交通建设和运营已经有百年历史，和德国的其他行业一样，德国的城市轨道交通领域也由法律、技术法规和技术标准构成了完善的技术控制体制。对城市轨道交通来说，其建设和运营必须经过国家授权机构的批准，接受国家监督机构的监督，建设与运营单位必须遵循有关的技术标准及企业内部规章。德国的《乘客运输法》和《城市轨道交通建设与运营规则》适用于城市轨道交通领域。

10.1.4 服务与管理的信息化

城市轨道交通计算机控制与安全系统大大提高了城市轨道交通车辆的运行自动化程度。无人驾驶技术更是受到了世界广泛的关注，如伦敦的道克兰轻铁系统。城市轨道交通系统配备实时到达信息系统，向乘客及时提供列车到发信息；有轨电车系统则通过 GPS 定位技术优化运营。开发非接触式售票系统，实现一体化联合售票，使现代公共交通体系更具吸引力。

任务 10.2 了解我国城市轨道交通建设的目标

现代社会的特点是高度流动化，因而需要高质量、安全、舒适、准点和快速的交通工具来为城市提供交通服务。传统的公共汽（电）车方式已不能完全适应现代城市发展的需要，换言之，单一的公共交通模式不能承担大、中、低客运量并存的运输需求，必须利用不同能力的交通工具来完成不同需求规模的运输任务。因此，大城市公共交通的发展应是以大、中运能的快速城市轨道交通为骨干客运手段，配合低运能的公共汽（电）车方式，最终形成结构合理、运能与需求相匹配的公共交通网络体系。

我国城市轨道交通建设的目标如下：

（1）便于城市居民出行。达到安全、舒适、快速和准时的目的。

（2）缓解城市道路交通混乱局面。建立互不干扰的独立运行系统，产生足够的吸引力，使大量居民放弃自行车而充分利用轨道客运系统，从而改善道路机非混行的条件。

（3）提高与其他公共客运方式甚至与自备小汽车匹配的运营服务质量。

（4）促进土地的有效利用及沿线土地的开发。尽量减少轨道系统的占地面积，减小受地理条件制约的影响。

（5）节省能源，降低公害。地铁和轻轨交通的动力主要是电能，比用其他能源做动力要节省很多，没有废气排放问题，因此，大大降低了对周围环境的污染。

（6）充分采用新技术、新工艺和新材料。现代化城市轨道交通系统是高新技术集中应用的典范，这些高新技术的引进和消化，可以推动我国产业生产体系的革新和进步。

（7）经济实用。我国城市人口众多，但经济实力还不强。因此，每修建一条城市轨道交通线路都应本着经济而实用的精神办事，不能追求高标准、豪华，而脱离我国的国情。

（8）建立相对统一的城市轨道交通建设标准和技术标准。不少城市制定了城市公共交通发展的目标，提出了提高公交系统份额的建设计划。一般来说，城市越大，越利于公共交通的发展。

任务 10.3 掌握我国城市轨道交通的发展趋势和方向

我国城市交通的总体发展趋势是城市交通需求仍保持较高速度的增长，城市交通基础设施发展迅速，城市交通功能进一步完善。具体可以从以下几方面来分析：

10.3.1 我国城市轨道交通发展趋势分析

1. 城市居民出行持续增长

由于城市化进程加快和农村劳动生产率明显提高，农业所占的劳动力减少，大批劳动力离开农村进入城市，使得城市居民的出行总量稳定增加。此外，随着人民生活水平的提高，人们的消费和出行观念将发生改变，在生产性出行增加的同时，与外界的交流日益增加，也会导致城市居民出行的持续增长。

2. 城市综合交通供给能力的扩张将是城市交通发展的重点

为满足日益增长的交通需求，城市交通供给能力的扩张将是未来城市交通的发展重点。建设交通强国期间，城市交通基础设施建设将得到进一步加强，各城市将构筑城市现代化综合交通体系。

3. 科技进步和交通结构的调整将进一步加强

20 世纪末出现的知识经济、信息化、网络经济对全球经济产生了巨大的影响，技术进步在城市交通发展中发挥了关键作用，采用先进技术已成为城市交通实现现代化的重要标志。

4. 城市交通需求管理政策将逐步得到重视

由于城市资源的限制，需求的过度增长将影响城市经济发展和居民生活质量的提高。因此，对于交通需求的消费进行适当引导将成为部分特大城市交通管理部门解决交通拥挤和污染等问题的重要举措。

10.3.2 我国城市交通的发展方向

我国城市交通的发展方向是以可持续发展为前提、以经济发展为主线，结合国土规划，初步建立多层次、立体化的现代化城市交通体系；实施需求管理，对不断增长的交通需求进行科学、合理的控制和引导；加强城市轨道交通建设，在大城市实现以地面常规公交为主体向以城市轨道交通为骨干的城市交通体系的过渡；在注重交通基础设施规模提高的同时，提高城市交通的服务质量，进一步向国际标准转化。

1. 确定符合国家可持续发展战略的城市交通发展战略

确定符合国家可持续发展战略的城市交通发展战略，不但可以支持城市社会经济的发展，满足居民不断增长的交通需求，而且也有利于城市环境状况的改善。

2. 结合各城市国土资源规划，确定城市交通资源的合理承载力

通过道路建设及其网络结构的合理化，研究城市轨道交通路网建设（包括利用既有市郊铁路网络）的必要性和可能性，实现城市交通管理现代化等目标，形成功能健全、结构合理的城市交通系统。

3. 构筑一体化的客运综合交通体系

在部分条件具备的大城市中初步建成以快速路、主干路为骨架的城市高效道路网，建成以快速大容量城市轨道交通、准快速公共汽车和在公交专用道上运营的常规公共汽（电）车为主体的公共客运交通网络。

4. 建成以集约化、社会化货运交通为基础的现代物流集运配送系统

我国城市交通发展的重点是构筑完善便捷的公共交通体系，提高公共交通的运输能力和服务水平；加快城市轨道交通的规划建设，强化城市轨道交通在城市交通中的地位和作用；在发展中实现交通结构优化；加强城市道路、桥梁和停车场的规划建设；提高城市交通管理水平；注重新技术在交通中的应用。

现代化的城市轨道交通一般包括地铁、轻轨、单轨、市郊铁路、有轨电车和磁悬浮交通等。无论采用何种形式的城市轨道交通，其工程建设投资均十分巨大。

我国城市轨道交通在各大中城市的迅速发展带来了资金上的困难，资金全部依靠政府来解决是不切合实际的。因此，寻找适当的投资与管理模式，改善运营效益，降低工程造价就显得尤为重要。

任务 10.4 了解加快我国城市轨道交通系统建设的途径

城市轨道交通系统所采用的技术都很复杂，耗资也很巨大。要想更有效地发展城市轨道交通，需要解决以下问题：

10.4.1 筹集建设资金

由于城市轨道交通项目属于公益性城市基础设施工程，其建设资金按一般原则讲应由中央投资、地方自筹、社会集资（国内外贷款或融资）三部分组成。我国经济实力有限，要重点依靠中央投资很难实现，近期筹建城市轨道交通的城市，资金来源主要是靠借贷外资和地方自筹解决。一般情况下，国外资金的利用带有诸多附加条款，这些条款主要以推销其机电产品为目标，这对我国城市轨道交通的标准制式、技术水平和产品价格都有很大的制约和影响，对我国城市采用相对统一的标准制式带来很大的干扰，因此在实际工作中应慎重考虑。

10.4.2 选择合理的技术路线和方案

建成一条耗资巨大的地铁或轻轨交通工程，必然要做出许多复杂而有深远影响的决策。首先要根据客流预测数据，确定采用何种客运交通系统模式，是地铁还是轻轨交通，并选定线路的走向和车站的数量，明确工程的总规模；其次，要确定工程和设备的技术标准，既要考虑到与国内现行标准制式相一致，又要考虑到与国际上的先进技术标准相呼应，从而确定技术成熟而实用的机电设备和车辆。

10.4.3 保障良好的项目过程管理

现代化的快速城市轨道交通系统建设的成败、周期的长短、质量的好坏，其关键之一是要拥有一个高效率的项目过程管理。由项目总管理者对工程在预算范围内按期完工承担法律责任，然后分项逐层次进行分工管理，并配备计算机进行辅助项目管理，确保对整个项目进行最佳控制。此外，项目过程管理还可作为在项目执行过程中制订工作计划和检查工作质量的手段。科学的管理方法是项目建设走向成功的保障。

10.4.4 完善城市轨道交通系统的建设标准

由于过去拥有地铁的城市较少，没有形成一定规模的行业市场，因此还未能建立相应的政策、规章和标准。为规范城市轨道交通的建设和管理，促进我国城市轨道交通建设的健康发展，需要完善城市轨道交通系统的建设标准。

目前，我国地铁建设已形成两种标准制式：一是以北京地铁为基础的标准模式；另一种是以上海地铁为基础的标准模式。目前，需要避免出现更多的完全依赖国外支持的模式，形成事实上的“万国牌”布局，这将会使我国的基础工业无所适从。因此，应尽早确定选用城市轨道交通的标准与模式的相关政策法令，制定切实可行的城市轨道交通技术标准及各项配套技术工业的标准化、国产化生产体系。

10.4.5 制定土地开发利用政策

众所周知，快速城市轨道交通的修建需要庞大的资金与长期的准备时间。与其他大型建设项目相比，其经济收益能力很低，因此，国家如果没有适当的扶持政策，要实现这种公益性强的基础设施项目是非常困难的。

经验表明，建设城市轨道交通系统的有效措施之一是充分利用沿线土地开发利用手段，确定科学、合理的土地配额标准，使由土地产生的经济效益转化为政府投资指标。

总体来看，城市轨道交通在我国还是一项新兴事业。要形成比较理想的、具有高服务水平的城市公共交通网络体系，每个城市都必须根据自身的特点和地理环境做好近远期的客运量预测工作，并结合城市道路等级的布局规划出适当而完善的、以城市轨道交通系统为骨架的现代化公共交通网络。

实践活动

活动描述

（1）选取你最了解的城市，分析其过去10年来城市交通发展的历史，指出其存在的问题和下一步应采取的措施。

（2）随着机场运输量的增长，机场的集疏运问题日益突出，谈谈你对解决机场与城市之间交通联系的看法。

具体要求

（1）以小组为单位进行查询活动，各组人员数量在6人以下，并推选小组长一人，负责组织活动的开展并督促完成。

（2）要求制作成PPT，并在课堂上进行讲解。

思考与练习

（1）选取某个有城市轨道交通的城市，查阅资料，从乘客角度出发分析其城市轨道交通系统建设中存在的问题，论述城市轨道交通系统在该城市中的功能及前景。

（2）根据我国城市组织机构的特点，分析论述城市轨道交通系统投资、建设、运营和监督管理四方面职能之间的关系。

（3）查阅资料，分析城市交通系统一体化设计的主要内容。

（4）以一个大型枢纽为例，剖析该枢纽多方式换乘设计的思想。

（5）结合实际例子，论述2010年前后我国大城市综合交通体系的合理结构问题。

（6）试述改善我国城市轨道交通系统运营效果的策略。

参 考 文 献

[1] 毛保华．城市轨道交通规划与设计［M］．2版．北京：人民交通出版社，2011.

[2] 高峰，梁波．城市地铁与轻轨工程［M］．北京：人民交通出版社，2012.

[3] 彭燕．城市轨道交通系统［M］．北京：中国财富出版社，2012.

[4] 彭华．城市轨道交通［M］．北京：人民交通出版社，2013.

[5] 张国宝．城市轨道交通运营组织［M］．2版．上海：上海科学技术出版社，2012.

[6] 张强锋，陈林秀，杨德友，等．城市轨道交通系统概论［M］．北京：科学出版社，2013.

[7] 李建国．城市轨道交通系统概论［M］．北京：机械工业出版社，2012.